2023年广东省文化繁荣专项资金项目·精品项目

湾·向文化

湾·设计力
平面与视觉印记

吕晓萌 著

岭南美术出版社 编

岭南美术出版社

中国·广州

图书在版编目（CIP）数据

湾·设计力.平面与视觉印记/吕晓萌著；岭南美术出版社编.
—广州：岭南美术出版社，2024.8
（湾·向文化）
ISBN 978-7-5362-7853-0

Ⅰ.①湾⋯　Ⅱ.①吕⋯②岭⋯　Ⅲ.①设计—文化—广东、香港、澳门　Ⅳ.① G127.65 ② J05

中国国家版本馆 CIP 数据核字（2024）第 004840 号

· 2023 年广东省文化繁荣专项资金项目·精品项目
（LNS-200308003）

学术策划：吕晓萌
学术支持：深圳市平面设计协会

项目策划：刘　音

责任编辑：刘　音
助理编辑：刘佩婷　周白桦
责任技编：谢　芸

风格设计：another design
版式制作：何伟健
艺术支持：文澜纸业

湾·向文化
湾·设 计 力　平面与视觉印记
WAN XIANG WENHUA
WAN SHEJILI PINGMIAN YU SHIJUE YINJI

出版、总发行：	岭南美术出版社（网址：www.lnysw.net）
	（广州市天河区海安路 19 号 14 楼　邮编：510627）
经　　　销：	全国新华书店
印　　　刷：	广东省博罗县园洲勤达印务有限公司
版　　　次：	2024 年 8 月第 1 版
印　　　次：	2024 年 8 月第 1 次印刷
开　　　本：	787 mm × 1092 mm　1/16
印　　　张：	22.25
字　　　数：	328 千字
印　　　数：	1—2000 册

ISBN 978-7-5362-7853-0

定　　价：148.00 元

目录 CONTENTS

序 章
"个案"与"在场" /1

- 2   "大湾区"设计史的当代研究实验
- 3   一、本土化设计史研究实验
- 5   二、与时代同步：设计的"当代性"
- 7   三、设计"个案"与"在场"纪实
- 11   四、个体叙事与文本还原

王粤飞
平面设计的先行者 /17

- 24   为平面设计探寻实践路径
- 25   一、来自国家层面的平面设计启蒙
- 29   二、从广州到深圳：设计弄潮
- 35   三、"平面设计在中国"展
- 42   四、平面设计在中国的四大浪潮

靳埭强
设计教育的播种人 /71

- 80   设计的明镜之界
- 82   一、水墨建构的视觉符号
- 88   二、设计教育的践行与传播
- 94   三、让世界看见
- 97   四、设计寓教于乐

韩家英
东方美学的设计实验者 / 127

- 134　《天涯》与嬗变的设计语言
- 135　一、从艺术工匠转型服装系教师
- 138　二、在万科历练的设计总监
- 144　三、《天涯》——设计的实验场
- 148　四、整体思维的设计嬗变

李克克
平面广告&CIS设计思维 / 183

- 192　拓展平面设计的创意边界
- 193　一、走出西部　闯荡特区
- 197　二、由平面设计转型广告人
- 203　三、标志设计塑造品牌的创意策略
- 207　四、跨越平面设计的"边界"

曾　军
现代设计样本的记录者 / 231

- 240　设计的在场与实验
- 241　一、大院里成长的设计生
- 244　二、从包装转型的独立设计师
- 254　三、深圳市平面设计协会的"活化石"
- 258　四、让设计实务走向社会课堂

黄 扬
设计的艺术情怀实践者 /287

- 294 　设计彼岸的那片海
- 295 　一、"我们的世界"：首次设计夺金
- 297 　二、向南到大海：自学设计
- 302 　三、从万科SIMS起步
- 311 　四、"不安分"的艺术情怀

编辑手记
大湾区的设计师＆他们的时代 /343

吕晓萌

中国美术学院设计学博士（优秀博士论文获得者），师从杭间教授、王受之教授。现为深圳职业技术大学丽湖学者、创新创意设计学院副教授。

在过往的学术经历中，担任或曾任第三届中国设计大展及公共艺术专题展策展助理；第四届中国设计大展及公共艺术专题展"湾区特展"提名专家；第九届中国慈展会展示设计委员会顾问；国家艺术基金青年评论员（评论文章见光明网与《国家艺术基金资助项目评论集·美术卷·2017》）；汕头大学长江艺术与设计学院艺术专业艺术设计领域硕士研究生校外联合培养导师；2018靳埭强设计奖全球华人设计比赛主题释义人；《湖南包装》杂志青年编委；深圳市学校美育专家库成员；汕头市南澳岛国际雕塑大赛评委；美国俄亥俄州博林格林州立大学访问学者；深圳市平面设计协会（SGDA）会员；美国平面艺术协会（AIGA）会员等。2007年开始从事设计教学，曾执教于汕头大学、上海科技大学。

出版著作有《设计艺术史与批评》《包豪斯和美国——一部现代设计史的塑造》《扶桑物语——俭约思想与日本设计》等。

序章
"个案"与"在场"

"大湾区"设计史的当代研究实验

一、本土化设计史研究实验

2023年年初，在业师杭间教授和王受之教授的指导下，拙著《包豪斯和美国——一部现代设计史的塑造》付梓，结束了我自2014年在中国美术学院开展的"包豪斯与世界设计遗产研究"课题研究。（图1、图2）其实说"结束"并不确切，应该说是"告一段落"，因为在这趟穿越世界的研究旅程中我认识了许多优秀的学者，他们的治学态度和工作习惯让我大为惊叹，令我切实感受到了设计史研究的魅力，并明确意识到自己对这个学科的认识还处于初步阶段。2015年12月，独立学者玛丽·艾玛·哈瑞斯（Mary Emma Harris）女士告诉我关于黑山学院的课题她已经研究了43年。[1]（图3）2016年11月，巴瑞·巴戈多（Barry Bergdoll）教授赴北京大学讲座，邀请我与他同往，其间只要遇到乘坐出租车等碎片时间，他都会先递给我一本书，然后自己也拿起一本书快速进入沉浸式阅读之中。[2]这种"见缝插针"让我明白为什么这些资深学者掌握的知识如此宏富。

在做包豪斯的相关研究时，查找文献中发现有一些从未发表的档案，令我越发可以确定：包豪斯的地位是在历史中被沃尔特·格罗比乌斯（Walter Gropius）、汉斯·M·温格勒（Hans M. Wingler）等人塑造出来的。当然，这并不是否认包豪斯个人做出的设计和艺术贡献，只是如果没有他们后续在美国所经营和发起的一系列事件，那么包豪斯也许不会获得今天这样的"显学"地位。这让我不禁联想到自己立身的那片沃土——广东。改革开放以来，这片土地上创造了难以数计的设计和艺术成果，仅用了30年，广东深圳就以"设计之都"的身份添列联合国教科文组织创意城市网络名录，然而"广东设计"本身并没有在世界范围内形成"显学"。也许原因正如吴良镛院士在评价岭南建筑时所说的那样："对于理论的全面整理和分析尚有滞后，

[1] 2015年12月23日，笔者在玛丽·艾玛·哈瑞斯女士位于曼哈顿的公寓中对她做了专访。

[2] 巴瑞·巴戈多教授曾任纽约现代艺术博物馆菲利普·约翰逊（Philip Johnson）建筑与设计主策展人，现为哥伦比亚大学教授，执"迈耶·夏皮罗（Meyer Schapiro）"教授讲席，美国艺术与科学院院士。2016年5月，巴瑞·巴戈多教授致信笔者，提到他将在当年11月出席北京大学的学术活动。应他之邀，笔者于2016年11月初与他在北京大学相聚。

图1
笔者与杭间教授在第三届中国设计大展及公共艺术专题展现场合影

图2
笔者与王受之教授在洛杉矶亨廷顿植物园

尚不能说已经形成学派"。[1]的确如此,广东历来不缺设计实践,缺的是系统性、结构性的理论梳理与提炼。

在将《包豪斯和美国》的书稿呈递山东美术出版社后,我开始全力以赴地推进"广东现代设计发展历程研究(1840—2019)"。在广东省哲学社会科学规划项目的支持下,我于2023年2月中旬初步完成了这个课题。然而正如杭间老师所言,在时间跨度上,"2019年"这个节点因距离当下太近,从而令研究难度增加了许多。摆在我面前的问题主要有两个:第一,在研究文本的整体平衡上,因越晚近研究资料越充分,从而会令最后一章(1978年之后)的内容体量较前续篇章有较多增加,如果完全放开去写,那么整体文本的篇章比重不大均衡。第二,除了浩瀚的文献,当代部分的研究有条件去做更直观的调研和访谈,然而这部分工作我做得还有很多不足。

客观地讲,调研与访谈的不充分并不是由于我对研究有所倦怠,而是因为在2023年前,外出调研对于在深圳担任教职的我来说非常困难。作为中国经济最活跃、对外交流最频繁的城市之一,深圳在疫情防控期间,中、高风险区高度集中,即便是省内调研也绝非易事。为规避防控风险,我必须减少出行对既定教学工作可能造成的直接影响。(学校有严格的调课要求,对涉及防控风险区的入校人群亦有相应的监测与防控措施,而我每学年约有400节课时的教学任务。)在当时出行极为困难的条件下,学校对于我的课题研究依然给予了较充分的工作空间与支持。为了解决前期研究中遇到的两个问题,我提出希望基于1840年以来广东省现代设计发展的大背景,以更多元的形式来深化对当代部分的研究。2022年年初,经过评审,我提出的配套项目——《1840年以来的广东现代设计研究》获得了深圳职业技术学院(现深圳职业技术大学)的立项。而其中的一项核心成果,

[1] 出自两院院士吴良镛2009年12月为《岭南近现代优秀建筑 1949—1990卷》所作的序言《岭南建筑科学文化的价值》,详见:石安海主编.岭南近现代优秀建筑·1949—1990卷[M].北京:中国建筑工业出版社,2010. P4.

图3
笔者在纽约曼哈顿拜访玛丽·艾玛·哈瑞斯女士

图3

就是一份体量达10万字的研究报告。

幸运的是，2023年年初，岭南美术出版社刘音老师找到我，谈到社里正在全力以赴挖掘有关大湾区设计的系统研究，而我正在进行的研究与出版社的项目相契合。在广州，经过交流，我决定对已完成的部分报告进行调整，并补充更多内容，将其以专著的形式出版。而当我们具体就此项工作开始启动时，发现即使专门针对当下阶段的广东设计开展研究，10万字的体量也是远远不够的，何况大湾区的范围还包括香港和澳门。因此，我们初步达成了先以"平面设计"为主要研究范围出版本册，后续再逐渐拓展到更多设计专业领域的想法。虽然这本书带有一定的实验性，但是我们相信这种规划是符合设计史研究的客观规律的。

二、与时代同步：设计的"当代性"

通常而言，设计史的研究主要着重于已经逝去的往事，似乎只有"人""事""物"被定论后才能够被书写成册。虽然在某种程度上看，这种写作方式能够规避许多风险，然而也会带来不少问题。最典型的就是当学者们经过各种反复思考和论证，终于决定对某个阶段开展研究时，常会发现因许多关键人物和线索已不"在场"而导致第一手资料的缺失。更令人难过的是，这种遗憾一旦形成通常都是不可逆的。在学界，很多人都会说自己在做"抢救"性研究。既然知道"抢救"不是一种良好状态，为什么不提前开始呢？

2015年，在卡特琳娜·鲁埃迪·雷（Katerina Ruedi Ray）教授的邀请下，我到美国俄亥俄州博林格林州立大学担任访问学者。(图4) 卡特琳娜是建筑史和艺术教育领域的专家，在来到博林格林州立大学

图4
笔者与卡特琳娜·鲁埃迪·雷教授在美国俄亥俄州博林格林州立大学

图4

担任艺术学院院长之前,她曾经在伊利诺伊大学芝加哥分校担任建筑学院院长。一次会面时,她提出曾经的同事维克多·马格林(Victor Margolin)正在撰写一部超大体量的《世界设计史》著述,并建议我在芝加哥调研时去见见他。然而当时我太年轻,完全没有紧迫意识,听到建议后并没有立即前往。而当我最终到了伊利诺伊大学芝加哥分校时,马格林教授已身体抱恙不在学校,而他创建的那间名为"Museum of Corntemporary Art"的博物馆我也永远无法一睹真容了。同样的遗憾也发生在我与巴瑞·巴戈多(Barry Bergdoll)教授在纽约格林威治的一次会面。(图5)当时他告诉我如果早来一年,也许有机会能见到格罗比乌斯的女儿阿缇·格罗比乌斯·约翰森(Ati Gropius Johansen),然而令人悲伤的是她在前一年去世了。

同年深秋,我刚写完手上的文本,无意中看到杭间老师发布了一条社交动态信息——袁熙旸教授离世。2010年9月在汕头大学举办的"中国与包豪斯——纪念包豪斯创立91周年暨中国现代艺术与设计发展国际研讨会"上我虽与他仅有过一面之缘,但是他那开朗阳光的笑容令我至今印象深刻。(图6)袁熙旸教授的著述精湛,思路通透,在"70后"设计史学者中居于旗手地位,是我们这些后辈的楷模。杭间老师在发布这条令人悲痛的消息时,也缅怀了于2012年离世的留英博士钱凤根老师,其悲伤之情溢于言表……2021年年初,再次传来不幸的消息,我的良师挚友——大卫·瑞兹曼(David Raizman)教授离世。当朋友告知我这个消息时,我非常震惊,因为就在2019年暑假,我还在他位于温科特的家中小聚,之后他和太太还驱车送我到费城的酒店。(图7)

每每忆起这些往事,我都会深深地感到遗憾。虽然设计史的研究目标通常都落实在物质层面,然而推进设计历程不断向前发展的却是

图5
笔者与巴瑞·巴戈多教授在纽约会面

图5

一个个鲜活的人物。物质文明的进步靠的是无数的设计执行者、研究者,以及政策的制定者和项目的支持者,是他们的"在场"决定了设计的动向。与其抱着"如果我能早一些行动,就能做得更完善一些了"的想法,不如切实地从记录身边发生的事做起。即便一些内容需要经过岁月沉浮方可拨云见日,然而如果能将当下已知的部分系统呈现,也一定有其存在价值。设计史的书写不一定要以"纪元"为单位。如果学者的研究有独特的观察视角,那么已经发生的任何事件都有其历史意义。我相信这些关于"短期记忆"的当代文本一定会为未来那些充满雄心壮志的学者们所进行的研究提供相应的参考价值。正如大卫·瑞兹曼所说的那样,作为一门年轻的学科,设计史的研究应该有许多不同的切入点。而有关其"当代性"的发掘,我想现在才刚刚开始。

三、设计"个案"与"在场"纪实

不得不承认的事实是,当研究对象处于"当代"维度时,很难以"带状"结构对其展开综述。20世纪初,法国"装饰艺术"(Art Deco)运动的倡导者从未将自己认同为"装饰艺术"工作者,他们当时都笃定地认为自己是现代主义的拥护者,然而数十年之后的学者们借1925年巴黎装饰艺术与现代工业国际博览会之名为他们添加了一个"装饰艺术"的注脚,让他们与同期德国、荷兰和苏联等国的现代主义者划分为不同的艺术派别。由此可见,置身于当代是无法准确地对正在发生的事物进行结构性定义的。某一阶段的总结需假以时日后开展。然而当代学者应该努力为后辈留下一些尽可能客观、准确、翔实的记录,就像乔治·瓦萨里(Giorgio Vasari)为文艺复兴的同期艺术家所做的工作那样。简而言之,为后世提供可供讨论的足量文本。基于以上理由,个案研究显然在探索设计史的"当代性"方面显得极为重要。

图6
2010年9月,"中国与包豪斯——纪念包豪斯创立91周年暨中国现代艺术与设计发展国际研讨会"合影

图6

虽然现代设计的一个重要特征是劳动分工的细化，但是在平面设计领域，设计师的个人价值依然处于核心位置。每位设计师自己就是一个独立世界，无论海报、册页，还是品牌形象及展览策划，都与其人生经历密切相关。相比通过文献和设计遗存去了解一位设计师，真实的"在场"显然更为直观。因此，对一名设计史学者而言，与设计师的相识与沟通可以帮助其建立起关于他们个人及作品更通透立体的第一印象，这将令学者们从更宏富的层面理解为什么他们会在特定时期完成那些重要的设计。

在本项研究的初始阶段，遇到的第一个难题就是如何组织线索、确立个案。前面已经提到，该选题关系整个大湾区的设计研究，以一本书的体量是无法囊括所有内容的。因研究面向当代，"变量"较大，因此需以发展的眼光看问题，将其作为一个长期的研究课题，以多册形式分批实施。这样一来，每一册就需要有一个主题或线索。根据选题规划、前期研究情况和现有条件，结合对深圳市平面设计协会及众多设计机构、专家的走访交流，我们最终确定本册的个案落在王粤飞、靳埭强、韩家英、李克克、曾军、黄扬6位设计师身上。从个案名单可以看到，在本项研究中，个案的遴选并没有将"资历"和"年龄"作为唯一考量，而是着重通过这6位设计师的艺术轨迹作为典型"案例"（包括但不限于作品、活动及各种行为等）来反映大湾区设计的形成脉络及历史因缘。

作为系列的第1册，本书的研究范围着重于大湾区腹地——广东在改革开放以来的设计发展历程，列入本册中的港澳设计师靳埭强先生，其不但活跃于香港的设计和艺术界，还直接影响了中国内地平面设计的发展。靳埭强先生不仅早在1979年便来到广州美术学院讲学，还在2003年担任了汕头大学长江艺术与设计学院的院长，通过学院

图7
笔者在宾夕法尼亚州温科特拜访大卫·瑞兹曼教授

图7

办学和设立"靳埭强设计奖",召集并培养了一大批设计人才,对大湾区设计力量的形成起到了重要的促进作用。今天许多活跃在中国设计界的青年才俊,如宋博渊、张昊、林徐攀等都曾在"靳埭强设计奖"赛事中取得佳绩。

巧合的是,当本册的所有案例形成后,我们发现6位设计师在广东设计的时代背景下呈现出了节点上的交会与联系。靳埭强于1979年随团自香港来到广州美术学院开设了第一次正式的设计交流讲座。同年,王粤飞毕业于广州美术学院,并在1987年从广州赴深圳担任了嘉美设计有限公司总经理,开创了广东最早且最具影响力的平面设计企业。1989年,李克克加入深圳国际企业服务公司;1990年,韩家英加入万科影视部;1992年,曾军来到深圳加入九星印刷包装中心;1993年,黄扬放弃家乡的工作机会来到深圳打拼,并很快与王粤飞的嘉美设计、韩家英的设计公司有了交集。他们各自追寻的设计之路回应着时代发展的印记,也让个案有了更多鲜活的故事。

在接下来的初步出版计划中,我们希望着重从香港与澳门的视角回溯过往,去呈现不同视角下大湾区设计力量在早期形成的脉络。这就解释了与王粤飞先生共同扛起"平面设计在中国"大旗的王序先生为何不在本册个案之中。王序先生与靳埭强先生有着相似的粤港融通经历,在中国内地平面设计发展的早期,他在香港创办的《设计交流》杂志对内地设计从业者有着重要的"拓荒"意义,而此后他编辑出版的数十册设计系列书籍同样影响深远。对于一直活跃在广东本土的设计师而言,王序是尤为特别的一位。他从未加入深圳市平面设计协会(以下简称协会),但是他的名字却在协会"大事记"中屡屡出现,对协会的专业发展起到了重要的引领作用。在某种角度上看,他不仅仅是一位广东设计师,早在改革开放初期他便被派驻香港,有着能够直接联系石汉瑞（Henry Steiner）等国际知名设计师的过人组织能力。根据陈绍华先生的回忆，王序还是促成"平面设计在中国"92展（以下简称'92展），组织台湾设计师参展的重要推手之一，是"平面设计在中国"展览组织中不可或缺的专业力量。

在过往的研究中，虽然我也会采用专访交流的形式，但主题并未落在当代。例如，2016年2月29日，我在芝加哥拜访德克·罗翰（Dirk Lohan）先生时，交流主题并非基于他个人的作品，而是关于他的外祖父密斯·凡·德·罗（Mies van der Rohe）的设计思想。（图8）因此，本书的写作对我个人而言，也是首次尝试。但是在国内，设计和艺术"批评"并不常见，或者说尚未形成专门的学术研究方向。因此在写作时我非常注重一件事，就是虽然个案所涉及的设计师都被认为是对大湾区的设计历程起到重要作用的角色，但是也要避免陷入纯粹个人"赞美"的范畴。虽然这在操作层面上有难度，但是我依然要指出本书的意义不是为任何一位设计师"背书"，而是希望通过基于"在场"的交流，客观真实地记录下他们所亲历的重要事件，从而为后续研究提供参考文本。设计史解决的永远是基本问题，至于知识如何被使用取决于后来者的自我经验和探索精神。

这些年来，我与6位设计师在不同场合有过各种形式的会面与交流。用学术话语描述，就是所有的个案研究都是基于"在场"和"在地性"的。需要说明的是，在本书撰写期间，我并未对靳埭强先生进行专门采访，这是由于笔者硕士毕业于汕头大学长江艺术与设计学院，无论课上课下，与他的交流都是比较充分的，也常听他讲起自己的人生往事。2021年年初，笔者在做广东省哲学社会科学项目期间，应师姐莫萍女士邀请参加了与靳叔的一次交流聚会。那一次，靳叔再次较成体系地回顾了自己的艺术人生经历。除了靳叔口述的一些细

图8
笔者在芝加哥拜访
德克·罗翰先生

图8

节，这些内容在我的同门师兄王晓松牵头撰写的《靳埭强·身度心道：中国文化为本的设计·绘画·教育》中均可得见。也正是在那次聚会上，靳叔听闻我正在撰写本土设计史，特意嘱咐我一定要做到信息准确。为了鼓励我的学术研究，靳叔回到香港后还特意将当时我赠予他的刚出版的拙著《扶桑物语：俭约思想与日本设计》发于其个人微博加以推介，对我的设计史研究给予了无私支持。（图9）

四、个体叙事与文本还原

关于信息的准确性问题，许多前辈都非常在意。2023年3月，我应鄢琮粼女士邀请去参加艺湾举办的一个展览开幕式时偶遇了韩家英先生，那天他同样提到关于这段历史的书写，对一些重要事件的时间节点务求表述准确。因此，在这项研究的叙事中，所有的历史事件都基于当事人的口述或来自明确的文献记载。然而也许我的工作开展得还是有些晚了，一些涉及数十年前的细节，前辈们的忆述会有一些偏差。我的解决办法是找更多的当事人进行求证（如请教《包装与设计》杂志前主编黄励先生等）。当然，大多数"模糊"的节点主要是在时间方面。幸运的是，根据每位前辈在亲历这些事件时的状态，以及各人的印象记忆描述，在多方求证后很快就能获得准确答案。例如，20世纪90年代初在深圳罗湖举办的一场平面设计同行聚会，具体时间上我同陈绍华先生有过一次交流，他清晰地记得那一年刚刚办完"平面设计在中国"92展，聚会是由嘉美设计支持的，而此次聚会上那幅饶有趣味的海报正是出自他的设计。

在与王粤飞、韩家英、李克克、曾军、黄扬几位设计师面对面的交流中，我有了许多超越文本和既往印象的意外收获。例如王粤飞先生，在与他就发起"平面设计在中国"展等问题交流前，我对他的印

图9
靳埭强在新浪微博上关于笔者著作《扶桑物语：俭约思想与日本设计》的评介分享，2021年

图9

象基本上都是从其作品和活动形成的。在我的主观印象中他应是一位孤傲的长者，毕竟他最早在改革开放的大潮中主力扛起了"平面设计"这面大旗，并且主持了深圳本土最早且最具影响力的嘉美设计。2009年我来到深圳工作后，在一些参与过的设计赛事中他也总是以专家、评委的身份出现。但在交谈中，我发现他是一位值得信赖且对后辈非常友善的前辈。面对我们提出的这个研究项目，他首先考虑的问题就是：如今的年轻人真的会对当年那些过往感兴趣吗？之所以会提出这样的疑问，是因为他依然对平面设计这项事业抱着强烈的责任感，那份热忱丝毫不弱于30多年前筹备'92展之时。其实，就在我们与王粤飞先生约见的前几日，他才刚刚参与了由深圳市平面设计协会发起的"GDC SHOW 2023"在清华大学美术学院举办的学术活动"在清美：矩阵"，可见他对设计教育的现状依然十分关注。在接下来的专访中，他系统地回顾了20世纪80年代初至今的设计历程，以他的思考为我们厘清了平面设计发展的主体脉络。对设计的各个发展阶段他都有独到的见解，并具体形象地向我们描述了那段历史。在这种平实、高效的沟通中，我们意外地了解到，由他主持设计、在当时家喻户晓的"三九胃泰"及"三九制药集团"等视觉形象背后的故事，感受到他对设计的敬畏及所倾注的热情。

  在过去的15年中，我已习惯于用学术性的话语去分析问题，而在这项有关当代设计的研究中，我希望将叙事回归问题本身，基于读者的立场来重组叙事架构，令所有的文本表述回归到设计史的书写本质——留存记忆。如果以翻译学中的"信、达、雅"去理解，那就是努力做到以"信"为本。设计是一门属于大众的艺术，设计史也应反映属于大众的历史，我想要跳脱出过往那种似乎只有"同行"才能深入交流的语境，希望本书的内容能激发来自不同领域的读者的兴趣。我期待大家能够从其中任一章节内容切入，以普通人的视角了解那些往事，就像我们读《三国志》那样通俗易懂。6位设计师都亲历了改革开放的浪潮，共同体验过大时代发展进程的激荡与澎湃，如果按传统的历史体例那样仅用几个段落就将这些过往寥寥带过，着实会失去不少细节的闪光点，所以我尝试在基于客观史实的评述中，将他们串连在大时代的不同节点里，汇聚成设计师群像并记录下来，令他们的艺术轨迹在时代印记里显得更立体也更生动。

　　大湾区文化具备的一个显著特征是强烈的融通性。在这本书中，6位设计师之间也是这样，他们的人生彼此独立但又相互关联。为了确保每一篇章的完整性，那些具有共性的历史事件会在他们各自的篇章中分别呈现。读者可以在多个篇章中发现他们之间的交集，然而这并不意味着他们的设计理念完全相同。所谓君子，"和而不同"。他们曾为同一目标共同扛起中国平面设计的大旗，以"平面设计在中国"展览及深圳市平面设计协会等平台传达设计人的理想，但是他们对设计、艺术、人生、世界、当下和未来又各有不同的认知。他们为不同的目标和理想前行，并且都从不同维度折射出了时代赋予他们的激情，勾勒出了大湾区设计的发展轨迹。实际上，正是由于他们所拥有的鲜明个性，使他们各自获得了重要的专业成就，并在数十年里不同程度地为大湾区设计产业的发展做出了实质性贡献。

　　当然，对作者来说，"在场"也并非总是积极的。对于当代设计史学者，都会面临一些实际的学术困难，例如，无法准确地对当代设计师们的作品进行流派、风格层面的定义，也无法通过未来更多元的逻辑线索去反观他们在设计史中相对更为确切的专业定位等。尤其是在各个行业都在大谈"AI"的今天，设计界面临着许多新的挑战（或许挑战不仅仅在于技术层面）。然而，历久经年后，"经典"一定会焕发出时代的光芒。

由于书中不少内容涉及一些公司的早期历史，而随着时代发展部分公司的名称历经了多次修改，因此本书会采用业内广为熟知的名称进行描述，例如，深圳国际企业服务公司，它最初成立于1985年12月14日，后来更名为深圳市国际企业服务有限公司（详情可在国家企业信用信息公示系统和爱企查中查询），在行业内常简称为"国企"或"SIMS"，考虑到业内人的常用名称，本书中统一简称为"SIMS"。在此特别加以说明。

五、争议与探索

杭间老师多次提醒我们，研究是学者立身之根本。由于每个人的精力和时间都是有限的，因此他常提醒我们专事研究，尽量减少一些其他事务的干扰。虽然个人天资不敏，但是我很能理解老师的良苦用心，并且一直在坚守作为一名学者的本心。感谢他和王受之老师、韩然老师的指导，令我不但在学业中收益良多，还对人生及世界有了更多元、更多维度的思考。

感谢深圳职业技术大学为本项研究提供的校级配套项目《1840年以来的广东现代设计研究》（项目编号：6022310018S）支持。与此同时，诚挚地感谢岭南美术出版社为本项研究的专著转化提供了重要机会。作为一名"80后"，我对岭南美术出版社有着很深的情感——20世纪80年代该社出版的连环画《葫芦兄弟》陪伴了我的童年。

感谢岭南美术出版社刘音老师的鼓励，在本项研究的推进过程中，她始终与我一路同行，没有她的支持这本书不可能诞生。感谢深圳市平面设计协会主席张涛先生、顾问张昊先生和行政副秘书长林楚微女士，他们为本项研究提供了重要的文献支持和历史陈述。感谢关山月美术馆黄治成先生，他为本项研究提供了翔实、全面、海量的文献资料，帮助我迅速进入研究状态。感谢《包装与设计》杂志前主编黄励先生，他在百忙之中为本项研究提供了多方面的助力，并且提供了1985年《设计艺术》杂志的珍贵图片。感谢深圳亚洲铜设计顾问有限公司创始人韩湛宁先生，他帮助我系统地了解了深圳市平面设计协会的创建历史，并对我的研究给予了许多鼓励。感谢我在深圳职业技术大学的学生曾佳佳对本项研究提供的重要协助，祝愿她在香港教育大学的研究生旅程一路顺风。感谢我的老朋友——广州市教育研究院罗曼莉博士在粤方言方面给予的悉心指导。

最后要感谢我的太太对我研究工作的全面支持，没有她的付出，就不会保障我每天有固定且充裕的研究时间。本书在撰写过程中已竭尽个人全力，但难免还会有所疏漏，衷心恳请大家批评指正。经过多次对稿件的商议与讨论，我和刘音老师都认为涉及当代的历史记录与出版，有可能会引起业界的一些讨论或争议。但我想，即便会面临各种挑战，这项研究依然有一定的专业价值与现实意义。学术探讨是所有研究得以系统推进的关键，若从未争鸣，又何来精进？希望这本书能够提供一种动态观察当代设计发展历程的视角，聊以作序！

吕晓萌
2023年8月28日于深圳华侨城

王粤飞
WANG Yuefei
平面设计的
先行者

王粤飞

著名设计师，1979年毕业于广州美术学院设计系（原为工艺美术系）。创办王粤飞企业形象设计有限公司。"平面设计在中国"92展创办人，深圳市平面设计协会创办人。纽约艺术指导俱乐部（ADC）会员，国际平面设计联盟（AGI）会员，深圳市文化基金艺术评审委员会委员。

代表作品：海报《龙马精神》《11号上场》《反兴奋剂》《融汇》《生命十字》，以及深圳第26届世界大学生夏季运动会吉祥物设计等。其作品被德国、美国、丹麦、中国香港等国家和地区的多个机构收藏。

设计项目包括三九集团、太太药业集团、深圳国际信托投资公司、深圳发展银行、深圳物业集团、深圳海王集团、海尔集团、新鸿光集团、太极制药集团、深圳东欧集团、山东鲁能集团、深圳华侨城集团、南京国际集团、TCL等大型企业设计案例。

获得第七届巴黎国际海报展最优秀作品奖（1993）、法国足球世界杯海报竞赛优异奖（1998）。作品入选第15届华沙国际海报双年展及墨西哥国际海报双年展（1996），入选布尔诺国际平面设计双年展（1998、2002），入选第九届全国美展（1999）等。

主要参展：巴黎国际海报作品巡回展（1994）；德国波茨坦国际设计会议主题（Future images for design）海报展、美国"科罗拉多国际海报四人展"（1999）；德国柏林"城市发现"海报展、墨西哥"中国海报特别展"（2000）；英国"中国制造"设计展、丹麦"中国平面设计展"、日本"中国现代海报展"（2001）等。

设计师/王粤飞

访谈·印象

　　2023年6月，常常参加各地学术活动的王粤飞与我们相约在他所住小区附近的茶楼会面，他身着一件简素自在的T恤，一坐下来就很自然地与我们聊起中国平面设计"启蒙运动"期间的一些往事和老相识，把我们拉回到了那个"提起包豪斯就热血沸腾"的年代。这些故事在他的讲述中虽是轻描淡写，却让人感受到那个年代中国设计师的觉醒与激情……

　　王粤飞与平面设计的联结带着创新变革的鲜明烙印，其亲历的设计节点如同时代的缩影。他长期在广州、深圳两座城市间奔走，让越来越多的人在设计的感召下走到了一起，共同汇聚成中国平面设计延续传承的原创力量。

笔者与王粤飞先生的出版采访与交流

设计·观点 [节选]

1 评价《平面设计在中国》92展，它揭开了中国当代设计史以平面设计为先锋的时代开端，它完成了自身的三个任务：

第一，由民间机构发起的全分类平面设计比赛，开启了国际评审规范赛制。第二，设计师职业化时代的到来，个体设计师开始独立创业，行业雏型形成。第三，唤起大批年轻设计师汇聚旗下，催生了中国第一个民间平面设计师协会成立（1995年）。

（摘自《设计》杂志"中国设计·大家谈"栏目对王粤飞的专访报道《设计行业期待方式方法上的改变》，《设计》2019年第12期，第64页）

2 我一再警告自己，不要掉入个人风格的陷阱，但这并不意味自己的作品没有个性。我喜欢尝试创新，探索各种解决问题的方法，这是我自己恪守的一个原则。

（摘自艺术中国网2010年3月13日发布的《王粤飞的设计原则》一文，转载于《美术报》文章/雷兰）

3 设计师始终是固执的：一种专业的执著时刻在散发着，这无疑是一个重要的时刻，是一个被智慧所鼓舞的时刻，我时常触摸着这欲望、企图，感觉到它们的存在，即使在令人沮丧的时候。

（摘自王粤飞：《设计时代/国内著名艺术设计工作室创意报告：一个重要时刻》，河北美术出版社，2002年，第7页）

21

设计·往事

时间 - 1992年
场景 - "平面设计在中国"展
事件 - 中国平面设计的启蒙运动

1992年,首届"平面设计在中国"展开幕,颁奖典礼在深圳高尔夫球场举行,展览获得了社会的广泛关注,也反映了当时的设计人想要改变传统、寻求创新的审美需求。

在"平面设计在中国"92展颁奖典礼上王粤飞领奖,1992年

"平面设计在中国"96展(以下简称'96展)庆祝会,1996年

王粤飞设计的深圳市平面设计协会会员证,1995年

平时喜欢穿着军旅服、到处"显摆"自己的王粤飞

时间 - 1985年
场景 - 朗涛公司香港亚太区总部
事件 - 专业交流

朗涛策略设计顾问公司是世界上最大的形象识别与策略设计顾问公司，在企业形象、品牌包装与设计等领域为众多知名品牌提供商业与形象设计服务。朗涛公司已有50余年的设计发展历史，其总部在美国旧金山，朗涛亚太区总部设于香港。

参观朗涛公司香港亚太区总部，1985年

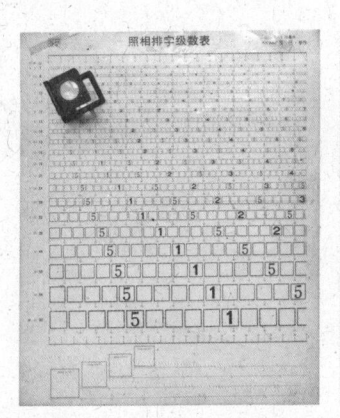

被王粤飞一直保留下来的设计工具记载着那令人难忘的"美工"时代

王粤飞与靳埭强做客深圳电台，1995年

法国设计师吕迪·鲍尔（Roedi Baur）到访王粤飞企业形象设计有限公司，2011年

为平面设计探寻实践路径

[1] 根据深圳市平面设计协会大事记，"GDC"这一名称最早在2007年展览时正式启用，详见深圳市平面设计协会官方网站：http://www.sgda.cc/about.aspx?id=3，援引时间为2023年8月3日。但是据笔者查证，在2006年出版的2005年展览画册中已开始出现"GDC"的称谓。

[2] 2023年6月17日，笔者与刘音老师在广州天河共同拜访了王粤飞先生，彼时他刚刚参加完"GDC SHOW 2023"在北京清华大学美术学院举办的"在清美：矩阵"学术活动。

自改革开放以来，深圳平面设计之所以能够在全国始终保持着重要的先锋地位，离不开平面设计的产业先行者及诸多设计从业者们的初心与坚守。在这些优秀的先行者中，如果要选出一位最具代表性的设计师，相信很多人都会给出王粤飞的名字。在论述中国平面设计发展的历程时，常会陷于地域上的"南北"之争。一般而言，"北方"的平面设计探索以院校为主体，而"南方"则以企业为重，致力于产业先行。对于"南方"平面设计而言，毫无疑问王粤飞担当了领航者的重要角色。在产业层面，王粤飞担任了广东（或许也是内地）第一家合资设计公司——深圳嘉美设计有限公司的负责人。（图1）20世纪八九十年代，这家公司不仅承担了大量的设计项目，而且培养出了毕学锋、陈一可、王文亮等一批具有社会影响力的设计师，甚至被称作深圳平面设计界的"黄埔军校"。（图2）在学术层面，王粤飞与同学王序在1991—1992年共同发起"平面设计在中国"展，促成了"平面设计"这一概念在中国内地的落地。在行业层面，王粤飞与陈绍华、韩家英、李克克等设计师共同发起成立了深圳市平面设计协会，促成了"平面设计在中国"展（英文名为"Graphic Design in China"，2007年展览时开始通用"GDC"缩写名）的双年展结构并一直延续至今。[1]（图3）

一、来自国家层面的平面设计启蒙

虽然王粤飞在中国平面设计的发展历程中担当着不可或缺的中坚角色，然而提及那些曾经辉煌的设计过往时，他却显得尤为淡然，甚至怀疑过去发生的那些事情是否值得被记录下来。[2]重溯往事，王粤飞虽然并不否认"平面设计在中国"92展的影响力，但他认为展览只是众多前期因素积累到一定程度时的必然成果，如果要追根溯源，那么真正对内地平面设计起到启蒙作用的应该是20世纪80年代初期由外贸部发起的一系列基于国家经济发展的相关活动。

图1
深圳嘉美设计有限公司为深圳发展银行做的报纸广告，1997年

图2
深圳嘉美设计有限公司海报及标志设计，1988年

图3
"平面设计在中国"92展获奖作品在深圳国际展览中心展出，1992年

25

当时，为了加速实现四个现代化建设目标，外贸部号召全国外贸系统的美工们积极行动起来，为扩大出口、积极创汇为目标贡献力量。虽然包装设计在名义上还处于"美工"的职业范畴，但其专业性却获得了前所未有的重视。所谓"人靠衣装马靠鞍"，无论出口商品本身是否优质，但如果没有与之相适应的包装设计，那么就会在国际市场的竞争中缺少优势。

实际上，对包装设计的重视并不是在改革开放以后才开始的，早在新中国成立初期，国家就致力于通过工艺美术等成果实现外汇创收，并在后续工作中为相关从业人员提供技术指导（例如20世纪70年代由中国包装进出口公司选编的《包装装潢资料》等）。中共十一届三中全会之后，现代化进程突飞猛进，在改革开放的大潮中，包装改革的呼声越来越高，相关活动的规模越来越大，产量亦与日俱增。王粤飞从读书时起就非常热爱包装设计，对包装行业的信息也一直十分关注。1979年，他从广州美术学院工艺美术系装潢专业毕业后（21世纪初期及之前经历过美术高考的人，对"装潢"一词应该都不陌生），就与同班同学、好友王序一起被分配到了中国包装进出口广东公司。（图4）

从名称上看，这家公司只是中国包装进出口总公司的一个省级分公司，但实际上广东在全国外贸领域的地位极其重要且不可替代。自古以来，广东在对外贸易中长期发挥着重要作用，羊城广州更是被称为"千年商都"。中华人民共和国成立后，中国进出口商品交易会（简称广交会）更是一马当先，成为中国进出口贸易的最大交易平台。由于外贸公司的美工们无法出国考察出口商品的市场，广交会便成为美工们间接了解经销商对出口商品包装设计反馈市场信息的"前线"。（图5、图6）这家省级分公司还有另一块招牌——中国出口商品包装研究所，公司每年进口大量欧美、英国、日本的专业杂志及书籍，配备多个英、日文翻译，还专门建了一个超过1000平方米的进口商品"超级市场"，专供设计师、大专院校师生参观和学习。可以说，王粤飞他们在工作中接触到的都是当时全国最前沿的资源和信息，当年所有这些工作还被人戏谑为"隔山买牛"。

图4
（上）王粤飞与王序二人在海南岛时合影，1980年

（下）王粤飞与王序参加香港"亚洲海报展"时的合影，1992年

图5
王粤飞设计的广州出口"家声"牌立体耳机与KING品牌衬衫包装，1985—1987年

图6
广州的中国进出口商品交易会

[1] 之所以在天津开设培训班，是因为当时天津设有包装研究所。关于这次培训的历史背景，据王粤飞先生回忆，当时是由联合国向全球范围内的设计师们发出邀请，请大家义务前往第三世界国家（包括亚洲、非洲等国）进行授课。该项计划由设计师们根据自己的日程计划自愿报名，待到报名名单后，再由联合国开发计划署统一抽签和安排。

[2] 据王粤飞先生回忆，包装平面设计方向的培训班仅有8位学员，包装结构方向的则约有10位学员。

国内对"工艺美术"和"装潢"认知的转变发生在20世纪80年代初，当时发生了两件事对王粤飞影响极大。

第一件事是20世纪80年代初，外贸部在联合国关于援助第三世界国家相关策略的支持下，邀请了数位外国专家在北京和天津分别开办了包装平面设计、包装结构设计（着重运输性的大纸箱及瓦楞纸板结构等）2个不同专业方向的包装培训班。[1] 很多设计师认为此次培训班具有划时代的意义，他们甚至称之为包装设计界的"黄埔第一期培训班"。由于专业资源有限，当年有资格参加培训班的都是国内包装设计领域的前辈，他们大多数是"文革"前的毕业生。[2] 虽然培训班的学员人数不多，培训模式类似于马克西莫夫油画训练班，意在"一花引来万花开"。学员们经过不到半年的培训后，在昆明组织了一个面向全国外贸系统设计师开放的成果汇报会，集中展示了培训班的教学情况、学员们的作业及导师评语等。汇报会代表了当时全国最前沿的高水平包装设计，因此吸引了众多设计从业人员到场参观。

令人意想不到的是，除实践成果展示外，会上学员们还汇报了在培训中收获的一些卓有洞见的理论和观点。让王粤飞印象最深的是关于"设计定位"的理论，因为围绕这个主题形成了两个应用性极强的专业文本——"中国制造"（Made in China）的意义，以及中国出口商品包装设计的属性定位表格。（图7）事实上，这两个40年前就在探讨的专业文本，今天依然作为重点词汇频繁出现在设计专业论文和各种研讨会中。此外，当年汇报会的意义并不仅限于字面上的表述，而是基于学员的作业案例，展开了实际的分析和推论。在解读"中国制造"时，汇报并非仅仅从制造业角度切入技术问题，而是通过全球市场调研，着重探讨了"中国制造"在世界各地消费市场的意义所在，得出了中国擅长制造陶瓷、编织等工艺品，但不擅长制造手表、收音

图7
（左）广东出口的芒草制品宣传册，1985年

（右）广州出口的木制品《饼印》宣传册，1984年

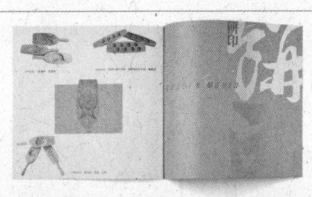

图7

27

机、自行车、缝纫机等轻工业产品的结论。

第一个文本的结论自然而然地引出了有关中国出口商品包装设计属性定位的第二个文本。它同样落在实处，从市场角度出发总结出了一套适合当时中国出口商品包装设计的方法论。简单而言，对于中国擅长制造的商品，在包装设计上尽量突出强调中国元素；对于国外市场上中国不擅长制造的商品，则尽量不突显中国元素和"中国制造"的特性。例如，茶叶是中国有传统优势的产品，那么在出口贸易的包装设计上就应该着重体现中国元素，让它与竞品（如斯里兰卡的茶叶）在包装上形成差异。对于一些轻工业商品，则尽量在包装上弱化"中国制造"的商品形象，以避免国外市场因惯性消费而对中国外销商品造成价值误导。在王粤飞看来，这些商业策略后来在许多其他领域中都有应用，除了在单一的商品包装设计层面，还应用在一些品牌的塑造上，如在出口市场中占据重要位置的"三角"牌电饭锅、"555"牌电池等，其实就体现了这种商业定位策略。

这次汇报会展现的设计成果让王粤飞大受震撼。时隔40年再追忆，他认为汇报会产生的作用和意义相当于中国"文艺复兴"的到来。

另一件让王粤飞深受触动的事同样由外贸部发起。1981年，外贸部邀请了著名品牌设计师沃尔特·兰多（Walter Landor）来华讲学。（图8）据王粤飞回忆，当年兰多在国内做了两场讲座，年中在杭州开了第一场，秋季广交会期间又在广州开了第二场。那时候王粤飞头一回了解到什么是"企业形象"，什么是"VI"，包括怎样将设计和技巧注入企业之魂。大量的全球商业品牌实例（包括新加坡航空、日本航空和威斯汀酒店等），令大学刚毕业的他深深为之震动。多年以后，他才知道"兰多"就是在国际上大名鼎鼎、如雷贯

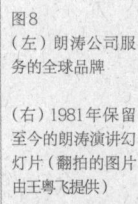

图8
（左）朗涛公司服务的全球品牌

（右）1981年保留至今的朗涛演讲幻灯片（翻拍的图片由王粤飞提供）

图8

[1] 出生于德国的沃尔特·朗涛在美国旧金山创办了朗涛策略设计顾问公司，如今这家公司已经发展成为全球著名的品牌咨询与设计企业之一。

[2] 2023年6月19日，笔者与刘音老师一起在广州拜访了黄励先生，黄励先生讲述了《包装与设计》杂志的发展历程，并提供了1985年三本《设计艺术》的封面资料。三本杂志封面的设计信息由王粤飞先生提供。

[3] 虽然这期封面看上去似乎有着包豪斯式的设计风格，但据王粤飞先生回忆，1985年设计这期封面时他还没有系统了解过包豪斯。由此可见，设计师对于一些设计本质问题的思考往往会呈现出"殊途同归"般的结果。

耳的"朗涛"。[1] 朗涛对于王粤飞的职业生涯而言，是真正意义上的"设计启蒙者"。

由此可见，今天的平面设计生态百花齐放，而其发展之初的原动力则来自国家层面的大力推动。实际上，不仅仅是平面设计，改革开放以来关于城市设计、建设规划的一系列改革都是在国家有关政策和措施的支持下逐渐发展起来的，从宏观上的蛇口模式到微观上的华侨城建设等，都带有鲜明的时代印记。

二、从广州到深圳：设计弄潮

当年在位于广州海珠广场的中国包装进出口广东公司工作时，王粤飞主要负责土畜产品包装设计，王序负责食品包装设计，而高他们一届的黄励则负责茶叶包装设计。那时，广州美术学院工艺美术系装潢专业学生人数非常少，毕业后继续从事这一行业的人则更少。王粤飞、王序所在的1979届装潢班共9位同学，毕业后一直在设计界闯荡的也仅有他们两人。在学校时，他们有幸受教于尹定邦、刘露薇、刘达銮等一批非常优秀的专业老师。（图9）

由于改革开放不断带来新的设计思潮，因此1985年王粤飞、王序、黄励三人做了一个大胆的决定——对公司于1973年创办的《包装与设计》杂志进行改革，将之更名为《设计艺术》（Design Art）。[2] 从当时由王序、王粤飞、黄励先后设计的杂志封面上，就可以看出他们渴望实现设计改革的想法。第1/2期合刊的封面由王序担任设计，封面的主体图形是一个透明的玻璃瓶，瓶身呈现出玻璃与水两种不同物质间的交融，展示了设计艺术带来的无限可能。第3期的封面由王粤飞设计，以3个简洁的几何体，分别示以红、黄、蓝三原色，反映了他对物质与色彩形态的本质思考。[3] 第4期的封面轮到黄励设计，其构图与表现手法别具一格，封面主体是一罐富含维生

图9
（左）1979届广州美术学院工艺美术系装潢专业师生的毕业照合影（照片局部，后排右三为王粤飞），1979年

（中）王粤飞保存至今的《纽约ADC年鉴》

（右）《纽约ADC年鉴》一书收录的美国设计师薛·博兰（Paula Scher）的金奖作品，1980年

图9

素的饮料,但中间部分经过镂空处理露出了一个苹果核。这种画面颇具象征意义,展现出了"超现实"般的设计视觉效果。(图10)这三本杂志的设计也折射了他们当时的创作理念和审美主张。

然而遗憾的是,设计这三本杂志的澎湃热血终归是昙花一现,因为政策和规定上的诸多问题致使杂志终未能实现更名。1986年王序被派驻香港,1987年王粤飞被派往深圳,唯有黄励继续留守广州,后来成为《包装与设计》创刊以来在任时间最长的一位主编。在任职的数十年里,黄励继往开来,不断探索,令《包装与设计》杂志在中国设计界独树一帜,成为一个活跃的文化品牌。(图11)在很多重要的设计活动中都可以看到这本杂志的身影(例如作为"靳埭强设计奖"的合办单位等)。如今,这本杂志已经走过50年,它在设计行业内始终保持着高水准和专业度。

从今天的视角看,王粤飞到深圳公司的就职在无形中推动了中国平面设计的发展历程。20世纪80年代,中国包装进出口广东公司为了更进一步地提高外贸进出口商品的包装质量,在深圳华强北与香港嘉年集团合作建立了嘉年印刷公司(属深圳经济特区成立后第一批内地与香港合资的企业),负责全省甚至全国部分出口商品相关的印刷任务。[1] 嘉年印刷公司选址在华强北,很明显是为了与当地的工业体系形成紧密的业务关系。加上其近在咫尺的地理位置,使得华强北一带生产的电子工业制品可以很快获得全国最领先的包装及印刷技术支持,从而形成一个可与市场高效接轨的产业链。在"三来一补"和市场经济转型的历史背景下,印刷公司的业务需求量大,其业务范围也伴随着中国改革开放成果的日渐扩大,从一开始主要服务于出口贸易发展成了为国内市场提供全面支持。由于地处改革前沿,区位优势明显,深圳的印刷业很快就在全国有了"一览众山小"的地位。除了与香港嘉年集团合作的嘉年印刷公司外,深圳还有在业内具备较强专业实力的旭日、美光等知名印刷企业。

[1] 随着城市发展,1990年深圳市设立了福田区、罗湖区和南山区,详见:民政部.关于广东省深圳市设立福田区、罗湖区和南山区的批复[J].中华人民共和国国务院公报,1990(01).P31. 由于此前"上步管理区"已经撤销,因此华强北一带属新设立的福田区。

图10(左一至左三)《设计艺术》杂志1985年改版后的合刊封面,分别为第1/2期(王序设计)、第3期(王粤飞设计)、第4期(黄励设计),1985年

图11 《包装与设计》创刊于1973年,是一本延续至今在全国仍具有影响力的专业设计杂志

图10

图11

然而，印刷本身终归只能解决生产手段问题，无论是海报、展板，还是包装、册页都需要以设计作为支撑。1987年，面对这个"缺口"，中国包装进出口广东公司、莱英达集团和香港竟成贸易行（经营设计工具的专业公司）计划在印刷公司的基础上再合资100万元组建一家设计公司，专门负责解决与印前相关的设计事务问题。这家公司于同年5月成立，位于华强北嘉年印刷公司厂区内，它就是后来被称为深圳平面设计界"黄埔军校"的嘉美设计有限公司。（图12）王粤飞便在这种背景下被公司委以重任，代表内地资方到深圳担任嘉美设计有限公司的总经理。由于嘉美设计背靠强大的印刷基地，加上公司给予王粤飞在人事任免和业务执行方面的双重权力，让他可以根据发展需要组建设计团队，并在各类平面设计事务中放开手脚。而高新印刷技术——电分、照排和制版等的引进的确大大提升了各种设计实现的可能性，令王粤飞和嘉美设计能够有更大的发挥空间。（图13、图14）

[1] 出自"深圳设计40年 人物访谈第二辑：视觉设计（上）"，详见深圳市平面设计协会官方网站：http://www.sgda.cc/newsDetails.aspx?id=276，援引时间为2022年10月2日。

深圳嘉美设计有限公司很快就在行业里出了名。用西安美术学院工艺美术系毕业生张达利的话说："我87年毕业，一毕业就跑到深圳来。那时来只听说过一个嘉美设计公司，没有平面设计这么一说的。"[1] 可见嘉美设计在当时的行业地位。

实际上，我们今天处于深圳的繁华闹市和壁垒森严的学科建构中，很难切身感受到1987年嘉美设计和王粤飞所面临的真实情况。那时候的深圳远没有如今的城市规模，印刷公司所在的华强北一带其实已经处于以罗湖为中心的城市地带的边缘。而且与深圳经济特区的产业化高速发展相比，由于高校教育还停留在"工艺美术"的传统观念中，很多人并不清楚"平面设计"究竟是什么。正如张达利所说的那样："87年深圳就是一个小渔村，到处都是工地，户外广告特别土，跟三线城市和农村差不多。那个时候没有所谓的设计行业，到这里来

图12
（上）深圳嘉美设计有限公司名片及推广作品集

（下）深圳王粤飞企业形象设计有限公司的办公区与猫形门把手个性装饰。猫科动物以反应敏捷、行动迅猛而著称，故取其胡须为"王"字之象形设计

图13
深圳美光彩印公司邀请6位设计师共同创作的香港回归挂历设计，1997年

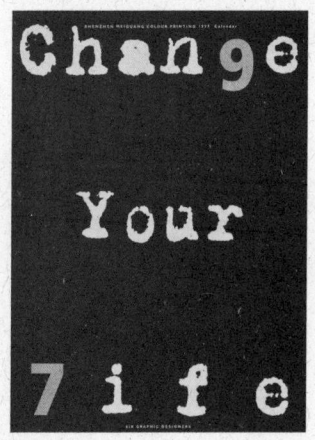

图12

图13

就是广告公司的美工。当时还没有喷绘，画那些广告牌全是手绘的，美术字全是用涂料、丙烯去做的。当时在深圳是完全没有平面设计这个概念的，到了92'平面设计在中国'这个展，实际上大家才开始知道平面设计是怎么回事。"[1]虽然这段话看起来是在描述设计业的发展历程，但实则无形中道出了王粤飞他们在深圳创造的行业价值。

[1] 出自"深圳设计40年 人物访谈第二辑：视觉设计（上）"，详见深圳市平面设计协会官方网站：http://www.sgda.cc/newsDetails.aspx?id=276，援引时间为2022年10月2日。

人才是任何企业发展的生产力，在嘉美设计的运营中，设计部一直保持着10人左右、小而精的工作建制，任职的设计师大多来自全国各类艺术院校，像广州美术学院、浙江美术学院（今中国美术学院）、湖北美术学院、广东轻工职业技术学院等。

关于设计人才的选聘，王粤飞也有一套自己独特的办法。他出的应聘考题并不难，但是会很快将具有发展潜力的人选拔出来。例如，他会让应聘者默写10个标志设计，以此来判断他们是否真正关注这一行，以及是否具备良好的设计观察力和执行力。设计师入职后，由于王粤飞本人对许多新技术非常敏感，常会与大家探讨提升产品摄影技术及调整拍摄效果、设计制作方面的问题，在他的影响下，整个团队都有着非常积极投入的工作状态。

虽然王粤飞并不认为自己对公司的设计师产生过什么重要的影响，但是许多从嘉美设计走出去的设计师都在日后成为中国平面设计领域的行业翘楚，而且如同他那样对设计行业都有着发自内心的坚持与热爱。（图15）如曾任嘉美设计部主任的毕学锋、副经理董继湘，以及做过众多设计项目的陈一可、李坚、王文亮等。

王粤飞始终认为设计师的成长主要依靠自身努力，他也不大认同嘉美设计被视为深圳平面设计界"黄埔军校"的观点。在良好的设计氛围影响下，王粤飞带领的嘉美设计在行业发展中创建了一个可以让充满激情的青年设计师依托的港湾，让他们能在迷茫中停泊，在历练中成长。

除了为产业输送了大量的设计成果外，嘉美设计同时还在实践中注重对新生代设计人才的专业培养，并以此为基点为中国平面设计的发展凝聚人才力量。

图14
（左）深圳美光彩印公司平湖新址落成的开业典礼请柬，1996年

（右）深圳嘉年印刷有限公司宣传册设计，1986年

图15
深圳嘉美设计团队合影，1992年

[1] "CIS"即企业形象系统，有时候在业内也会被简称为"CI"。在CIS体系中，有三个要素非常重要，分别是"MI"（Mind Identity）、"VI"（Visual Identity）和"BI"（Behavior Identity），即理念识别、视觉识别和行为识别。在处理CIS系统的问题时，平面设计师们通常都会选择从VI入手展开分析。

实际上，王粤飞和嘉美设计的声名在外并不仅仅因为他们先行一步，而是由于公司在多年的运作中始终保持着整体较高的设计专业度。1987年嘉美设计刚刚成立时，王粤飞就明确了公司以包装与CIS（Corporate Identity System）设计为主的业务方向。[1] 次年，王粤飞就为深圳南方制药厂设计了后来在全国家喻户晓的"三九胃泰"包装。后来，南方制药厂在"三九胃泰"与日俱增的发展规模下，计划进行集团化建构。此时他们来询问王粤飞的意见，希望他能够再为集团设计一个全新标志。全面考量客户的要求后，王粤飞站在企业角度，建议直接从"三九胃泰"包装中提炼出"三九"形象，并将其作为主要元素进行概念及视觉设计，从而建立一个能够统领整个集团的标志形象。

王粤飞的设计建议，是考虑到企业在多年的市场推广中，"三九胃泰"已经在消费者心目中建立了非常明确的视觉形象，此时若舍弃原有形象重新设计标志，势必要承担许多未知的市场运营风险。企业的灵魂是产品，从一款已被消费者广为接受的产品中寻找突破点，显然是对企业发展最为稳妥、有利的设计策略，这也将为后续的一系列商业推广打下基础。王粤飞的这种思路显然是具有前瞻性的策略。事实证明，当"三九制药集团"的整体企业形象落地后，所有的后续设计在前期创立的品牌基础上取得了事半功倍的市场效应。例如，王粤飞于1991年设计的"三九感冒灵冲剂"包装便基于这种整体品牌思维，（图16）很快获得了市场认可。从"三九"设计案例可见当时的王粤飞已经形成了为企业推广注入视觉设计策略的理念。他认为企业不应只着眼于解决当前问题，设计师也不应仅仅解决画面的视觉问题，还应具备对企业品牌的梳理能力，用其擅长的视觉设计手段处理企业主品牌、子品牌的市场关系，从而让企业形成对设计师的重要依赖与专业信任。

图16
（左）三九感冒灵冲剂产品包装设计，1991年
（右）三九药业集团在纽约时代广场的户外广告设计，1988年

王粤飞在企业形象设计中展现出的策略思维并非灵光一现，他还将这种思考方式应用到了后续许多企业品牌形象与包装设计的实战案例之中。1995年，王粤飞为深圳太太药业有限公司设计了一个视觉图形，以红色为主色调，上部与左右三面采用硬直线条，底部则变为曲线并延展出一个黄色边缘，营造出了一个坚韧而温婉的女性风格形象，很好地契合了品牌定位。（图17）王粤飞在太太药业旗下产品的包装设计中也采用了系统的拓展式设计，例如，在设计手提袋时他将标志上的黄色边缘发展为一个衍生图形，很好地起到了信息层次的分割效果。静心口服液的包装设计则沿用了标志上红下黄的暖色调设计，将统一的设计理念贯穿于系列产品中。

　　1997年，在香港即将回归祖国的大背景下，嘉美设计公司完成了股东合约，宣告合资结束，王粤飞也结束了在嘉美设计的10年职业生涯。此时的他对自己、对未来都有着比10年前更坚定、更明确的定位和追求。1997年5月，他创建了王粤飞企业形象设计有限公司，像对他产生重要影响的品牌专家朗涛那样全力拓展品牌设计。王粤飞的设计公司立足深圳，承接了政府、行业、企业的许多重要设计项目。例如，深圳市工业展览馆的标志（图18）、深圳第26届世界大学生运动会申报书及吉祥物设计（图19）、张裕白兰地品牌包装等。同时为万科（图20）、华侨城、太极、海尔、金蝶（图21）、金六福等一众大型企业集团提供品牌设计服务，业务领域涵盖了电子、金融、地产、日用化工、食品饮料、文化传媒、旅游、服饰等多个行业。

　　王粤飞以个人的实践样本为参考，时刻思考着如何将国际通行的"平面设计"在中国予以正名。在工作之余，他与被公司派往香港工作的王序保持着紧密联系，两人经常就平面设计的观念和技术问题进行探讨。对当时的设计现状，他们心里都憋着一股劲儿，对国内的比

图17
深圳太太药业品牌形象设计，1992年

图18
（左、右）深圳市工业展览馆标志与展馆空间设计，2010年

图17

图18

[1] 笔者最初从关山月美术馆黄治成先生的描述中得知此事，在撰写本书时，王粤飞先生和张涛先生也都提到了这个小插曲。

[2] 虽然20世纪八九十年代的深圳印刷业有了长足发展，但是在技术上依然落后于香港。有时候王粤飞为了实现一些自己的设计，还常常到香港去解决印刷工艺及技术难题。

[3] 笔者曾于2022年12月6日在关山月美术馆就广东平面设计的发展状况专访了黄治成先生，他对笔者的研究提供了大力支持，不仅忆述了当年的心路历程，还提供了大量重要的历史资料和文献。

赛机制不满，也迫切希望能够改变城市街头、货架、企业广告、视觉形象的落伍以及缺少美感的面貌。张达利提到的"平面设计在中国"展，其最初概念便萌发于王粤飞和王序在无数个夜晚里关于中国平面设计未来的美好畅想之中，他们自己也未曾想到会聊出这么一件日后都始料未及的大事。

三、"平面设计在中国"展

今天，但凡提到中国平面设计的发展历程，大家都会不约而同地将记忆回溯至1992年在深圳举办的"平面设计在中国"展。这场展览通过国际化的竞赛体系建立了行业标准。而今，30年的岁月逝去也未能消退这场展览带来的价值。

在展览开幕前夕曾发生过一件趣事，虽然当时筹备组已万事俱备，但由于展览的前景还不甚明朗，为了预测大家便半开玩笑地卜了一卦，得到了"乾上离下"的卦象（在《易经》中有"同人"之意）。王粤飞遂以此为灵感设计了展览画册的封面[1]，正式印制时，他精心挑选了画册的纸张，采用了250克的德国山打士（Ikonofix）白色双光面纸做封面，并到香港去解决黑金烫印工艺的问题。[2] 这本画册非常精致，据关山月美术馆文献研究负责人黄治成回忆，当年在深圳东门的博雅书店第一次看到这本画册时他就被深深地吸引了。[3]（图22）

王粤飞认为，1992年的"平面设计在中国"展最大的意义是揭开了中国现代设计史上以平面设计为先锋的开端。这是一群年轻设计师急欲改变现状所引发的思考与革命，是中国设计师自觉学习世界的历史必然，也是中国现代设计启蒙运动的学术产物。它完成了自身的三大任务：

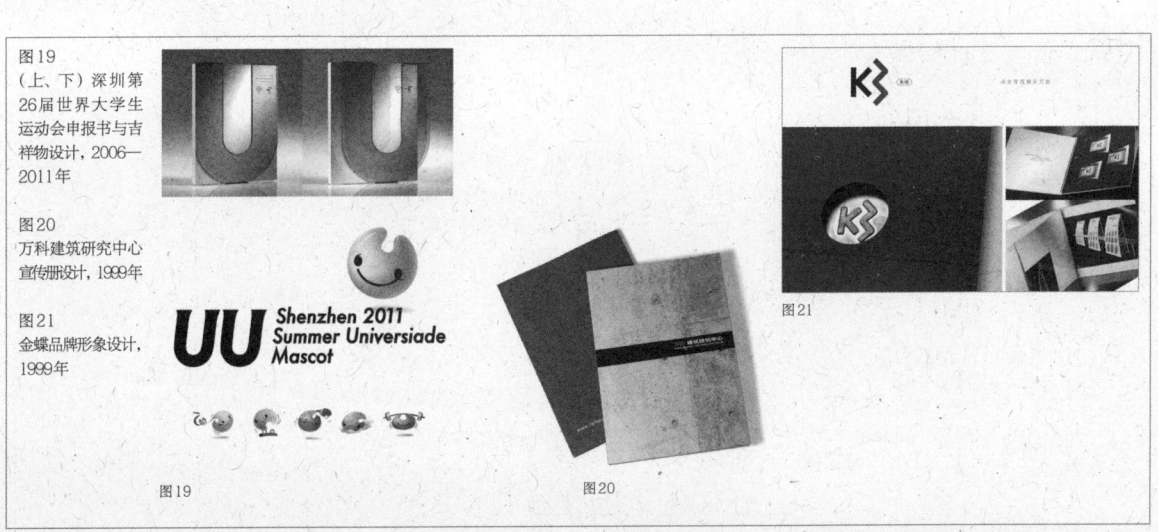

图19
（上、下）深圳第26届世界大学生运动会申报书与吉祥物设计，2006—2011年

图20
万科建筑研究中心宣传册设计，1999年

图21
金蝶品牌形象设计，1999年

图19

图20

图21

第一，结束了"装潢美术"作为研究内容的时代，为"平面设计"在中国安身立命找到了入口。

第二，设计师职业化、雏形形成。

第三，开启了国际评审赛制的规范。催生了中国第一个民间设计师协会——深圳市平面设计协会的成立（1995年）。

这场展览为什么被命名为"平面设计在中国"呢？关于名称，王粤飞为此也有过一段心路历程。当年出于工作需要，中国包装进出口广东公司进口了一些海外设计期刊，王粤飞和王序对这些期刊非常感兴趣，他们如饥似渴地阅读上面的专业信息，甚至为此专门自学了外语。虽然到他们手上的一般都已是旧刊，但其中所承载的信息依然足以让他们兴奋好一阵子。

通过大量阅读，他们在20世纪80年代中期就已经非常明确自己所从事的行业就是"Graphic Design"。关于这一点是没有歧义的，因为无论是美国还是日本的设计杂志，都是以该语词去描述这一行业的。"Design"可以翻译为"设计"，但"Graphic"究竟代表什么，这让他们感到既兴奋又迷惑。于是，他们翻查了众多字典，希望找到对"Graphic"的准确释义（当然也盼望着能够找到让他们眼前一亮、充满仪式感的描述）。然而结果令他们非常失望——无论怎么查，"Graphic"就是"图形"的意思，没有什么更深层的解释。然而，他们也在研究的过程中发现在日本和中国港台地区的部分资料中并没有将"Graphic Design"直接翻译为"图形设计"，而是代之以"平面设计"这个意蕴更为宽广的词汇。最终，他们决定直接引用这个已经被广泛使用的译名作为展览主题。而之所以在"平面设计"后面加上"在中国"三字，是因为他们看到很多国际性的设计活动大都会直接采用国家名称或地点进行表述（如某某项目在哪里，"××× in ×××"等），看上去简洁明快，一目了然。于是，"平面设计在中国"一名就此诞生。（图23）

图22
（左、右）"平面设计在中国"92展画册封面与书脊设计，1992年（图片由王粤飞提供）

图23
"平面设计在中国"展标志，王序设计，1992年（图片由王粤飞提供）

图22

图23

[1] 展览的背景信息主要参考自"平面设计在中国"92展的画册。

有了"平面设计在中国"这个展览名后，王粤飞开始构思如何让这场展发挥出最大的影响力。这对他来说并非难事，其多年担任总经理的工作为此次比赛的策划与执行积累了实践经验。他首先考虑集中深圳本土资源，形成一股合力，之后再通过集体智慧汇聚起两岸三地最专业的设计资源，遴选出能够反映时代精神的高质量作品，从而保证比赛有更为广阔的视野及专业水准。当时，王粤飞和王序联系了刚刚离开深圳国际企业服务公司的陈绍华共同为展览谋划，再加上嘉美设计的全部班底，基本就形成了筹办展览的深圳团队。[1] 然而在整个展览工作中，王粤飞及嘉美设计公司承担的责任显然更重，基本上核心工作都是由嘉美设计负责的。他们完成了招展、收件、台湾参展作品及人员的出入境、接待评审团、作品集印刷、颁奖和布展等一系列大量工作。（图24）特别是当时比赛所需的各种批文、涉外手续、海关流程等，由于第一次处理此类事务，完全没有参照及经验可言，实施的困难程度可想而知。与此同时，嘉美设计出资30万元人民币作为展览的运作经费，确保了'92展的整体实施。

经过努力，最终展览的组织委员会主席由中央工艺美术学院名誉院长张仃担任（图25），副主席则分别由中国工业设计协会秘书长任维武、台湾印刷与设计杂志社发行人王士朝、中国包装报社总编王去非、深圳国际商品研究会理事长洪禹平担任。组织架构形成后，最重要的工作就是募集作品了。1991年10月，作品募集工作自深圳发起，主要分中国大陆和台湾地区两组线路招募作品。

由于当年的信息传播渠道非常有限，在中国大陆，展览执委会采用了向目标人群发送募集函的形式邀约相关设计师（包括各行各业从事美术和创作的人员）参展。此外，为了扩大宣传，展览执委会还大量散发海报，并在报纸、设计刊物上广为宣传。因为此前从未有

图24
"平面设计在中国"92展欢迎评委们的签名纪念，1992年

图25
"平面设计在中国"92展颁奖典礼上，时任中央工艺美术学院院长张仃现场赠予亲题贺词，1992年

图24

过这等规模的设计动员活动，故而三个多月展览执委会就收集到了超过5000件（套）作品，经过集中整理后选出有效作品共3750件（套）。相对而言，台湾地区的作品募集工作比较集中，由主办机构组织，很快就精选出了1600件（套）高质量作品。此外，还有部分作品来自在美国、澳大利亚留学的中国设计师。

5000多件（套）有效作品按国际惯例划分为海报、商业摄影、书籍设计、刊物、杂志广告、报纸广告、产品包装和招纸、编辑设计、自我推广、企业机构形象标志和商标、商业插图、文具、其他共13个类别。赛事还首次引入了国际评审团的评审机制。这个评审团的阵容非常强大，由国际平面设计联盟（AGI）会员、图语设计有限公司总裁石汉瑞，中央工艺美术学院教授余秉楠，台湾师范大学艺术学院美术系暨美术研究所教授王建柱，香港设计师协会资深会员（曾任1985—1988届主席）靳埭强、香港设计师协会主席陈幼坚、加拿大平面设计师尤惠励（Wei Yew）共同组成。（图26）为了确保公正性，作品评审特别邀请了深圳市法制局法规处律师现场监督，而获奖作品名单亦视为比赛的正式文件，经评委们签字、取得公证后由主办单位存档。

1992年2月29日上午10时许，6位评委下榻深圳富临大酒店，之后到位于嘉华大厦6楼（嘉美设计公司楼上）的大小两个会议厅内开展相关工作。经过讨论，评审团制定了详细的评审细则——原则上，每个类别产生金、银、铜奖各一个，其余则为优异奖和入选作品，但是如果某一类作品的最高分达不到所定金奖总分，那么金奖也可以空缺，其余奖项以此类推。此外，6位评审专家还有权利从优异奖和入选作品中各挑选一件作为评审奖。（图27）最终，经过8个小时的评审，评委们评出了174件（套）获奖作品，其中金奖6个（有7个

图26
"平面设计在中国"92展评委石汉瑞、余秉楠、尤惠励在评审现场，1992年

图26

类别空缺)、银奖12个（其中2个类别中有4个并列获奖，另有3个类别空缺）、铜奖10个（有3个类别空缺）、优异奖26个（有6个类别空缺）、入选作品120个（从优异奖和入选作品中又产生了6个评审奖）。从数据上看，展览的获奖率仅有3%，可见竞争的激烈程度。

然而，正是因为获奖不易，被评选出的作品皆为精品。在传统工艺美术模式下成长起来的一众大陆设计师展现出了很高的专业水平。恰如评委陈幼坚所言："坦白说来评选之前，我个人感觉台湾地区的作品应该能获大部分奖，可评选之后，我发现大陆的作品进步很快，这是我很高兴看到的一个现实。"在6个金奖中，大陆和台湾地区的设计作品各占3个。其中，海报和招贴类的金奖便出自大陆设计师之手，获奖者是广西桂林华顿包装设计有限公司的董毅，他提交的作品是"全国第七届当代中国花鸟画邀请展"海报。这件作品与其文本呼应，董毅对中国汉字进行了解构分析，以红色强调了"花"字中的"七"，并用一根毛笔贯穿了"鸟"字底部的"一"。这种巧妙的点睛不但深化了主题，还营造了极富中国特色的意境感。

王粤飞在'92展中同样表现了出色的设计能力，他为深圳红与黑设计有限公司设计的贺年卡获得了其他类的银奖，为顺德容里印刷有限公司设计的海报《龙马精神》则获得了海报和招贴类铜奖。

从其早期的作品中可以看出，王粤飞奉行"纯粹视觉图形是至高无上的顶峰"，他认为这是国际设计大师遵循的理念。"图形革命"是常挂在王粤飞嘴边的一句话，指的是个人审美对图形的干预结果。他从不喜欢绕圈子，做设计会直接沿着富有逻辑、粗浅的叙事性视觉方向走，只要达成了形态与色彩的情绪效应就已足够，一切多余的东西到下一个作品再说。（图28）

图27
"平面设计在中国"92展评审现场，1992年

图27

根据陈绍华、韩家英分别为展览设计的海报可知,"平面设计在中国"展在1992年的4月28—30日于深圳国际展览中心举办。当时的展场是按照德国标准建造的,展示效果良好。[1] 展览阵容强大,深圳市的有关领导也有出席。由于展览在全国产生了很大影响,使得此后慕名奔赴深圳发展的设计师不计其数。1995年8月26日,深圳市平面设计协会宣告成立。(图29)协会第一届理事会主席由在展览中获得包装类金奖(作品为《三女士中国特醇苦酒》)的龙兆曙担任,王粤飞、陈绍华为副主席,董继湘任秘书长,副秘书长则为李克克和韩家英。与此同时,韩家英、董继湘、李坚和李克克兼任了常务理事。[2] 协会成立后的第一个重大活动就是持续传递'92展的星火,筹办"平面设计在中国"96展。(图30)

由于具备了一定的前期经验和基础,'96展的评审团比'92展的国际化程度更高,4位评委皆来自海外:靳·祈岛(Ken Cato)来自澳洲、米雪·布维(Michel Bouvet)来自法国、松井桂三(Keizo Matsui)和安尚秀(Ahn Sang-Soo)则分别来自日本和韩国。展览共收集到海内外360人递交的1532件(套)作品,经过评选共有212件(套)入选,占作品总数的14%。'96展的评审工作在1996年9月30日结束。最终,在10类作品中共评出42件(套)获奖作品,包括全场大奖1个、金奖6个(其中1个类别评出3个金奖,另有6个类别空缺)、银奖9个、铜奖9个、优异奖13个、评审奖4个。[3] 比赛的评审依然继承了'92展的严格与公正,所不同的是,"平面设计在中国"的品牌版权归深圳市平面设计协会。展览运行的主体工作也从嘉美设计转到了深圳市平面设计协会,这为展览的可持续性奠定了重要基础。虽然'96展结束后,展览因种种原因直到2003年才得以重启,但是此后展览在协会的努力下形成了正式的双年展机制并一直延续至今。

[1] 据陈绍华先生描述,当时的展览空间不大,但却是按照德国标准建造的,展示效果良好,承载'92展绰绰有余。

[2] 后来深圳市平面设计协会理事会增补了4位常务理事,分别是毕学锋、张达利、梁小武和谭君业,详见深圳市平面设计协会官方网站:http://www.sgda.cc/about.aspx?id=2,援引时间为2023年7月13日。

[3] 关于'96展的相关背景信息,主要参考自:平面设计在中国'96展执行委员会编. 平面设计在中国'96 [M]. 广州:岭南美术出版社,1996.

图28
《龙马精神》海报设计,1991年

图29
深圳市平面设计协会成立,成为国内首个非营利的平面设计专业组织,图为深圳市平面设计协会成立时王粤飞设计的海报,1995年

图30
为"平面设计在中国"96展设计的海报,1996年

图28

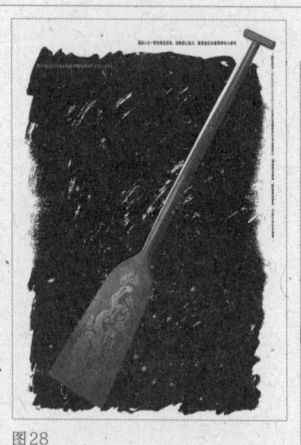

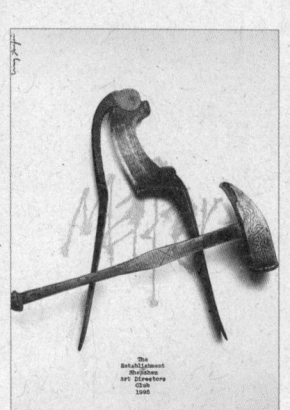

图29

图30

'96展的全场大奖由中国香港设计师廖洁连摘取，金奖则分别由王序、黄扬、韩家英、毕学锋获得。从获奖名单可以看到，'96展已经开始涌现出一批富有才华的新人，这恰恰印证了举办展览的初心。值得一提的是，'96展的画册同样由王粤飞设计，由于比赛用中国的围棋子作为评审投票工具，画册及评委册采用围棋子的元素来设计。与'92展画册不同，'96展画册由岭南美术出版社正式出版发行，首批印制了4000册，在更大范围实现了展览价值的传递。（图31）在展览筹办的背后，王粤飞发挥了他的个人特质，总是不计个人得失，全方位地投入到自己所热爱的设计事业之中。（图32）其实在'92展和'96展中就可以看到，他为展览全身心付出，注重以实干为先。王粤飞向来反对"分猪肉"式的比赛规则，一直以他的实际行动构建并维系着中国平面设计的国际声誉与专业标准。

作为展览的重要发起者，王粤飞认为公正严明的专业比赛是激发高水平设计产出最行之有效的手段。这一点对于年轻设计师而言尤为重要。与此同时，王粤飞认为，"平面设计在中国"展除了以比赛推荐选拔新秀之外，更重要的是要提出问题，大家一起来思考和探讨当下平面设计的问题与方向。因此，每一届赛事都会由一个全新的执行团队组成，从而为每届赛事注入新的思考和策展主题。此举贯穿整个活动始终，从招展、评委人选、评审权重等，均需体现出与之前不同的设计主张。自2003年以来，已有超过100位会员参与执行了"平面设计在中国"展，这对他们来说更是一段宝贵的经历。"平面设计在中国"展后来在推广时将名称缩写为英文"GDC"，它是中国本土最早实现全分类的设计艺术指导大赛，获奖作品除在中国多个城市展出外，还在日本、法国、美国、德国、南非等多国巡展，让世界得以看见越来越多的中国设计师及多元的"中国设计"。（图33）

图31
（左、下）《平面设计在中国'96展》，岭南美术出版社，1996年

（上中、上右）"平面设计在中国"96展的评委册（当时评委用围棋子作为投票工具，便以此为元素设计了评委册的封面及内页），1996年
（图片由王粤飞提供）

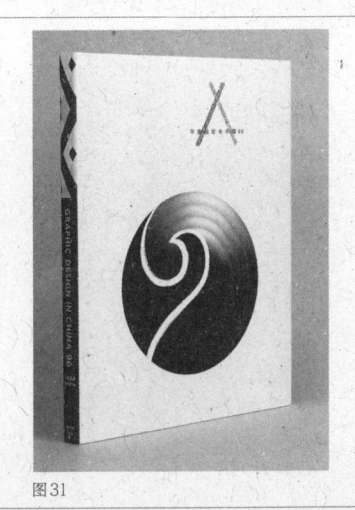

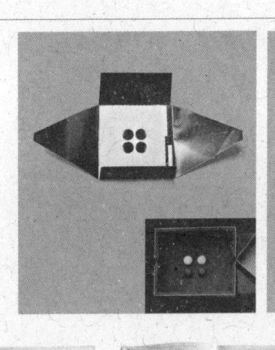

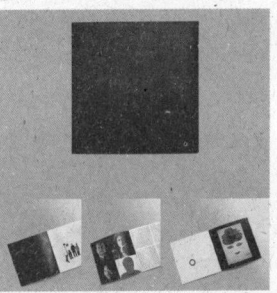

图31

四、平面设计在中国的四大浪潮

谈及平面设计，王粤飞曾基于自己的理解和经验，用总结性的逻辑思维深入浅出地对既有的设计现象进行精辟归纳。作为中国平面设计的重要实践先行者，他对中国平面设计的发展轨迹有着自己独特的判断。王粤飞认为中国平面设计轰轰烈烈地发展了几十年，从不同方向的影响层面上来看，主要经历了四个浪潮。

第一个浪潮是包装设计浪潮，这也是平面设计领域最早发轫的浪潮，其历史可以追溯至前文提到的20世纪80年代初，由外贸部发起，号召全国包装系统设计人员为中国出口包装服务、争创外汇的那段澎湃往事。（图34）后来，全国各地纷纷成立了包装协会、包装设计专业委员会等各类行业组织，"中国之星""中南之星"及冠以各省之名（如"广东之星"等）的奖项接踵而至，形成了包装设计蓬勃发展的局面。这种趋势也正与王粤飞提出包装设计形成浪潮的观点相符。21世纪初期笔者在大学时代就曾亲历过各省"之星"的奖项角逐。而在当时的包装设计课上，老师们也都会极力鼓励学生参加省级、国家级的大赛去锻炼自己，通过参赛对展览获奖作品的认真观摩可了解不同的设计趋势，以思考如何进一步提升自己的创作水平。参赛的主力群体之所以大多集中在高等院校，是由于包装设计类比赛基本上由政府部门组织，因此普遍会受到高校的大力支持，这也在某种程度上促进了设计教育的发展，令教学能够与前沿行业保持紧密的交流和互动。[1]

第二个浪潮是CIS设计浪潮，王粤飞认为，许多中国设计师就是从这一专业领域淘到了事业的"第一桶金"，才"富"了起来。这种观点是很容易理解的。相比其他平面设计维度，CIS拥有体系化结构，理论支撑宏富，还能够为企业带来看得见的品质提升，因此企业往往

[1] 笔者曾经在2004年参加"河南之星"包装与平面设计大赛，该比赛的主办方为河南省发展和改革委员会、河南省包装技术协会。高校教师之所以对政府部门组织的比赛踊跃参与，是因为与其他机构组织的比赛相比，包装设计类大赛的获奖成果更容易获得学校有关部门的认可。

图32
"平面设计在中国"96展的策展团队与评委合影，1996年

图33
王粤飞为"平面设计在中国"96展巴黎巡回展设计的海报，1997年

图34
为了设计需要，王粤飞专门请木刻家雕刻的木版纹样，经翻拍成照片，扫描后用于包装设计，20世纪80年代

图32

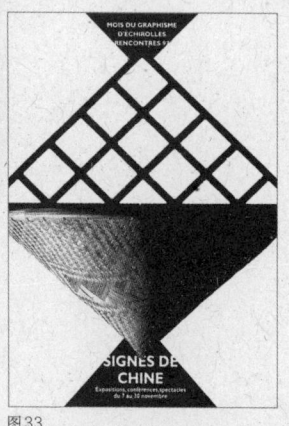

图33

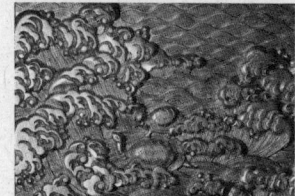

图34

[1] 王粤飞. 一个重要时刻 [M]. 石家庄: 河北美术出版社, 2002. P4.

也乐于在这方面进行较大的投入。尤其是在改革开放后的市场转型期，由于消费市场尚不成熟，消费者的意识和习惯也都还处于养成期，这都为 CIS 的介入提供了良好契机，并在推行中产生了明显成效，以至发展到许多企业将其视为打开市场的"灵丹妙药"。然而要做好 CIS 并不简单，设计师们需要介入企业品牌战略之中，通盘考虑 MI、VI、BI 等诸多因素，并将它们有机地融通在一起。王粤飞认为，中国的 CIS 早期受日本设计师中西元男（Motoo Nakanishi）的影响很大，而中国台湾学者林磐耸也在传播这一知识体系的过程中起到了重要作用。在谈到这个问题时，王粤飞提到1994年自己做的第一个形象系统设计手册委托自江苏日资企业冈本制袜（张家港）有限公司，而嘉美时期的"三九"系列设计，还有他创建独立设计公司后的香格里拉酒业品牌标志设计等，也都为他提供了 CIS 设计实践机会。（图35）

第三个浪潮是海报设计浪潮。在设计领域，海报是在平面设计比赛中传播度较高的一种创作形式，而且也是能集中反映设计师水平的一种载体。各类海报大赛的竞相推出让它也曾在一夜之间几乎成为"平面设计"的全部。而王粤飞本人对海报设计也抱有深厚的感情。他曾谈道："海报是中国设计师唯一解脱的方式，海报艺术是令人陶醉的，就像街道上的一盏明灯。"[1] 值得注意的是，一向强调要在设计过程中贯穿商业思维的王粤飞，在提到海报设计时只字未提商业价值，而是重点强调了海报的艺术价值。这其实也反映出海报与其他类型的平面设计相比，承载着设计师更独特的价值认知及审美取向。

王粤飞对海报设计寄予的情感一直延续至今，当笔者问及在他的设计生涯中是否有最令自己满意的作品时，他在沉思片刻后向我们展示了他在1998年为法国足球世界杯创作的一幅主题海报

图35
（上、下左）香格里拉品牌标志与包装设计，1999年

（下右）王粤飞为香格里拉做品牌VI设计时，专门向西藏博物馆副馆长、布达拉宫研究员索南航旦请教藏文，2003年

（右）日资企业冈本制袜标志、VI手册，1994年

图35

《11号上场》。(图36)这件作品曾被收录于他在2002年出版的个人著作《设计·生活·王粤飞》中,并获得了法国足球世界杯主题"二十世纪足球文化"海报竞赛作品优异奖。(虽然曾在多个场合见过这件作品,但笔者还是在专访时忍不住问起他的创作过程。王粤飞讲起来非常开心,他指出,画面上的两根枪管与绿茵场上代表"前锋"的11号球员有着相同的意义,都展现出了一种坚忍不拔、精准射手般的态势。)而之所以使用枪管作为主视觉元素,大抵与他作为"资深军迷"的爱好有着直接关系。王粤飞在设计圈中是知名的"军事发烧友",他对很多军事话题如数家珍,还曾在军事杂志和网站开设专栏,热衷于收藏水壶、发报机、徽章等诸多相关军事用品。2000年,王粤飞还为深圳军情网设计了标志。(图37)《11号上场》这幅海报承载的不仅是王粤飞关于设计的思考,还汇聚了他的兴趣爱好及世界观、人生观。正如他对海报创作的终极理解——"那一刻,让你觉得自己的重要性,那是让自己生命延续的一刻"[1]。

对于任何一名设计师而言,海报也许都是暂时摆脱商业枷锁,不必"戴着镣铐跳舞"的最佳表现形式。它的呈现与视觉艺术有着极大的相似性。

关于这一点,王粤飞自然有共鸣,他曾直截了当地谈道:"我喜欢海报的理由是,它能让我静静地待在一个地方,引领思想达至灵魂的最核心——从未有过的自己与自己心有灵犀的交流,然后是感觉,美感总是掌控着你的眼睛,勇气和天赋让心思变得奇特,内容变得更明确。"[2] 当然,在发表这段慷慨激昂的言语时他也没有忘记提到技术的重要性,"最后是精心安排的结果——字体、图形、空白"[3]。(图38)

相信那时对海报有情怀的设计师都会对此有所共鸣。

[1][2][3] 王粤飞. 一个重要时刻 [M]. 石家庄: 河北美术出版社, 2002. P5.

图36
法国足球世界杯主题"二十世纪足球文化"海报竞赛作品《11号上场》,1998年

图37
为深圳军情网设计的标志和名片,2000年

图38
(左)"汉字成语"海报邀请展,2003年
(右)"汉字之美"主题海报邀请展《心灵生活》,2016年

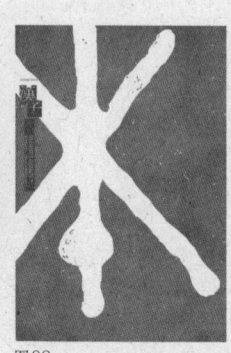

第四个浪潮是字体设计浪潮。由于字体设计肩负着回归中国文化的历史使命，使得这股潮流直到今天依然展现着充沛的活力，许多年轻设计师都有志于此并在相关竞赛中崭露头角。的确，中国汉字的博大精深足以让所有设计师沉浸其中。（图39）从仓颉造字到今天的字体设计师，在历史的长河中字体设计始终占据着极其重要的核心地位。文字不但是艺术的载体，更是文化的精髓。在这一设计浪潮下，深圳市平面设计协会在许多项目中增设了字体设计单元。（图40）继GDC之后，协会又在2017年推出了"China TDC——文字设计在中国"系列活动，着重强调字体设计的重要性。今天，许多设计师通过与专业字库的合作成为签约设计师，在促进汉字字体繁荣发展的同时也赋予了字体设计更多的商业价值。

作为中国现代平面设计的重要先行者，王粤飞认为，青年设计师们应该努力开拓中国500强企业，乃至世界500强企业的设计项目。他认为设计师除了大企业的一些独立项目，还可致力于在品牌和IP方面为企业创作全案。（图41、图42）他认为好的设计不能仅停留在美术馆的内部空间展示，审美只有进入市场，才能引发生活消费；反过来，通过市场消费普及审美，教化大众审美，从而让美的设计覆盖每一个生活角落，全面美化城市形象。

王粤飞尤为留意年轻设计师的专业表现，在所参与的设计比赛评审过程中，他持续关注并极力推荐年轻人的作品。每届GDC都非常注重学生组的奖项评选，GDC巡讲几乎遍及全国各地的艺术院校，师生们参赛踊跃，学生组奖项的竞逐也让参赛的在校学生有了更高的设计起点，能获得更多的专业发展机会。王粤飞曾向深圳市平面设计协会提议：每年在4所设计院校毕业季中评选出1~2名学生，以深圳市平面设计协会的名义给予学生奖金奖励。这一评选机制自2007

图39
王粤飞以汉字元素设计的企业品牌标志

图40
深圳市平面设计协会主办的"字运动"海报展，宣传海报，2008年

图39　　　　　　　　图40

年首次在清华大学美术学院启动以来，已经在协会延续了16年。

  自1992年为中国的平面设计首开先河，如今已然过去30多年，这位平静讲述着那些设计往事的设计师，踩着设计发展的时代节点一路走来，他的目光比当年更为平和，视界也更为高远。他告诫自己不要过早地失去童真，对待生活还总是藏不住自己的好奇心，与行业内的年轻人率性地打成一片，用他的影响力持续助力当下设计的发展。

  "我们的历史很短，幸运的是，前面没有这主义、那学派的投影笼罩。我们依靠自己的悟性和果断的勇气走上竞赛舞台，凭借自己的呼吸吹动风帆向前！"——回望过往，王粤飞不禁慨然感言。

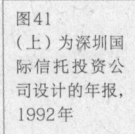

图41
（上）为深圳国际信托投资公司设计的年报，1992年

（下）为深圳黄金灯饰有限公司设计的品牌形象，1998年

图42
海尔集团工业设计有限公司宣传册设计，1998年

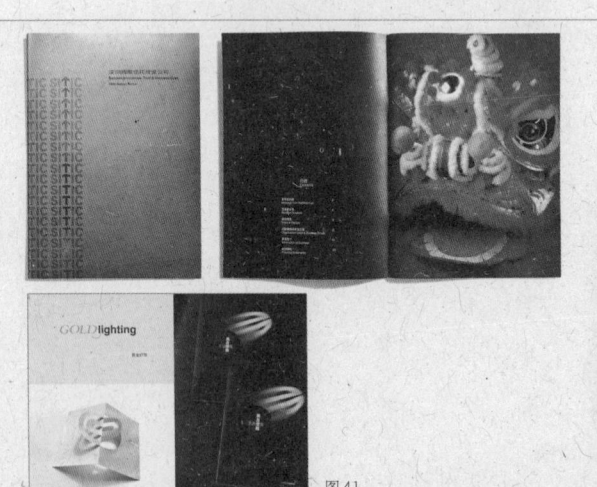

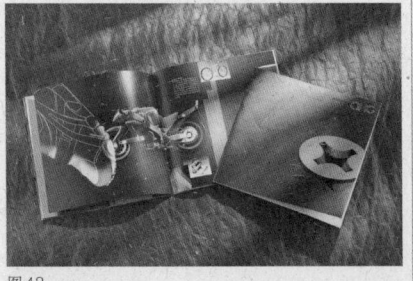

图41

图42

时间 - 1996—2022 年
主题 - 社会文化
类别 - 海报设计

设计 - 在国际海报设计大赛的推动下，海报设计形成了一大浪潮，吸引了越来越多的设计师参与。王粤飞对海报设计情有独钟，先后设计了反恐、社会环保与公益、艺术与设计文化等多类主题海报，形成了鲜明的个人风格。

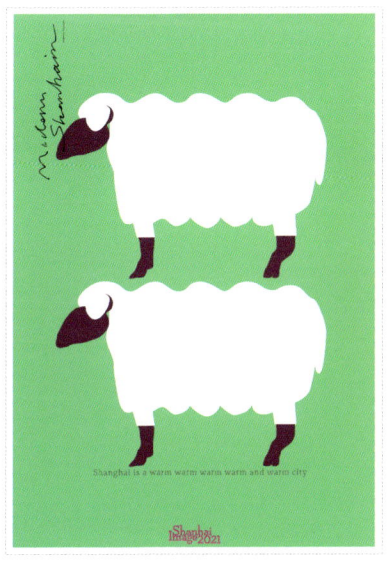

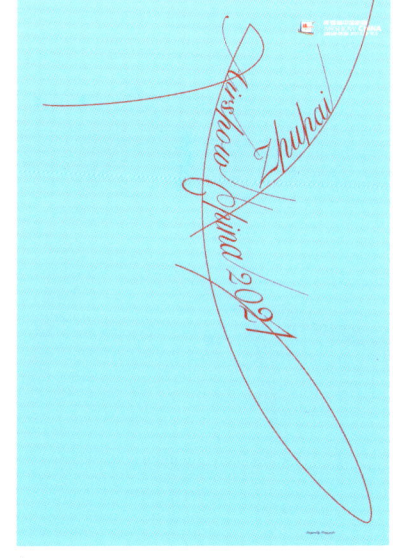

1. 反战主题海报，1996 年
2. "GDC 设计奖三十年"纪念海报，2022 年
3. 《上海印象 Shanghai Image》海报，2021 年
4. 中国珠海航展文创海报，2021 年

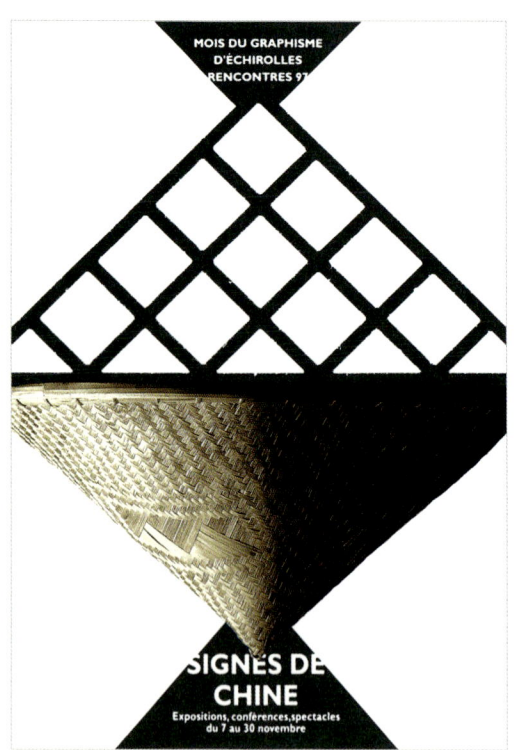

为顺德容里印刷有限公司设计的海报《龙马精神》，1991年

"平面设计在中国"96展巴黎巡回展海报，1997年

深圳市平面设计协会成立，海报设计，1995年

48

时间 - 1998年
主题 - 法国足球世界杯
类别 - 海报设计

设计 - 此幅作品《11号上场》获得了法国足球世界杯主题"二十世纪足球文化"海报竞赛优异奖。画面上的两根枪管与绿茵场上代表"前锋"的11号球员有着相同的意义，都展现出了一种精准射手的态势。

《11号上场》海报，1998年

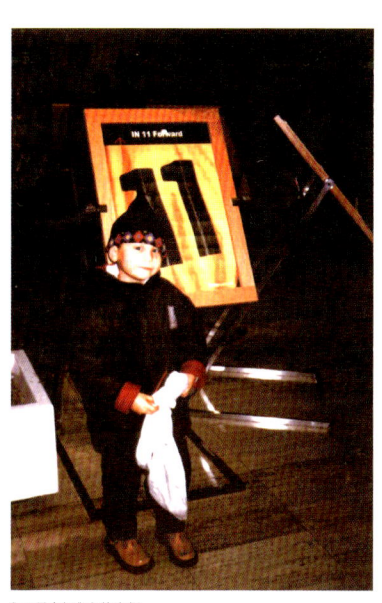

《11号上场》户外海报

AGI 北京年会主题创作扇子展,2004 年

清华大学美术学院《装饰》杂志60周年纪念海报,2018 年

西藏博物馆藏文海报,2002 年

晟浩佳力高尔夫专卖店名片形象设计，2003年

毛家湾饮食集团标志设计，2009年

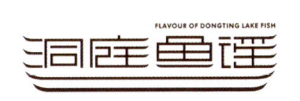

三九制药集团标志　　毛家饭店　　天利置業　　香格里拉

太太药业
深圳太太药业有限公司

洞庭鱼谣　　广东九连山黄牛石旅游有限公司　　EXPORT CHINA E PORT WATCH CLOCK & GIFTS FAIR

深圳疾控 SHENZHEN CDC　　深圳市工业展览馆 SHENZHEN INDUSTRIAL MUSEUM　　Homer Landau 虹猫蓝兔　　南方中心 CSSC
卫星通信南方中心标志

品牌标志与形象设计

51

三九药业集团在纽约时代广场的户外广告设计，1988年

时间 - 1988年
主题 - 三九药业集团
类别 - 包装与品牌形象设计

设计 - 王粤飞为三九药业集团（深圳南方制药厂）设计的"三九胃泰"包装那时在全国已是家喻户晓。在"三九胃泰"产品与日俱增的发展规模下，南方制药厂计划进行集团化建构。王粤飞站在企业角度，建议直接从"三九胃泰"包装中提炼出"三九"形象，并将其作为主要元素进行概念及视觉设计，建立一个能够统领整个集团的标志形象。此标志一直沿续使用至今。

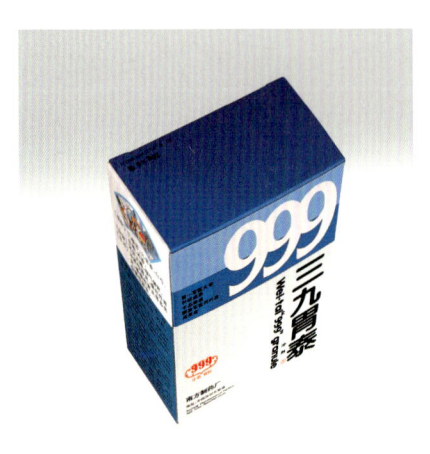

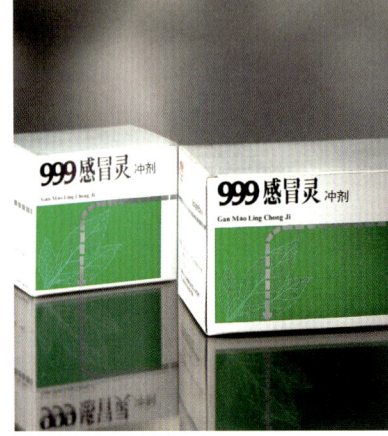

三九药业集团产品包装与标志设计，1988年

52

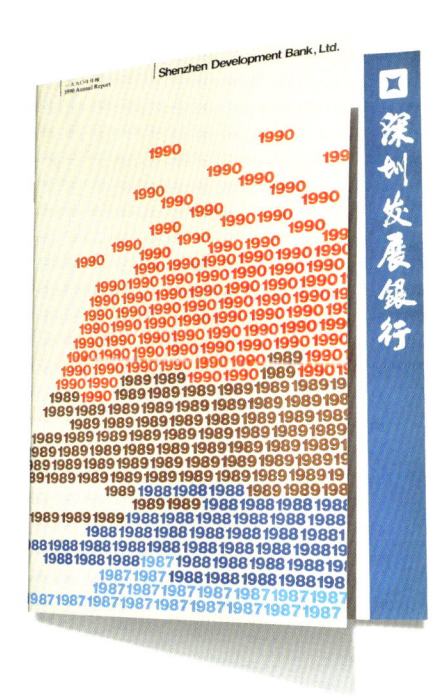

深圳发展银行年报设计，1990年

太太药业旗下产品太太口服液标志设计，1995年

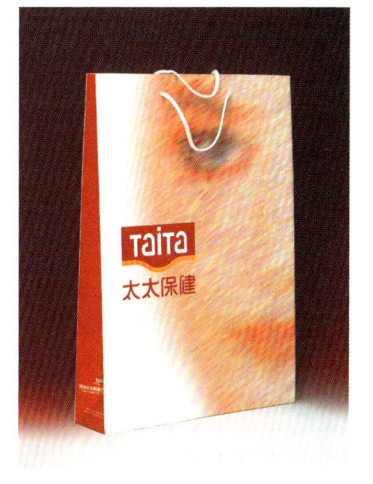

太太药业VI手册设计，1992年

太太药业品牌形象设计，1992年

53

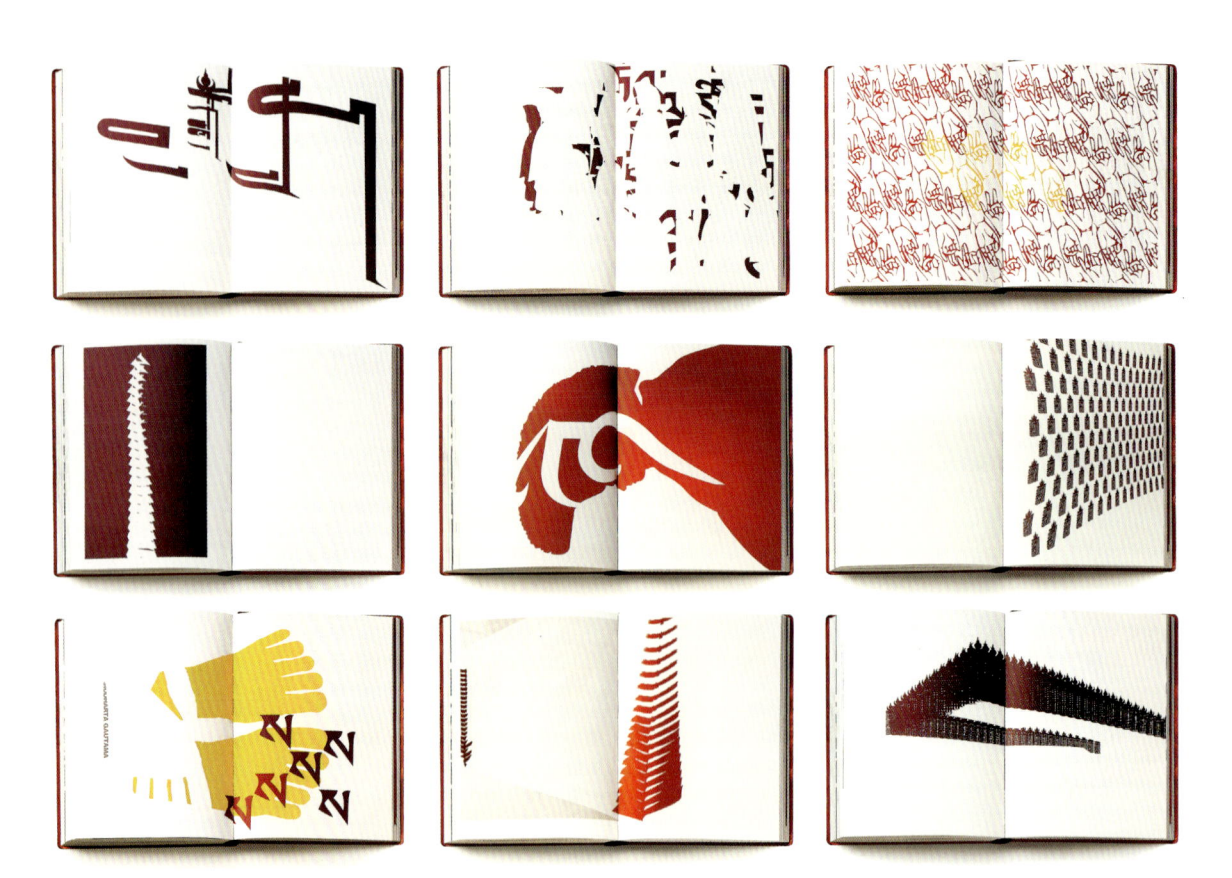

《来自西方的灵感》，书籍设计，2002年

时间 - 1999—2002年
主题 - 香格里拉品牌
类别 - 海报设计

设计 - 1999年，王粤飞接受了一个设计委托项目——"香格里拉"干红葡萄酒（Shangarila Dry Red Wine），为了更好地讲述美丽的香格里拉的品牌故事，他用一个晚上读完了占士·希尔顿（James Hilton）先生的小说名著《消失的地平线》。在设计过程中，王粤飞翔实考察了香格里拉品牌的历史故事、相关的地域学说以及藏文的来源。他对那片土地孕育出来的文化，产生了极大的兴趣。于是，基于现今通行的藏文，以及对古老的藏文乌金体、直查体文字的研究，王粤飞自行设计了一系列藏文等线体与楷体字，结合其对藏区景观、佛教的图形视觉印象，加以解构、重组和再创作，形成了一系列图像实验性成果，这些研究成果被汇编成册。虽然"香格里拉"品牌设计方案早已完成，但这些实验性的研究却花费了两年多，王粤飞在设计中还得到了他的藏文老师——来自拉萨博物馆的副馆长、布达拉宫研究员索南航旦的帮助。此书的设计分别获得了 GDC 2003 金奖、纽约 TDC 优异奖。

《来自西方的灵感》书籍封面上的藏文字体设计，2002年

54

《来自西方的灵感》，书籍设计，2002年

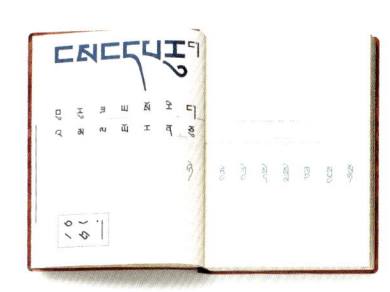

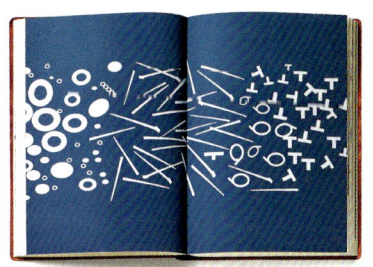

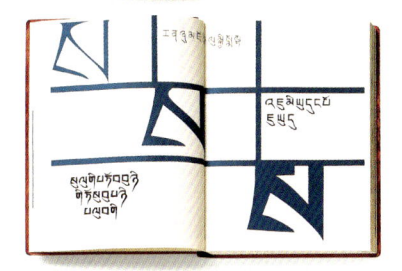

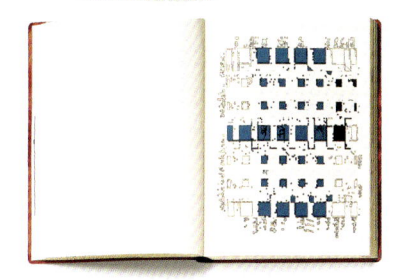

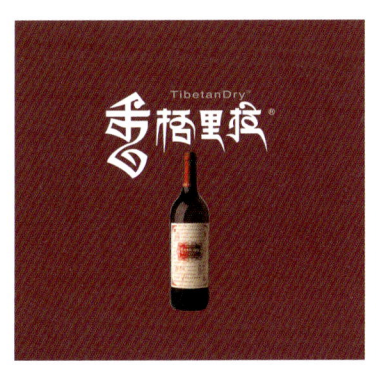

香格里拉品牌与包装设计，1999年

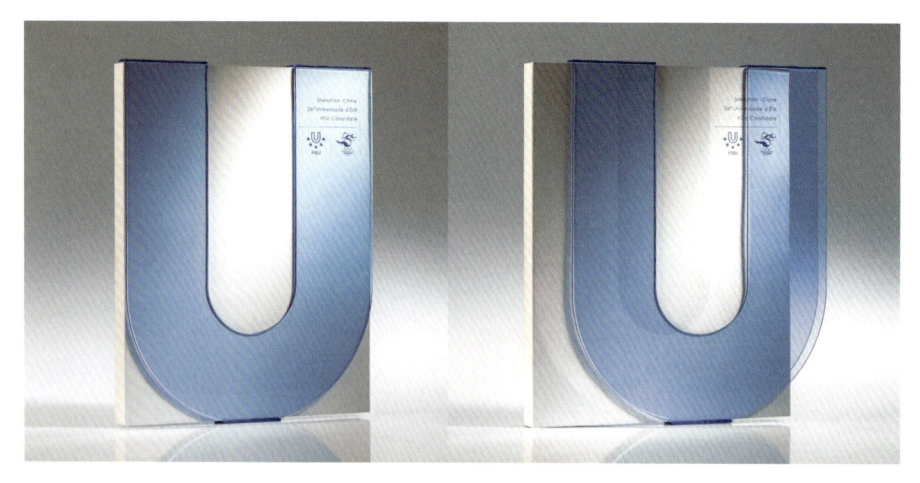

深圳第26届世界大学生夏季运动会申办报告书，2006年

时间 - 2010年
主题 - 深圳第26届世界大学生夏季运动会
类别 - 吉祥物设计

设计 - 王粤飞设计的深圳第26届世界大学生运动会吉祥物"UU"，一反历届大型运动会吉祥物的传统构建样式（即非人物、动物、植物）。王粤飞提取了大运会会徽的图形元素，设计了一个在蹦跳中传递欢乐因子的拟人形象，并将其演绎成一群表情可爱的城市精灵，作为大运会的基本视觉形象链。

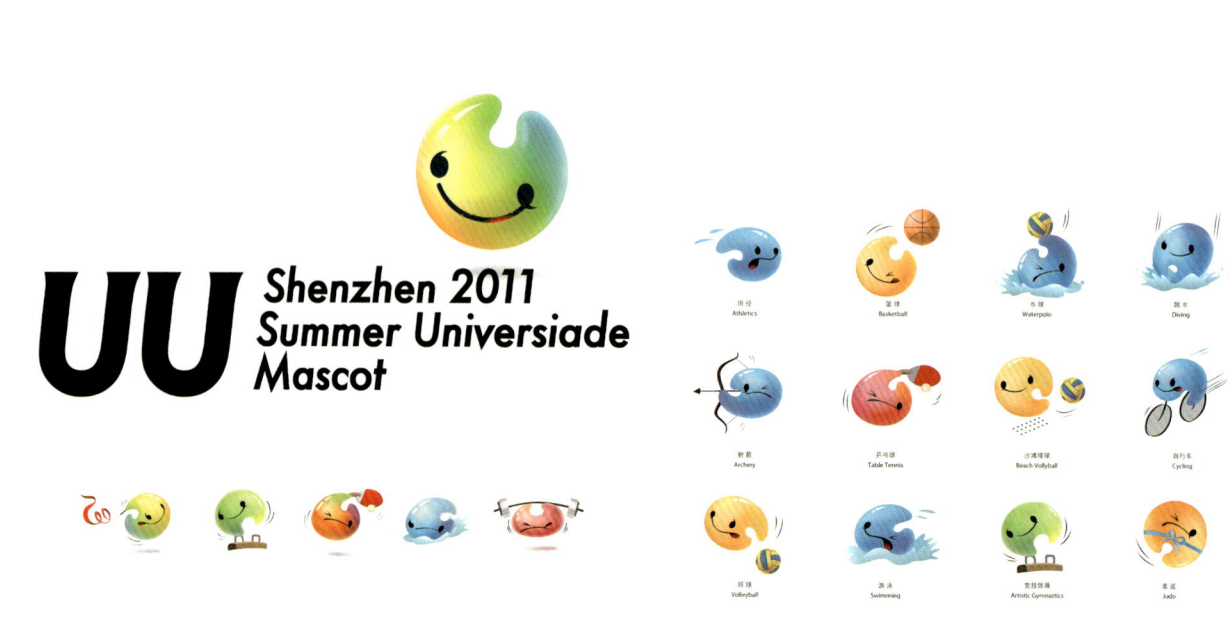

深圳第26届世界大学生夏季运动会吉祥物运动形态设计，2010年

深圳第26届世界大学生夏季运动会广告宣传，2010年

深圳第26届世界大学生夏季运动会火炬传递会徽标准使用规范

深圳第26届世界大学生夏季运动会火炬传递标志设计，2010年

深圳第26届世界大学生夏季运动会火炬手服饰用品设计，2010年

57

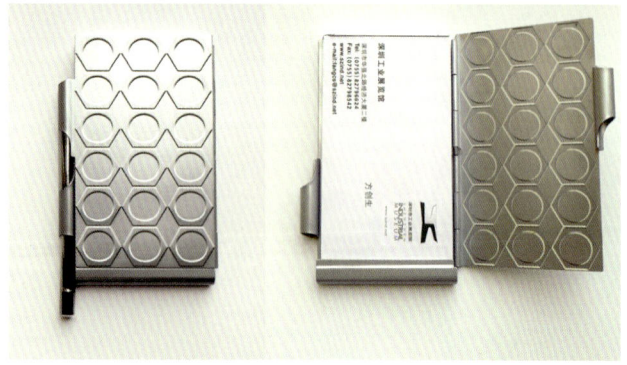

时间 - 2010年
主题 - 深圳市工业展览馆
类别 - 展览空间形象设计系统

设计 - 对于设计师而言，展览馆的空间形象设计如同一部电影，观众很容易就能感受到一种情绪与氛围。王粤飞希望将这种情绪在整个展览馆中尽情率性地蔓延。他选择用最为普通的螺母材料来创作展览馆内的艺术装置，因为它们更容易释放出一种"特定"的情绪语言，或刚性、或符号化、或现代、或时尚……设计师力图将观众带入到一个充满新奇感的视觉场域。
工业展览馆集中展现了深圳特区成立以来的工业历史与成就。馆内专设了3米多高的人物图像艺术装置，由3万多颗螺母经人工拼构成型，呈现了超体量的工业创意视觉效果。整体空间与视觉设计突显了深圳市地标性场馆的特点。

深圳市工业展览馆标志与艺术装置、产品、导视系统设计

58

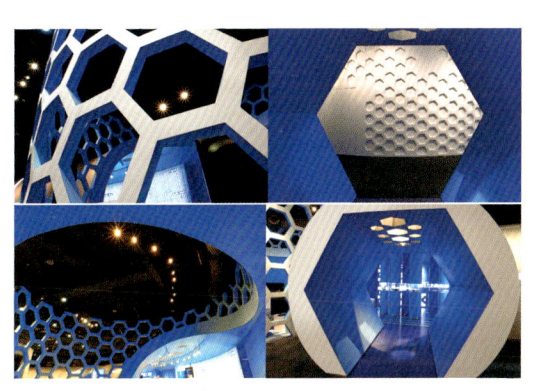

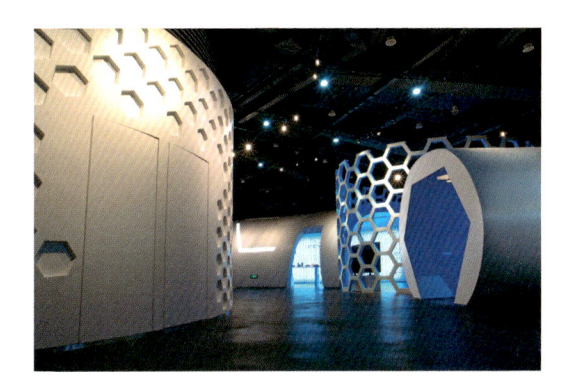

深圳市工业展览馆空间视觉设计

59

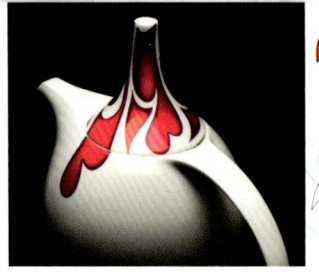

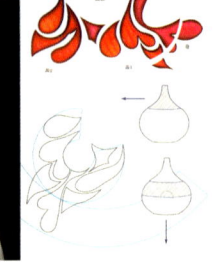

斯达高陶瓷茶具"纹身"系列设计，2007年

藏文可口可乐包装设计（实验作品），1999年

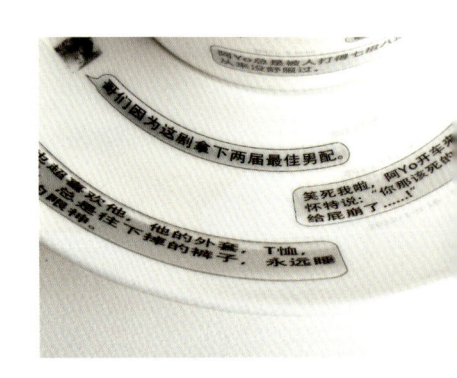

AGI伦敦年会英式茶具设计，2013年

60

深圳卫星通信南方中心标志设计，2015年

西藏雪堆白文化公司标志设计，2013年

深圳疾控标志与品牌形象设计，2007年

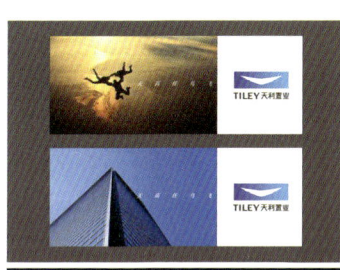

广州美术学院深圳香港校友会标志设计，2014年

天利置业品牌形象设计，2005年

61

刚古纸业学生机构设计大赛作品集，1996年

近利洋行RIVES花纸纸样设计，1999年

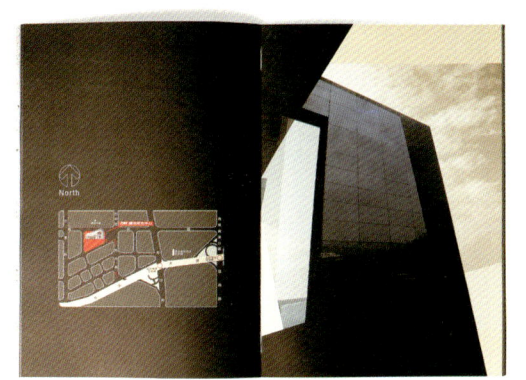

万科建筑研究中心宣传册设计，1999年

润迅通信公司品牌推广设计，1999年

山东鲁能集团宣传册设计，2000年

63

云天化集团成立30周年纪念册设计，2004年

嘉美设计公司年历设计

64

为"平面设计在中国"05展(以下简称'05展)活动创作的主题画册,2005年

雅昌印务集团形象册设计，2000年

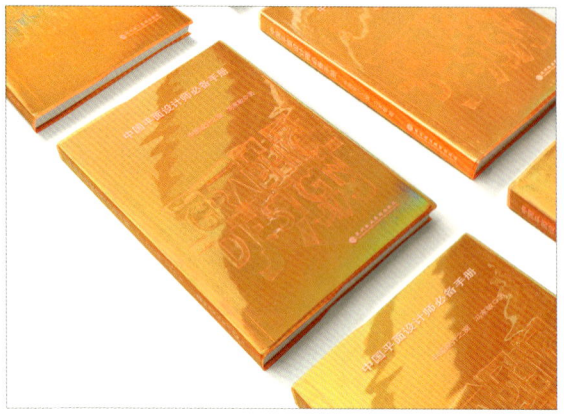

《中国平面设计师必备手册》，书籍设计，冯家敏著，深圳报业集团出版社，2009年

《创意影响力——中国深圳·设计之都报告》，2014年

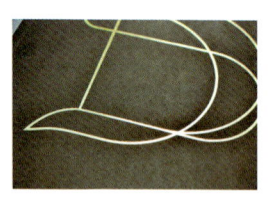

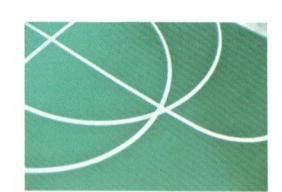

正泰电器集团宣传册设计，2003年

时间 -2003年
主题 - 正泰电器集团
类别 - 企业形象册设计

设计 - 正泰电器集团是全球知名的智慧能源系统解决方案提供商，连续二十余年上榜中国企业 500强。企业形象画册通过标识性较强的色彩系统、环保型材质、抽象化的智能造型、图像化的表述，呈现了品牌所秉持的"绿色能源、智能电气、智慧低碳"核心理念。

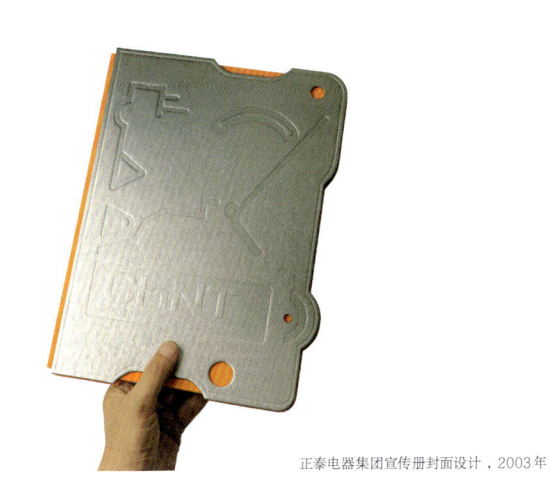

正泰电器集团宣传册封面设计，2003年

67

访谈·纪事

1. 设计让您形成了哪些职业特点？

王：观察。

2. 在不同时代的技术发展变革时期，设计师应具备哪些基本的职业素养？

王：设计师应努力建立多种解决方案的能力。不要对"跨界"一词喜形于色。

3. 结合您在本书中的一件设计作品，谈谈您对设计的见解。

王：我的大部分作品正如大家所看到的都是通过平面设计来解决的。但在商业案例中不乏用非平面手段来解决的设计。我非常喜欢这样做，比方是一个故事，一个文本，一个点子，一个比喻。

4. 设计之外，您还较为关注哪些方面的事物？

王：电影、军事武器。

5. 个人经历中在当下您依然还会感怀的片断是哪一时刻？

王：2003年第一次参加国际平面设计联盟（AGI）芬兰年会。

6. 创业让您改变了什么？

王：设计改变了许多人的生活。在我看来平面设计无非是一种生计。它运用提升大众审美的同时，能实现个人价值的增值，这才是最重要的。

［以上来自2024年3月10日与王粤飞的访谈内容］

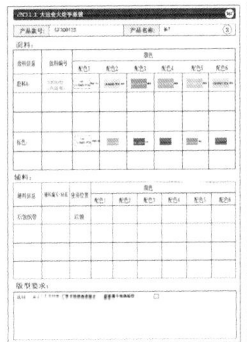

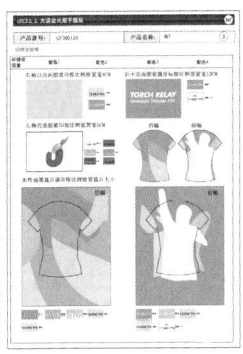

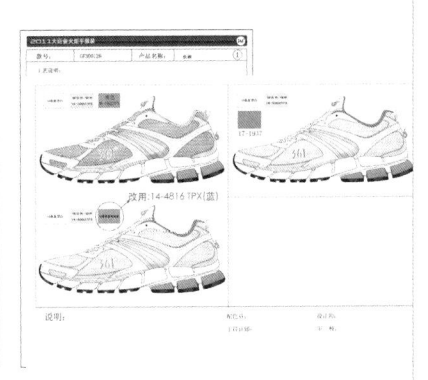

1. 深圳第26届世界大学生夏季运动会火炬传递标志应用设计图稿，2010年
2. 《参考消息》刊登的专版文章《"中国设计"追赶世界步伐》，2008年3月11日
3. 《深圳商报》刊登的专访《王粤飞：深圳急需权威设计比赛》（采访者／韩湛宁）
4、5. 英国V&A博物馆策展人张弘星关于当代中国设计的对话，2008年

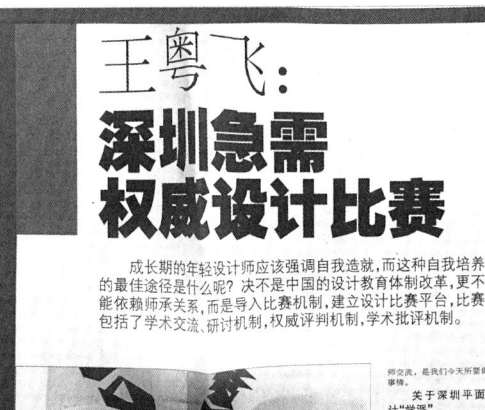

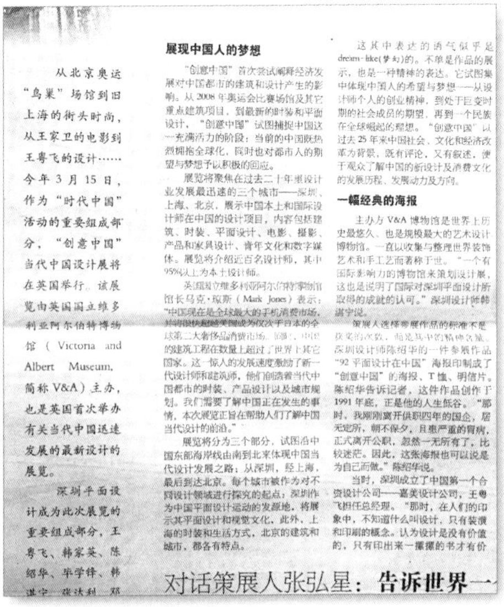

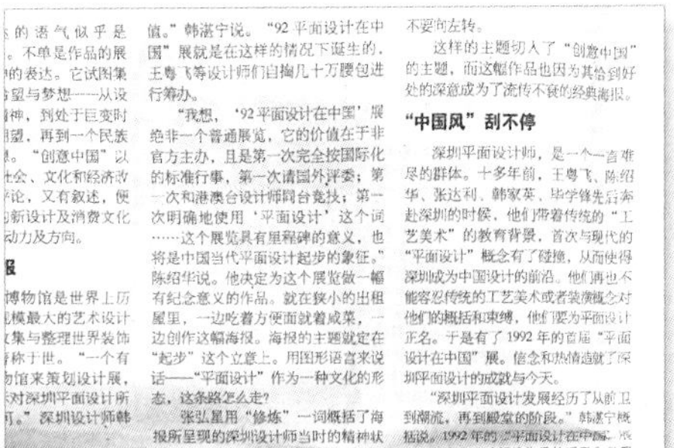

靳埭强
KAN Tai-Keung
设计教育的播种人

靳埭强

国际设计大师。水墨画家、艺术教育家，"靳埭强设计奖"创办人。国际平面设计联盟（AGI）会员。中央美术学院、清华大学、西安美术学院等高等院校客座教授。靳埭强受李嘉诚基金会聘请协助创办汕头大学长江艺术与设计学院。

他于1988年成立靳埭强设计有限公司，为首位名列世界平面设计师名人录的华人，并被英国评选为20世纪杰出艺术家及设计师。荣获中国香港银紫荆星章勋衔、铜紫荆星章勋衔，美国洛杉矶国际艺术创作展金奖、纽约水银金奖及银河大奖，日本字体设计年刊之最佳作品，波兰第一届国际电脑艺术双年展冠军等数百项荣誉。为首位入选为香港十大杰出青年的设计师（1979），获得世界杰出华人设计师荣衔（2004）、香港设计师协会终身荣誉奖（2016），以及由中国包装联合会设计委员举办的"中国设计40年"大会颁发的终身成就奖（2023）等专业奖项。

其作品曾在英国、法国、美国、德国、芬兰、日本、韩国、新加坡等海外各地展出，设计作品被法国巴黎装饰艺术协会、英国V&A博物馆、美国明尼苏达州明市美术馆、德国慕尼黑州立博物馆、丹麦海报博物馆、日本大阪天保山博物馆等收藏。服务过的知名品牌包括中国银行、太太口服液、荣华饼家、嘉顿、麒麟啤酒、中国金币、中国制药、齐心文具、拉芳洗发水、周生生珠宝等。

出版著作：《平面设计实践》《视觉传达设计实践》（修订版）、《日本设计师对谈录》《设计心法100+1》《品牌形象100+1》《字体设计100+1》《关怀的设计》《设计的思考》《因小见大：靳埭强的邮票设计》《靳埭强心路·足迹》及"中国平面设计丛书"等。

设计师 / 靳埭强

访谈·印象

作为最早来到内地开展现代设计活动的香港设计师之一，靳埭强先生在中国平面设计界有着无可替代的影响力。他与内地设计的交集可以追溯至1979年。彼时，由于内地与香港之间的设计业态存在较大差距，在推进内地平面设计产业勃兴发展的同时，靳埭强尤为关注设计的基础教育。由于他为人温和谦逊，大家都会亲切地尊称他为"靳叔"。毫不夸张地说，靳叔以多重身份见证了改革开放以来中国现代设计的发展历程。

在本项目进行期间，笔者虽然没有对靳叔作专门访谈，但是作为他在汕头大学长江艺术与设计学院改革的亲历者，对他一向主张的改革方针、施教策略都有较多的了解。笔者出版的第一本书（与韩然教授合作）就隶属于他主编的"长江新创意设计丛书"。在主编这套丛书时，靳叔希望所有作者都能够打破传统认知，以对设计和艺术的全新理解来切入选题。简而言之，他希望呈现一种"蜕变"，而他自己也一直在身体力行地践行这一点。

与靳叔相熟的朋友都知道，他的普通话讲得并不"普通"，与他交谈能感受到他朴实的言语中透露出的真诚、谦和、幽默与热情，会不自觉地赞服于他的激情与奇想。靳叔会很自然地袒露他自己的真实想法，比如在课堂上同我们谈起他对日常器物的观感，在观摩香港巴塞尔艺术展时与笔者谈到他的艺术理想，对当代社会的一些不良设计现象从来都是直言不讳……

时光荏苒，初心未变。靳叔虽已年逾八十，但如今他依然活跃在设计一线，通过创作、演讲、展览、出版等多元学术活动持续为中国设计及设计教育的未来默默耕耘。他的励志与勤奋，一直在深深地影响我们。

（左）靳埭强在讲座上与学生合影

（右）靳埭强与笔者在中国香港巴塞尔艺术展览现场交流

设计·观点 [节选]

1 20世纪,世界现代设计运动推展至全球,使设计专业进入黄金时代。20多年来,中国改革开放带领着中国现代设计发展。踏进21世纪,中国再度掀起现代设计运动的新浪潮,与当代文化艺术一起走进中国文艺复兴的年代。设计师应检视过往的足迹,深入思考新观念,亦不忘从生活与传统文化中汲取养分,从而再出发,在实践中寻找现代设计的新面貌。

(摘自靳埭强著:《视觉传达设计实践》,北京大学出版社,2005年,第8页)

2 香港是中国人的社会,香港艺术的历史,应是中国艺术历史的一部分,香港艺术家的根,也应可在中国追寻。

(摘自靳埭强著:《眼缘心弦——靳埭强随笔》,上海文艺出版社,2002年,第160页)

3 包豪斯在1919年就提出了"为人而设计"很了不起。但我觉得是不够的,我们应该为万物设计,因为我们为人设计的时候,最重要的是不去伤害与人类共生的自然万物。万物同一个世界,众生平等。我们应该用关爱的心去做设计。

(摘自靳埭强、潘家健著:《设计的思考》,北京大学出版社,2019年,第234—235页)

4 做裁缝是注重为他人度身订做一套衣服,是要别人穿起来舒适,看起来美观,又合他的心意。这套观念是一个设计师亦须要有的。你要为别人——消费者或者委托人去创作一件设计品,是要满足他,而不是为了自己而做。正如裁缝做的衣裳须要适合别人的身材,不是做来自己穿。我很容易明白这套观念,我不会好似一个艺术家只是自持有艺术气质而去设计,我会为委托人度身订做一件适身合体的设计。

(资料转引自兰州理工设计艺术学院《每周大师 | 设计是为他人度身订做——靳埭强》,2019年5月27日,https://www.sohu.com/a/316894352_99936337)

设计·往事

时间 -1988年
场景 - 香港
事件 - 创办靳埭强设计有限公司

1976年，靳埭强与几位旧同事联合创办了新思域设计制作公司。1982年，青年设计师刘小康在读中学时期阅读了靳埭强在艺术刊物刊载的设计文章，决定在香港理工学院修习设计课程后加入新思域。3年后，刘小康就担任了新思域的高级设计师，1988年应靳埭强之邀与其联合创办了靳埭强设计有限公司。1996年，公司易名为靳与刘设计顾问。之后的设计团队逐渐壮大，经过不断转型，2013年高少康加入后发展成靳刘高设计。

靳埭强（左一）、刘小康（左二）与新思域设计团队合影，1986年

靳埭强创作的雕刻作品获得日本大阪世界博览会香港馆的公开比赛冠军奖，评委正在展示获奖作品模型，1968年

靳埭强在香港时装节上领奖，1969年

靳埭强在香港获得市政局艺术奖，主席张有兴为靳埭强颁奖，1981年

靳埭强在其设计的《文字的感情——汉字》主题系列海报前与日本设计师田中一光合影，1997年

靳埭强参加在天津召开的中国工业美术协会装潢设计学会81年年会，会上发表中国银行标志设计报告，1981年

靳埭强在广东美术馆举办的个展开幕致辞，2003年

靳埭强与其他国际评委应邀在深圳"平面设计在中国"展大赛中评选设计作品并签名留念，1992年

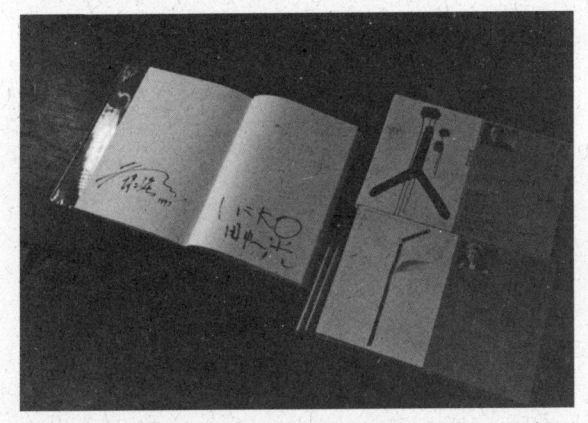

在日本奈良举办的"田中一光·靳埭强二人展"，两位设计师签名留念的纪念册以及作品展览刊物，1997年

设计的明镜之界

在中国平面设计的发展历程中,靳埭强是一位重要的参与者与见证者。改革开放后他是最早一批与内地联动、交流的香港设计师。他不仅在专业领域造诣精深,还亲自参与了内地发生的一系列设计界的重要事件。从大家对他的尊称——"靳叔"即可见他在中国设计界举足轻重的地位。他的作品融入了东方智慧与美学精神,突显着极致勃发的艺术创造力。(图1)改革开放伊始,他就直接参与到中国内地现代设计教育一线的实践之中。因此在某种程度上看,仅以"香港设计师"的身份去描述他并不全面。在设计史学家王受之先生看来,中国现代设计的发展历程中,靳埭强等设计专家在1979年应高永坚院长邀请来到广州美术学院的那一次讲学意义重大。他们不仅传播了关于现代设计的前沿教育理念,而且还带来了珍贵的专论书籍,让中国内地的学者得以在改革开放初期获得重要的学术参考资料。从某种角度看,这也为广州美术学院此后在全国率先开展"三大构成"等教学实践,奏响了设计教学改革的序曲。在设计资讯尚不发达的年代,靳埭强撰写的《平面设计实践》(图2)、《视觉传达设计实践》等书籍,为许多艺术院校的师生及设计从业者提供了重要的专业指引。这些书籍不但汇集了大量设计案例,还有着他基于实战经验总结得出的方法论,比较成体系地建立起了平面设计的知识结构。为了激发青年学子的原创力,他发起创办了"靳埭强设计奖"并延续至今,为致力于设计艺术的年轻人提供了一个展现创意、实现设计理想的平台。在公司的经营中,他同样以发展的眼光看问题,通过不断吸纳中青代设计人才加入团队,突破企业发展定式,积极寻求着眼未来的崭新格局,令公司保持着良好的设计循环与生命力。(图3)在设计与教育行业勤勉耕耘的同时,他对毕生钟爱的水墨艺术亦不断再造新境之象,在融汇中西的探索中始终坚守红心,独见靳叔对艺术与设计明镜之界的极致追求。

图1
"香港现代中国艺术家"海报设计,1988年

图2
王无邪主编、靳埭强著:《平面设计实践》,香港商务印书馆,1982年

图3
靳埭强设计的标志与靳刘高设计品牌形象

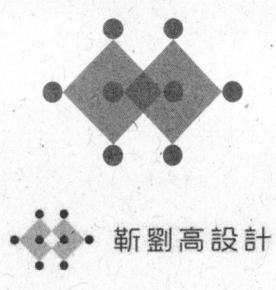

一、水墨建构的视觉符号

虽然靳埭强本人对包豪斯，以及西方现代设计体系有着深入研究，但是他的作品却始终以中国情怀和东方意境建立视觉形象。作为国际平面设计联盟（AGI）中国分会的主席，靳埭强的作品始终在传播着中国人特有的审美法则和价值观念。在AGI的官方网站上，他的个人主页以《我爱大地之母》（Love Our Motherearth）作为封面代表作。[1]（图4）这件海报设计于20世纪90年代，以极简手法展现了"地球"与"母亲"的图形关系。与西方设计师习惯于在封闭图形中探索形式与色彩的构成逻辑不同，在靳埭强的笔下，水墨的晕染让图像的表达显得清雅而自然。（图5）如同欣赏一幅现代绘画作品，让人在气韵生动中窥见设计真意。

靳埭强之所以如此重视中国文化的视觉呈现，与他的人生经历密不可分。1942年，靳埭强出生于广东番禺三善村。虽然村子很小，但是田间地头的自然风光却让他留下了难忘而美好的童年记忆。[2] 他曾在一次谈起齐白石的画作时提到："……在都市生活三十余年的我，怀想着乡间生活的情趣。"[3] 由此可见乡情在他心中始终占据着一块自留地。由于家中长辈对读书非常看重，因此靳埭强自幼遵循家风，学习认真刻苦，这为他日后从事设计教育、撰写报纸文化专栏等工作打下了非常重要的知识基础。从设计启蒙的角度看，曾担任广州陈家祠灰塑工艺人领班，有"灰塑状元"之称的祖父靳耀生给童年的靳埭强带来了非常关键的艺术影响。尤其是当年祖父给他看的那本《芥子园画谱》，让他在水墨画的研习中自然建立起了有关中国绘画及艺术观念的第一印象。颇有意味的是，正如靳埭强并没有教授自己的孩子学习绘画那样，当年祖父也没有要求他遵照传统章法去临摹画谱，而是鼓励他率性而为。也许正是这种循循善诱的教育方式，为靳埭强后

[1] 详见AGI官方网站：https://a-g-i.org/design/love-our-motherearth/，援引时间为2023年5月15日。

[2] 关于靳埭强先生的人生经历，除在各种场合与他的当面交流外，还参考了由他本人担任主编、韩然先生担任副主编的"长江新创意设计丛书"。详见：王晓松等编著．靳埭强·身度心道：中国文化为本的设计·绘画·教育[M]．合肥：安徽美术出版社，2008．

[3] 靳埭强．眼缘心弦——靳埭强随笔[M]．上海：上海文艺出版社，2002．P10．

图4
《我爱大地之母》
海报，1997年

图5
靳埭强的水墨习作，1967年

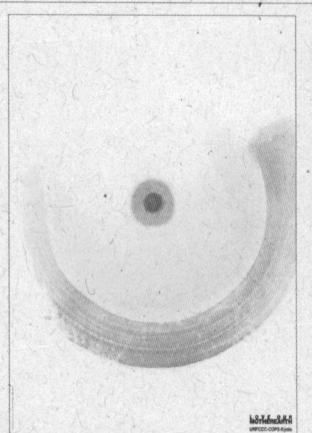

[1] 靳埭强. 眼缘心弦——靳埭强随笔[M]. 上海：上海文艺出版社，2002. P2.

[2] 这种情况也反映了当时社会的一些现实问题。

来在现代设计中灵动地融入中国绘画气韵建立了初步意识。

自小的艺术熏陶，让靳埭强能够以一种非常自如放松的状态去感知绘画，并乐在生活中与他人分享。据他自己描述，童年时他就时常画一些贺卡送给同学们，并将之视为交换心意的艺术品，而在少年时他则非常热衷于逛卡片店并喜爱收集友人赠送的贺卡。[1] 这些生活中的绘画启蒙，让靳埭强对艺术有一种天然的亲近感。（图6）

1957年，靳埭强在15岁时便带着弟弟靳杰强一同前往香港与父母团聚。当时香港与内地发展差距很大，生活节奏也很快。加上当时香港整体经济不景气，家中弟妹众多，靳埭强一家的生活压力极大，作为长子，他只能辍学去学裁缝谋生。至此，可以说靳埭强人生中最系统的十年教育经历都是在内地完成的，至香港后他再也没有像从前那么无忧无虑地上学，而不得不利用半工半读的碎片时间学习，学徒式生活的万般不易和艰辛可想而知。

长达10年的裁缝生涯对靳埭强无疑是一种生活考验。（图7）据他本人回忆，当时一周工作六天半，每天工作超12个小时且几乎没有休息时间。这种工作强度放在今天任何一个刚毕业的大学生身上都是难以承受的，何况是落在一个年仅十几岁，原本应该在校园里度过中学时光的少年身上。[2] 在这个阶段，靳埭强感受到了人生的几许无奈与悲伤，他甚至认为自己再也不可能成为艺术家了，孩童时期的梦想根本不会实现。这种负面情绪曾经一度让他沉沦于马经和麻将……在外人看来，靳埭强的那段裁缝从业生涯绝对是他人生中的至暗时期，然而走出困境后的靳埭强本人却不这么看。直到现在，裁缝职业的象征——尺子依然是他最重要的人生收藏。对于他的很多学生来说，靳埭强给人的感觉也恰如尺子的寓意——概然有度，知礼有节。（图8）

图6
靳埭强手绘的明信片

图7
尺子是靳埭强设计中的常用元素，在中央美术学院陈列馆举行的靳埭强个展海报设计，1996年

图8
"服饰与文化"展览海报，1999年

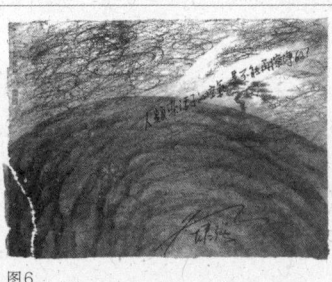

图6

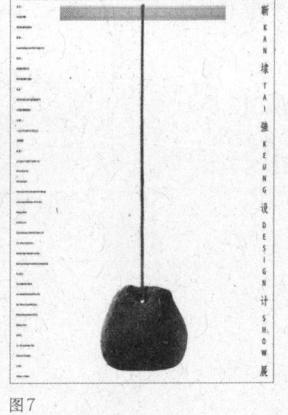

图7

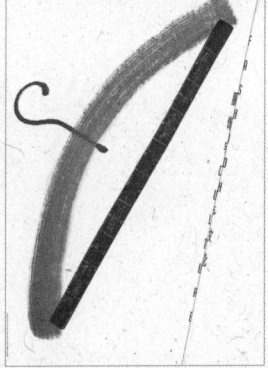

图8

1964年对靳埭强来说是一个重要的转折。那一年他的伯父，香港水彩画家靳微天发现他这个侄子非常热爱绘画，便招他进入自己主持的绘画培训班学习。自此，靳埭强开始了系统的素描与水彩训练（图9），并且通过听音乐、到美术馆看展览，大量阅读艺术书籍和报刊，不断加强自己在艺术方面的知识储备。次年，留学美国俄亥俄州哥伦布艺术与设计学院的王无邪回到中国，在香港中文大学校外部主持艺术设计课程。（图10）与此同时，香港画坛大师吕寿琨也在香港中文大学校外部开设了一个水墨画进修班。（图11）这两门课程对于刚刚开始接受造型训练的靳埭强来说极具吸引力。为此，他克服万难，在1966年、1967年先后报读了王无邪和吕寿琨开设的这两门专业课程。由于裁缝店的工作占据了大量时间，因此靳埭强只能修读夜校课程。好在他的老板非常慷慨，允许他每周有两天可以在晚上6点半至7点下班，让他能够赶上晚上7点半至9点半的夜校课程。也就是从这个时候起，靳埭强开始走上了职业设计师的道路。这个转变对他的人生而言意义非同寻常，用他自己的话说，这就是他的"人生转折点"，他从"裁缝师傅"转变为"美术设计师"。[1]

[1] 靳埭强．眼缘心弦——靳埭强随笔[M]．上海：上海文艺出版社，2002. P250.

有意思的是，当时20岁出头的靳埭强对于中国传统文化还没有那么深刻的领悟，由于正值香港经济发展初期，西方文化的影响来得非常迅猛，靳埭强也深受这股潮流影响。他热爱抽象艺术，喜欢听披头士（Beatles）的音乐[2]，甚至会蓄长发、留胡子。这一时期，靳埭强的水墨作品中充满着大量的抽象元素，无论是1967年的水墨习作、1969年的《构成》，还是1970年的《宙》，作品都呈现出规律性的排布，看上去除材料本身的中国特性外，其他基本上都明显受到西方艺术观念的影响。这种"先锋"状态也许会颠覆大家今天对他的"儒雅"印象，但是谁都有年轻的时候，癫狂的青春与稳健的事业之间并没有根本矛盾，人生的每个阶段都有其特殊意义。实际上，正是由于当时对西方艺术的兴趣与观照，令靳埭强在吕寿琨的指导下逐渐对中国传统文化建立起了更深刻的认识。这对后来选择设计作为人生事业的靳埭强来说产生了非常积极的影响。

[2] 靳叔曾经在汕头大学长江艺术与设计学院的一次研究生课程中提到他对披头士1967年发行的专辑《佩珀军士孤寂之心俱乐部乐队》（*Sgt. Pepper's Lonely Hearts Club Band*）印象深刻，当年他常听这张专辑并对之有很高评价。

图9
靳埭强早年创作的水彩画《瓶与果》，1966年

图10
靳埭强为王无邪所著《平面设计原理》一书设计封面，雄狮图书股份有限公司，1974年

图9

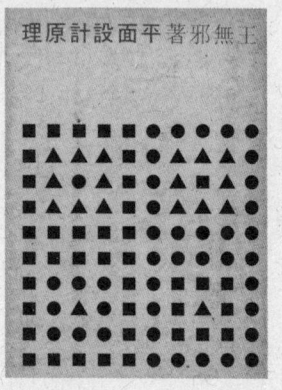

图10

[1] 王晓松等编著. 靳埭强·身度心道：中国文化为本的设计·绘画·教育 [M]. 合肥：安徽美术出版社，2008. P19.

[2] 关于《包豪斯宣言》，在国内广为流传的至少有两个版本。其中一个来自陈志华先生的翻译，详见1989年由春风文艺出版社、辽宁教育出版社出版的《现代西方艺术美学文选·建筑美学卷》，另一个则来自王受之先生在多本设计史著作中的翻译。本书在此取王受之先生的翻译，详见：王受之. 世界现代设计史（第二版）[M]. 北京：中国青年出版社，2015. P165.

吕寿琨的教学令靳埭强受益良多。虽然当时吕寿琨在香港画坛已经拥有很高声望，但其执教却没有任何架子和敷衍。1968年，吕寿琨甚至将自己珍藏的一幅山水画借与靳埭强，让他学习临摹。这让当时正在受包豪斯、构成主义影响的靳埭强大为感动。他非常认真地临摹了一幅山水画习作交给吕寿琨，吕寿琨在习作旁密密麻麻地做了批注，其间不乏鼓励之语："第一次临画便见笔底清秀，用墨用笔有味，可知禀赋本质俱佳，模仿理解吸收力均强。"[1] 这种充满情感、循循善诱的教学方法极大地鼓舞了靳埭强，令他开始潜心研究水墨，从中领悟中国哲思，并将其与西方艺术相结合，就创作的原理问题进行多方探索。

从1972年的两件《实验木板》作品和1973年的《夜曲》中可以看到，靳埭强尝试从技术角度探讨水墨的现代表现。而到了1974年，他创作的《壑》已经完成了从意象到成像的完整转化，展示出了明确、富有规则感的东方印迹。（图12）值得一提的是，从进修时起，靳埭强修习的绘画与设计课程都是同步进行的。这种艺术语境的交错，使得他常常能够通过将两门课程中的知识相互融通而获得更多元的创作体验，从而打开许多处于单一维度时无法触及的新视角。这就解释了为什么在他后来的设计作品中，常常可以看到中国水墨创作的显著行迹。

设计的本质是解决问题，然而若所有的设计方案都仅关注于最基本的功能问题，那么世界将变得索然无味。此时就需要以艺术之灵性导入设计，令其能够在发挥理性功用的同时绽放出直通心灵的情感，才能令整个作品的品质得以升华。正如包豪斯设计学院创始校长沃尔特·格罗比乌斯所讲的那样："艺术家只是一个得意忘形的工艺技师，在灵感出现，并且超出个人意志的那个珍贵瞬间，上苍的恩赐使他的作品变成艺术的花朵……"[2]

图11
吕寿琨创作的水墨画《禅画》，1970年

图12
靳埭强创作的水墨画《壑》，1974年，香港艺术馆藏品

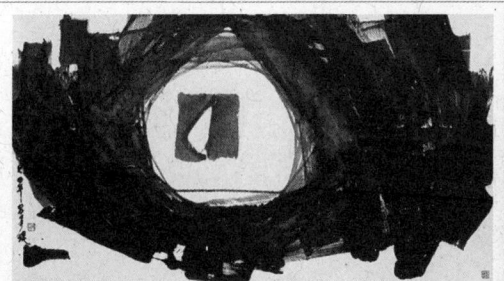

图11

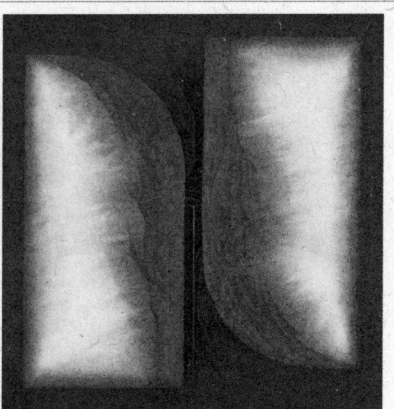

图12

也许真的是天赋使然，在夜校仅学习了3年，靳埭强就已经开始在作品中呈现出设计与艺术的通融交会。1969年，作为非正式修生，靳埭强向王无邪提交了他的设计课程结业作品《唱片封套设计——四大小提琴协奏曲》，并一举夺得了第一名。之所以能够获得优异成绩，与靳埭强在作品中巧妙地融贯中西元素有着直接关系。这是由4枚唱片封套组成的一个系列作品，（图13）一般而言，如果是面向现代市场的创作，都要遵循西方现代设计中强调的标准化与秩序感。为了让4张不同主题的唱片形成和而不同的视觉关系，在构图上，靳埭强采用了西方设计中常用的居中对称构图，并以分别排布于画面上下两端的英文文本界定了画面的视觉边界。最精彩的部分是作品的核心图形，是以4只不同造型、色彩的蝴蝶分别对应4首由不同个性的音乐家谱写的小提琴协奏曲，并以西洋彩笔描绘出水墨画般的韵律，营造出了具有渐变效果的视觉层次，令每一只蝴蝶看起来各有设计特点。艺术的本质是相通的，流光溢彩、舞翅欲飞的蝴蝶与婉转动人、优美灵动的协奏曲之间有着许多共鸣之处。靳埭强的作品创造了一种游动于视觉与听觉间的平衡，尤其从中国文化的角度来看，当蝴蝶图像与小提琴乐曲结合在一起时，往往会令人想起中国著名的小提琴协奏曲《梁祝》[1]。

虽然这只是一件课程结业作品，但当中已然体现出靳埭强所主张的设计原则。对他来说，西方设计提供的是一种国际化的视觉形式，而真正在作品中占有核心地位的始终是植根于千年历史的中国文化信仰、审美原则与秩序。笔者之所以没有提及"传统"与"现代"，是因为在靳埭强的作品中，这两种对立并不真正存在。什么是传统？什么又是现代？从时间上看，这两个语词的意义都会随着时光流逝嬗变。在靳埭强的设计表达中，时间是凝固的，无论是传统意象还是现代语式都会并置呈现。（图14）与20世纪初西方那些致力于对传统进行分离、切割、批判性颠覆的现代设计先驱们不同，靳埭强的作品是柔和的，

[1] 小提琴协奏曲《梁祝》（全称《梁山伯与祝英台》）由何占豪、陈钢于1958年创作，1959年在上海兰心大剧院首演。

图13
靳埭强的设计课程结业作品《唱片封套设计——四大小提琴协奏曲》，1969年，香港文化博物馆藏品

图14
靳埭强创作的水墨画海报 Celebrating Paris，2014年

图13　　　图14

[1] "一画会"是20世纪70年代活跃于香港的绘画组织，由吕寿琨的学生徐子雄等人在1970年创立，早期成员大多是吕寿琨在香港中文大学校外进修部的成员。此外，还有一个组织名为"元道画会"，由吕寿琨的学生周绿云等人在1968年创办。靳埭强持续地创作着水墨作品，早在20世纪80年代初就开设了水墨画个展。

[2] 王晓松等编著. 靳埭强·身度心道：中国文化为本的设计·绘画·教育 [M]. 合肥：安徽美术出版社，2008. P186.

就像老子的《道德经》那样，追求的是"上善若水"的极致理想。

因此在笔者看来，他的作品并不探讨"传统"与"现代"的问题，如果非要找到两个视角对他的作品进行观察，那么只有"东方"与"西方"的概念。1977年他设计的《集一美术设计课程招生海报》就反映出这种鲜明的倾向。然而，就像1969年设计课程结业作品中所展示出来的那样，在他的作品中"东方""西方"文化之间的关系并非对立的，而是相互融通于无限宇宙的真理之中。这也是他的设计作品往往能够在中西方设计界独具风格的重要原因。正因如此，靳埭强对日本设计师的作品非常关注，他曾经在汕头大学长江艺术与设计学院的研究生课堂上直言自己对龟仓雄策（Yusaku Kamekura）、田中一光（Ikko Tanaka）作品的欣赏，并会帮助研究相关课题的学生开展研究，为他们提供必要的参考书。

设计课程结业后，靳埭强正式走上了职业设计师的道路。但这并不代表他放弃了水墨创作。实际上，水墨在他的艺术生涯中，已经成为了个人的视觉符号。除了加入"一画会"[1]，以及持续开展水墨绘画创作并开设展览外，在他的诸多设计作品中都能看到水墨元素的表达。无论是1988年的《香港现代中国艺术家》、1995年的《文字的感情——汉字》（图15）、1996年的《21世纪字体设计的新展望》和《自在环保花纹纸》、1997年的《手相牵——香港回归纪念银器推广》、1998年为深圳大学讲座设计的海报（图16）及荣华饼家系列包装设计，还是1999年的《九九归一·澳门回归》海报（图17）、《传艺》（*Communication Arts*）杂志封面等，在设计上都体现了这种水墨视觉的显著特征。水墨已经化为一种情感融入了靳埭强的设计创作中。正如王无邪所言："靳埭强与其他的设计家显著不同之处，是他一直没有放弃对纯艺术的追求。他的设计风格，得力于他水墨画方面的成就，影响已遍及中国。"[2]

图15
《文字的感情——汉字》主题海报系列，1995年

图16
深圳大学设计讲座海报，1998年

图17
《九九归一·澳门回归》海报设计，1999年

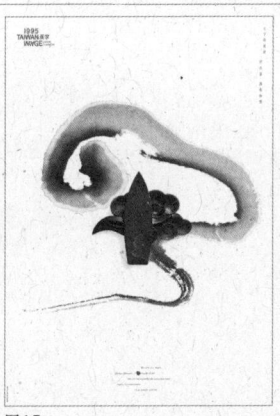

图15 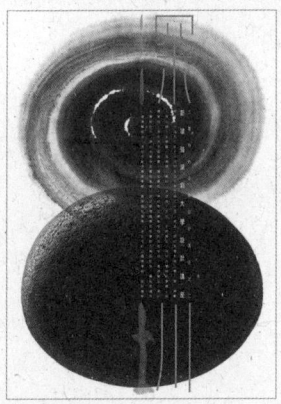　　　图16 　　　图17

需要说明的是，吕寿琨对靳埭强的人生影响是至关重要的。熟悉靳埭强作品的朋友会发现，在前面提及的《我爱大地之母》中，除了能够看到他典型的水墨印迹外，还出现了一个非常个性化的"红点"元素。而这个"红点"则源于吕寿琨的影响。[1] 吕寿琨在1970年创作的《不染》《禅画》等作品中都曾出现过一枚不规则的"红点"。（图18）1985年，在纪念吕寿琨逝世10周年之际，香港艺术中心为吕寿琨举办了艺术回顾展，而在靳埭强设计的海报中，这枚"红点"再次出现。[2]（图19）出于对老师的怀念与敬意，靳埭强在此后的很多作品中都特意导入了这个"红点"元素，以至于将之发展成为一种个性鲜明的视觉符号。而在1989年的《佛法在世间》海报、1991年的《爱护自然》海报（图20）、1993年日本设计杂志《意念》对靳埭强作专题评介的特刊海报等作品中，都同样可以看到这个犹如签名般的视觉元素。由此可见，靳埭强的作品是与他的人生经历完全融合为一体的。而他特殊的受教育经历也让他对艺术教育本身充满着无尽的期待与憧憬。

[1][2] 王晓松等编著. 靳埭强·身度心道：中国文化为本的设计·绘画·教育[M]. 合肥：安徽美术出版社，2008. P60.

二、设计教育的践行与传播

靳埭强被设计界的朋友们尊称为"靳叔"，缘于他对中国设计教育及后辈们的热情支持与无私提携。设计教育在他的艺术历程中占有极其重要的位置，并始终践行和传播着其以设计美育共建社会的理念。

[3] 王晓松等编著. 靳埭强·身度心道：中国文化为本的设计·绘画·教育[M]. 合肥：安徽美术出版社，2008. P121.

从前面的描述中，我们知道靳埭强学艺出师的时间是1969年，然而仅于次年他就投身到了设计教育的事业当中。当时，他与几位朋友联合创建了香港唯一的私立设计学校——大一学院（今为香港大一艺术设计学院），并担任副校长。[3] 大一学院的校长是吕立勋，他与靳埭强一样是王无邪的学生。初创时期，大一学院规模很小，属于业余进修性质的夜间学校，学院也仅有数十人[4]，然而经过多年的发展，如今的大一艺术设计学院已有3000多名学员，日夜均有开课，除了短期课程，还开设了工商设计、时装设计、室内与环境设计、专业数码摄影、高级纯艺术、高级专业电脑插图、珠宝设计、多媒体设计、

[4] 详见大一艺术设计学院官方网站：http://www.designfirst.edu.hk/history.pdf，援引时间为2023年7月18日。

图18
《禅画（一）》，水墨画，吕寿琨作，1970年

图19
"水墨的年代：吕寿琨纪念画展"海报设计，1985年

图20
《爱护自然》海报设计，1991年

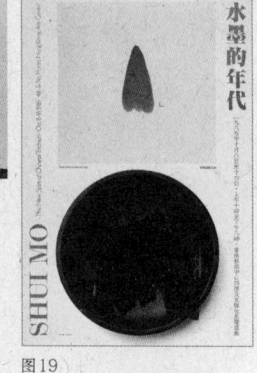

[1] 详见大一艺术设计学院官方网站：http://www.designfirst.edu.hk/history.pdf，援引时间为2023年7月18日。

[2] 王晓松等编著. 靳埭强·身度心道：中国文化为本的设计·绘画·教育 [M]. 合肥：安徽美术出版社，2008. P121.

3D动画设计等多个专业文凭课程。[1]

　　就像德绍时期留校执教的包豪斯等青年设计教师们表现出的创造性那样，靳埭强在教学中也展现了较自己受业时更为丰富、活跃的设计思维。在靳埭强自己做学生时，所学的字体设计课程共有24个课时，但其中仅有4个课时讲述汉字，其他课时均在讨论英文字体（从1969年靳埭强的结业作品中就可以看到，当时英文编排在平面设计中占很大比重）。[2] 而当靳埭强个人开设字体设计课程时，他结合行业实践中遇到的一系列问题，在其中融入了许多中文字体及编排的内容，以丰富的案例引导学生们从中西文化的双重角度去思考文字设计的意义。

　　实际上，字体设计在靳埭强的设计生涯中占有非常重要的地位，甚至可说是他创作中的一个思考原点。靳埭强对中国的"中"字情有独钟，在他创作的《文字的感情——汉字》《平面设计在中国——靳埭强设计讲座》等海报中都有不同的设计演绎，而以"中"字为核心图形发展出为大众所熟知的中国银行标志，亦成为他的标志设计代表作。他将中国银行的"中"字巧妙地融入简洁的古钱币图形中，包纳了多重寓意，亦蕴含了"天圆地方"的东方审美思想，以极致简约的方式呈现了设计的中国语境。（图21）

　　由于深受吕寿琨循循善诱教学方法的影响，靳埭强在开设一系列设计课程时部分借鉴了老师的做法——他没有将所有注意力集中在技法的讲授上，而是从历史、美学、方法论甚至人生观的角度切入课程，让学生能够从本质上发现问题，避免陷入功利性的短期目标之中。在他的课堂上，设计往往与人生、风俗、文化紧密连接。而他本人也非常热爱教学，常常与学生们就某一话题展开讨论，并给出自己的建议。从某种意义上来看，正是这种温和谦恭、积极向上的心态决

图21
（左）中国银行标志设计，1981年

（中、右）中国银行CI设计手册与门面标识系统设计，1992年

图21

定了他在专业道路上的发展。靳埭强认为，他的创作目标是"为人而创作"。[1] 因此对他来说，设计教学和产业实践本身并无矛盾，都是在与人进行交流，且根本目的都是通过探讨设计的本质问题达到共赢。此外，专注教育往往还能带给他更宽广、更包容的设计思维，从而让他能够对人生有更多深层的理解，而这一切都反映在他的作品之中。

事实上，就在致力于教育的同时，靳埭强还在设计实践上有着诸多产出。在这一时段内，他设计了香港万国邮盟100周年纪念邮票、香港生肖邮票、马登慈善办学基金的标志等。[2]（图22）马登慈善办学基金的标志虽然设计得比较早，但是其中包含的古钱币元素与汉字"善"的结合非常直观地反映了"止于至善"的办学宗旨。（图23）如此看来，这个标志可以被视为后来中国银行标志的前期实验，因为无论是在创作理念还是表现形式上，两者都有着明显的关联性，体现了靳埭强在源于西方的现代主义设计规制下关于中国文化现代意象的深刻思考。虽然靳埭强的标志设计蕴意丰富，但是其形式却简约到极致，能够让人对图形快速地产生视觉印象。他不会刻意去营造艰深复杂的形式感，"深入民心"才是他毕生坚守的设计原则。[3]

1974年，香港理工学院（今香港理工大学）聘请王无邪任职主任讲师，而靳埭强则兼任讲师。[4] 这意味着靳埭强开始将自己的设计理念带入公立大学的教育体系中。有意思的是，如果换一个角度看，能够聘请没有正修学历的靳埭强来校教书，也反映了香港理工大学包纳人才的格局。这也许是学院后来发展为香港地区最负盛名的综合性设计学院的原因。而靳埭强与香港理工大学也颇有因缘，他在2005年接受了香港理工大学颁发给他的荣誉博士学位。据靳埭强描述，其实此前也有其他海外学府表达过给他颁发荣誉博士学位的意向，但是

[1] 靳埭强. 眼缘心弦——靳埭强随笔[M]. 上海：上海文艺出版社，2002. P250.

[2] 当时生肖邮票的设计本由英国设计师负责，因设计未达到预期转而寻求中国的本土设计师开展工作。靳埭强因设计了猪年生肖邮票而成为首位设计邮票并落地发行的香港本土设计师。马登慈善办学基金标志设计于1972年。

[3] 靳埭强. 眼缘心弦——靳埭强随笔[M]. 上海：上海文艺出版社，2002. P251.

[4] 王晓松等编著. 靳埭强·身度心道：中国文化为本的设计·绘画·教育[M]. 合肥：安徽美术出版社，2008. P122.

图22
（左）香港万国邮盟100周年纪念邮票设计，1974年

（中、右）靳埭强曾设计了十二生肖邮票，除猪年生肖邮票外，还包括龙年生肖邮票（1976年）、马年生肖邮票（1978年）等

图23
马登慈善办学基金标志设计，1972年

图22

图23

授予学位一事非同小可,他经过慎重考虑都婉言拒绝了,唯独香港理工大学的这一荣誉学位让他极为重视,可见情缘难舍。[1]

当时作为亚洲"四小龙"之一,香港经济在20世纪七八十年代发展迅猛,设计也逐渐成为一个热门行业,教育资源也有了集中蓬勃的发展。作为一名有着许多实践产出的设计师,除上述两所学校外,靳埭强在工作之余还在香港大学校外部、香港中文大学校外进修部、集一画院、香港生产力促进中心、香港工业总会及包装中心讲授设计课程。[2] 实话讲,他的教学传播几乎遍及全港,可见其在设计领域已经建立起了重要的学术威信。

1976年,靳埭强与友人以"往来畴创意,今古域新思"为理念合作创办了"新思域设计制作公司"。[3](图24)1979年,因在设计、艺术与教育工作领域方面的成绩突出,靳埭强成为首位入选香港十大杰出青年的设计师。[4] 就在这一年,伴随中国改革开放的浪潮,新华社香港分社组织了一个"香港现代艺术设计教育工作者交流团"到广州交流,团长是王无邪,副团长则由靳埭强担任。这个交流团在广州美术学院进行了为期3天的演讲与展览,内容涉及设计基础教育、平面设计、海报设计、包装设计、企业形象设计、产品设计等专题,靳埭强讲授的是设计概论和包装设计这两个专题。[5](图25) 此次交流在中国现代设计及设计教育的发展历程中发挥了重要作用。交流团带来的不是某些作品的设计片段,而是成体系化的设计思路及教学结构。据闻当年举行演讲的第一天还遇到了停电,但是丝毫不影响大家热烈高涨的情绪。活动结束后,交流团还赠送了一批设备和文献给广州美术学院,可以说在精神和物质上对刚刚起步的内地设计教育界进行了全方位的帮扶。[6]

---

[1] 2006年,笔者在汕头大学长江艺术与设计学院的课堂上听到靳叔关于此事的讲述。

[2] 王晓松等编著.靳埭强·身度心道:中国文化为本的设计·绘画·教育[M].合肥:安徽美术出版社,2008.P123.

[3] 王晓松等编著.靳埭强·身度心道:中国文化为本的设计·绘画·教育[M].合肥:安徽美术出版社,2008.P142.

[4] 靳埭强.视觉传达设计实践[M].上海:上海文艺出版社,2005.P215.

[5] 王晓松等编著.靳埭强·身度心道:中国文化为本的设计·绘画·教育[M].合肥:安徽美术出版社,2008.P170.

[6] 王受之先生曾经在一次讲座上与靳叔进行了交流,当时提到了1979年这次交流活动的演讲过程曾停过电,只能用黑板和粉笔辅助授课,这种说法得到了靳叔的确认。此外,王受之先生曾提及当他在20世纪80年代初正式入职广州美术学院开展工业设计史的教学及研究工作后,曾经阅读过交流团赠送的那一批文献。

图24 新思域设计早期制作的商标,1976—1979年

图25 "香港现代艺术设计教育工作者交流团"到广州美术学院进行学术交流,靳埭强担任交流团的副团长,此行他专门讲授了包装设计课,1979年(图片资料由靳埭强提供)

改革开放之初，虽然国家政策为各行各业打开了前所未有的发展空间，然而具体要做些什么、怎么做，其实大家都还存在着一定的困惑。此时引进外部资源显然是一种最快捷的成长方式。尤其对教育而言，它的成效并不能单以经济增长和物质发展的指标去衡量。因此，在那个粤港地区发展差异较大的年代，香港交流团的到来对依然处在以工艺美术为基础的内地设计教育界来说，意义是不言而喻的。

交流结束后的1980年，继大一学院之后，靳埭强又与朋友们在香港合作开设了香港正形设计学校并担当了首任校长。[1]（图26）此时的靳埭强在设计教育方面已颇有心得，他希望通过这所学校在更大的空间中探索设计的实用价值，因此他聘请了许多具有一线实践经验的设计师来校执教。这样的教学资源显然能够将行业里最新的动向和信息带给学生，帮助他们建立专业基础，从而获得迅速成长。后来，该种教育模式持续深化并沿袭至2003年由他所创办的汕头大学长江艺术与设计学院之中。（图27）

1982年，经过多年的设计实践与教育探索，在王无邪的鼓励下，靳埭强出版了自己的第一本书——《平面设计实践》[2]。这本书非常生动、系统地讲述了平面设计原理，并辅以大量的实践案例，很快就在市场上广受欢迎。颇具亮点的是，书中不仅包括设计的点、线、面、体等基础知识，除了书封面展现出的灵动与创新性，图文并茂的形式也让内容更具可读性，同时由于靳埭强对设计理论的阐述是基于实践进行的，读者可以通过实践案例直观地了解到理论知识是如何转化到设计实践之中的。[3] 虽然后来靳埭强出版过许多著作，但是都无法取代这本设计书的专业地位。《平面设计实践》自出版以来获得了业内的诸多肯定，除了香港，它还在台湾地区出版，并于2005年12月引进中国内地，经过修订后由上海文艺出版社以《视觉传达设计实践》

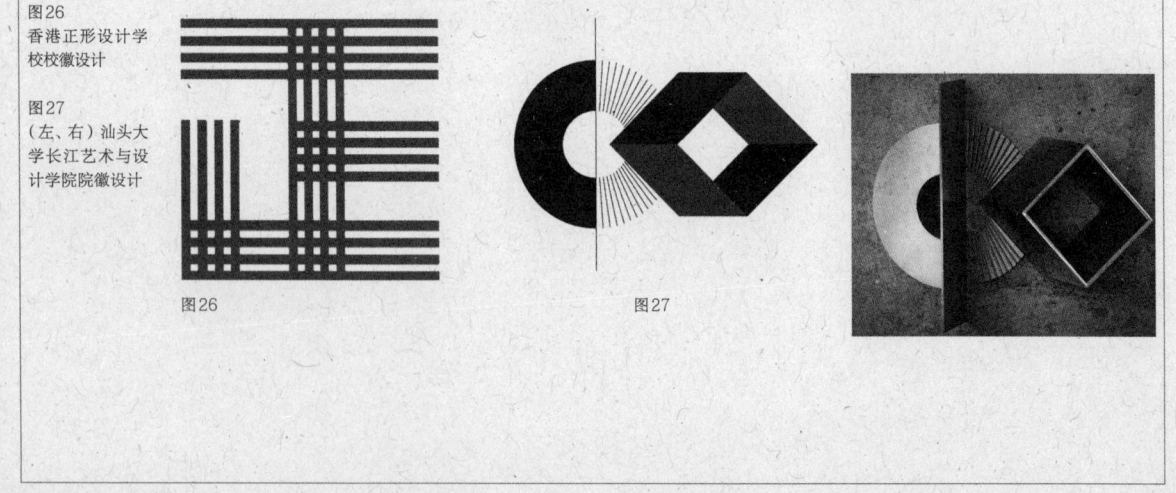

[1] 王晓松等编著. 靳埭强·身度心道：中国文化为本的设计·绘画·教育[M]. 合肥：安徽美术出版社，2008. P123.

[2] 靳叔的这本书作为王无邪先生主编的"美术设计丛书"之一，由商务印书馆出版，王无邪先生为这本书撰写了序言。

[3] 该书的封面设计通过一个正方形展现了设计意念从草图到设计稿的转变，呈现了设计的灵动与创新性。

图26
香港正形设计学校校徽设计

图27
（左、右）汕头大学长江艺术与设计学院院徽设计

图26　　　　图27

之名出版。[1] 由于靳埭强在本书初版后一直保持着活跃的创作状态，完成了海量的设计案例，因此在2015年的修订版中他仅保留了很少的旧有案例，大部分新编增补的内容为此书的修订版增添了许多新元素，反映了他与时俱进的工作状态。[2]

除了致力于设计教育与出版，靳埭强与旧同事联合创办了设计公司以历练商业实践。1982年，青年设计师刘小康加盟了靳埭强的新思域设计制作公司，他后来成为了靳埭强的合伙人。1988年，为更好地发展公司的市场营运策略，重组设计制作公司的结构，靳埭强邀请对设计事务积极进取的刘小康联合创办了"靳埭强设计有限公司"。1996年公司易名为"靳与刘设计顾问"，标志着靳埭强和刘小康的合作进入了一个新的阶段。[3] 后来，年轻设计师高少康在香港中文大学艺术系毕业后进入靳与刘设计顾问工作，5年后赴英国修取设计学位，再于2010年应邀在靳与刘设计顾问深圳分公司受聘任主管，后加入成为靳与刘设计顾问的合伙人，公司在2013年易名为"靳刘高设计"。一家设计公司的可持续性、延展性与创始人是分不开的。靳刘高设计所取得的诸多专业成果，与创始人靳埭强的个人品质，以及他在带领公司前行中表现出的卓越设计力是密不可分的。（图28）

1985—1988年，靳埭强凭着多年来建立的影响力，担任了香港设计师协会的主席。他以广结同行的包容与个人在专业领域的勤勉耕耘获得了业界的高度肯定。为社会公益及城市文化形象做设计是他工作的重心，此外他还非常专注于设计教学和社会美育。他在报纸、杂志笔耕不辍地撰写专栏，致力于提高社会大众的审美意识，普及艺术和设计知识。他对每项工作的努力都源自对中国深厚的情感，正如他在《自觉自省》一文中所写的："香港是中国人的社会，香港艺术的历史，应是中国艺术历史的一部分，香港艺术家的根，也应可在中国追寻。"[4]（图29、图30）他以个人对香港地方文化的熟知和理解，在诸多项目中打造出了香港的设计名片。

[1] 详见2004年8月靳埭强撰写的《修订版前言》。靳埭强. 视觉传达设计实践 [M]. 上海：上海文艺出版社, 2005. P4.

[2] 2015年，该书由北京大学出版社再版。

[3] 靳埭强. 视觉传达设计实践 [M]. 上海：上海文艺出版社, 2005. P215.

[4] 靳埭强. 眼缘心弦——靳埭强随笔 [M]. 上海：上海文艺出版社, 2002. P160.

图28 靳刘高设计：靳埭强（左）、刘小康（右）与高少康（中）

图29（上）荣华饼家礼品系列包装设计，1998年

（下排从左至右）香港荃湾大会堂标志设计（1978）；东东云吞面商标设计（1986）；市区重建局标志设计（2001）

图28

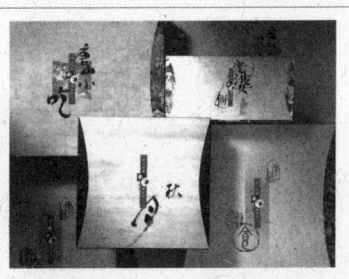

图29

三、让世界看见

虽然从表象上看，靳埭强的设计及绘画作品都承载着浓厚的中国文化意韵，但是他的创作思维却非常国际化，而且一直保持着与全球同行共勉的工作状态。正如许多人都会发自内心地敬重他那样，靳埭强本人也对设计界的前辈们怀有深深的敬意。他曾经在汕头大学研究生的课堂上会专门推介美国设计师保罗·兰德（Paul Rand）和日本设计师龟仓雄策，并认为他们的作品分别代表了西方和东方两种不同的文化属性。面对学生时，他从不讳言自己在面对设计前辈时也会怀有无比激动的心情。

虽然自其入行以来就展现出了独特的设计天赋，但若从今天的视角回溯，有两件事对靳埭强的创作走向国际化起到了重要影响。第一件事是1989年的"泛太平洋国际设计会议"，第二件事则是1997年他被AGI吸收为新会员。（图31）"泛太平洋国际设计会议"于1989年11月24日至26日在日本东京举办，这次会议对靳埭强的职业生涯起到了至关重要的作用。据靳埭强自己描述："我首次应邀参加如此盛大的会议，还成为其中一位演讲嘉宾……"[1] 他在会议活动中不仅认识了来自澳大利亚的设计师靳·祈岛（Ken Cato），还与松永真（Shin Matsunaga）等一众日本设计师结下了友谊。松永真设计的会议视觉形象以简洁的几何形为主题单元，给靳埭强留下了深刻印象。[2] 会议结束后，靳埭强与日本设计师的交流日渐增多，他花了很多精力对日本设计师进行专访，并在日本杂志《流行通讯》中文版中撰写了一系列"日本设计家对谈录"，受到读者的欢迎并在后来结集出版。[3] 在学术交流中，日本设计师也非常认可靳埭强的专业能力，还会主动寻求他的支持。20世纪80年代末，在日本设计中心内部建立了个人设计研究室的原研哉（Kenya Hara）便在受竹尾花纸

[1] 靳埭强，包装设计家——靳埭强与他的设计师朋友[M]. 上海：上海文艺出版社，2002. P6.

[2][3] 靳埭强，包装设计家——靳埭强与他的设计师朋友[M]. 上海：上海文艺出版社，2002. P32.

图30
（左、右）《手相牵》香港回归祖国纪念海报与银器设计，1997年

图31
"融——AGI年会"主题海报设计，2014年

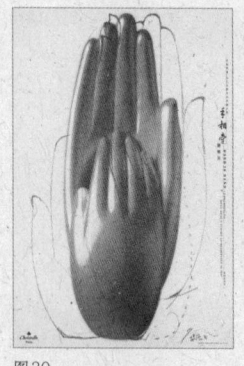

公司委托策划竹尾花纸展期间，到香港请靳埭强一同寻找资料，用以加强有关中国民间用纸的研究工作。[1]

[1] 日本设计中心（NDC）建立于1959年，由于业务日渐细化，内部分为多个设计部门，原研哉设计研究室便是其中之一。详见：靳埭强．包装设计家——靳埭强与他的设计师朋友[M]．上海：上海文艺出版社，2002. P56.

[2] 在 AGI 官网上显示靳埭强的会员确认年份为 1997 年，详见 AGI 官方网站：https://a-g-i.org/members/，援引时间为 2023 年 7 月 22 日。

[3] 靳埭强．眼缘心弦——靳埭强随笔[M]．上海：上海文艺出版社，2002. P151-152.

[4][5] 靳埭强．包装设计家——靳埭强与他的设计师朋友[M]．上海：上海文艺出版社，2002. P78.

　　1997年，靳埭强成为 AGI 会员，为进一步与全球最优秀的设计师交往打下了重要基础。[2]1998年，他第一次参加了 AGI 在加拿大多伦多举行的周年大会——"这次是我第一次参加这个结集世界各地顶尖设计大师的盛会，到会的会员约八十人，其中不少是我的前辈；更有不少是互相对作品早已认识，又互相欣赏的杰出设计师；有些又是已经认识的好朋友。欧、亚、澳、美各洲到来的成员都有。中国香港有石汉瑞和我，日本只有福田繁雄。"[3] 由此可见，AGI 作为全球最高水平的平面设计组织，给靳埭强带来的绝不只是会员的荣誉，其实实在在的活动促进了他与更多优秀设计师的相识相知，也让他能够在更广阔的国际平台进行专业交流与对话。

　　例如，在他 1999 年赴瑞士苏黎世第二次参加 AGI 年会时，就与奥地利设计师雅丽珊蒂（Cordula Alessandri）结下了深厚友谊。[4] 靳埭强非常欣赏雅丽珊蒂的作品，并赠其一本个人专集《物我融情：靳埭强海报选集》（图32），而雅丽珊蒂则以德国设计杂志的评介专刊回赠。[5] 由此可见，靳埭强与国际同行的交往常常从作品互鉴切入。他与皮埃尔·伯纳德（Pierre Bernard）、胜冈重夫（Shigeo Katsuoka）、荒木优子（Yuko Araki）等设计师的友情均始于此。

　　2002年，上海文艺出版社出版了靳埭强的一套书系"靳埭强与他的设计师朋友"，包括海报设计、企业形象设计、包装设计3册，这套书在普及现代设计知识、引介世界设计成果方面起到了重要作用。（图33）这都基于他多年来与全球设计师在交往中建立起的深厚友谊。此外，在全球范围内的交流与游历也令靳埭强不断刷新着对世界的认知，他时常将种种感思写入报纸专栏，展露出一位设计师的人生态度。值得注意的是，在看遍世界的精彩后，靳埭强作品中的中国意韵不但没有减弱，反而愈发得以强化。例如，2002年在创作《悼念亨利·德·图卢兹 - 劳特累克》海报时，他便从劳特累克当年关于红磨坊的海报作品中寻找灵感，并从东方艺术审美的视角对劳特累克的人生进行解读。（图34）从画面上看，靳埭强以水墨笔触营造了一侧舞台帘幕，舞女剪影般的腿部置

图32
靳与刘设计顾问：《物我融情：靳埭强海报选集》，1999年

图33
《企业形象设计家：靳埭强与他的设计师朋友》，靳埭强著，上海文艺出版社，2002年

图34
《悼念亨利·德·图卢兹 - 劳特累克》海报设计，2002年

图32 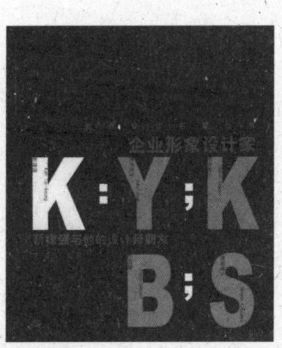　　　　　　　　　　　　　　图33 　　　　　　　　　　　　　　图34

于海报的主体区域，形成了一幅兼具东西方韵律的和合之作。当这些表现元素与画面右上方象征舞者裙脚的水墨曲线组合起来时，便构成了由靳埭强姓氏英文拼写的首字母"K"，反映了关于"悼念"的个体感受。这幅海报如同靳埭强与百年前设计先驱劳特累克之间的一场"隔空"对话，也许大多数人都不会将游走于红磨坊灯红酒绿之间的劳特累克与中国水墨联系起来。同样的风格还见于靳埭强为缅怀设计先辈及友人所创作的系列作品之中。

1996年，保罗·兰德去世，靳埭强创作了海报《悼念保罗·兰德》以表敬意。自入行开始，兰德一直都是靳埭强非常敬重的设计前辈，甚至将其视为偶像。20世纪80年代，保罗·兰德曾提点靳埭强珍惜伟大的中国文化，令其大受鼓舞。[1] 因此在这件追思作品中，靳埭强铭记兰德的教导，以兰德生前创作的一本有关达达艺术的书籍封面为主视觉开展设计。他将主题词更改为保罗·兰德的名字，在处理名（PAUL）与姓（RAND）时分别采用了纵横两种不同的排列形式，而字体亦相应有所区分（名为靳叔手写的书法体，姓为兰德设计的印刷体）。（图35）

在龟仓雄策逝世一周年海报邀请展中，靳埭强提交了他1997年设计的作品《悼念龟仓雄策》。这幅海报同样结合了东西方的设计元素。海报上下两端呈纵向排列的汉字"悼念龟仓雄策"独具东方视觉的形式感，而渐变色块则表达了对一代设计先驱"渐行渐远"的感伤。在中间部分的主体设计中，靳埭强以飞鸽图形贯穿了龟仓雄策创作生涯中的著名标志，回顾了他作为日本平面设计先驱的重要贡献。（图36）

2002年1月，靳埭强的挚友田中一光逝世（两人曾在田中一光的故乡举行二人展），靳埭强非常伤心。他从田中一光设计的"明朝体"（即"宋体"）中提炼元素，为其创作了海报《悼念田中一光》。

[1] 王晓松等编著. 靳埭强·身度心道：中国文化为本的设计·绘画·教育 [M]. 合肥：安徽美术出版社，2008. P65.

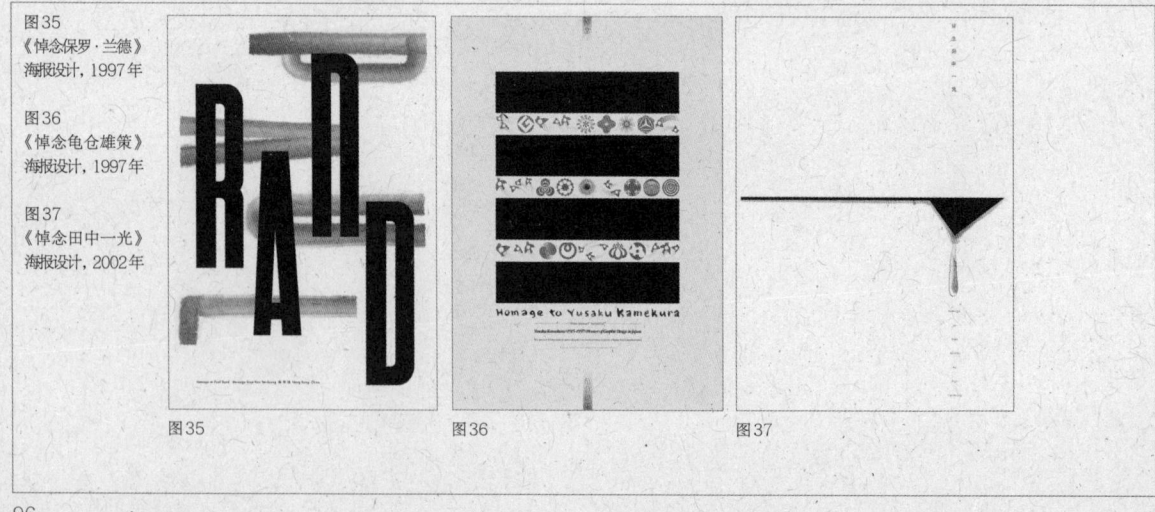

图35
《悼念保罗·兰德》
海报设计，1997年

图36
《悼念龟仓雄策》
海报设计，1997年

图37
《悼念田中一光》
海报设计，2002年

(图37）在这件作品中，可以看到画面正中的"一"不但指向田中一光，还传达出一种"独一无二"的意涵。而"一"字下方滴落的"眼泪"则蕴含了靳埭强对友人故去的深切悲痛与感伤。

四、设计寓教于乐

如果说靳埭强在1979年随香港交流团到广州美术学院的讲学是他第一次与内地设计教育界发生联系，那么1992年他应邀担任在深圳举办的"平面设计在中国"展评委则是他首次与中国内地平面设计业界进行实质性的互动。这场展览由时任深圳嘉美设计有限公司总经理的王粤飞和在香港工作的王序发起，受到了包括中国内地及港台地区同行的大力支持。来自香港地区的评委一共3位，靳埭强是其中之一，另外两位评委分别是石汉瑞和陈幼坚。除了担任评委，靳埭强还在活动期间做了学术讲座，他亲自设计了讲座海报，身体力行地从多方面支持中国内地平面设计行业的发展。在这幅海报中，他用一根自上而下、由红至黑的渐变线将砚台破为两半，形成了一个醒目的"中"字，直观地回应了"平面设计在中国"的展览主题与社会价值。（图38）同年，他还应邀前往中央工艺美术学院（今清华大学美术学院）讲学，并为此设计了《勇破成规》的海报。这件作品同样是基于对文字的解构而创作，所不同的是它没有采用中文字，而是以两个半圆组成的字母"B"和一把断裂尺子形成的字母"J"指向讲座地点，鼓励学子们用全新的视角看待设计，不拘一格，打破成规，破旧立新。（图39）

在中国设计发展史上，"平面设计在中国"展有非常大的专业影响力，它让香港交流团1979年在广州美术学院讲学中的期待成为现实，让"平面设计"的概念在中国内地实现了落地。虽然当时的专业学科目录尚未修改，但这次展览后，许多人已经不再将平面设计视为仅能

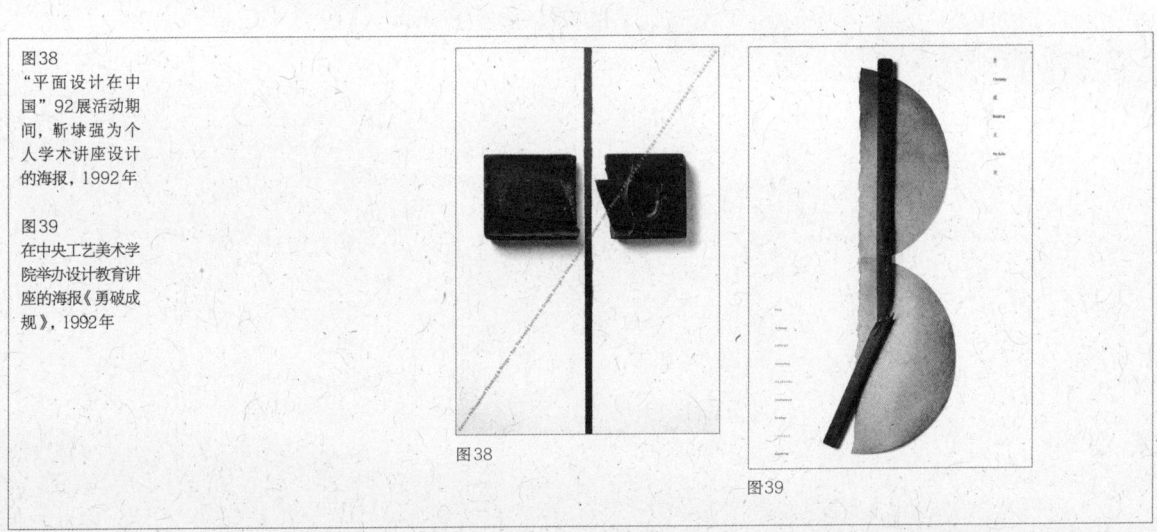

图38
"平面设计在中国"92展活动期间，靳埭强为个人学术讲座设计的海报，1992年

图39
在中央工艺美术学院举办设计教育讲座的海报《勇破成规》，1992年

图38

图39

提供"装潢""装饰"功能的一个锦上添花的辅助性工种,开始将其视为一种与时代、经济、文化相匹配的生产力,整个社会也开始逐渐将以往被统称为"美工"的从业者们以"设计师"的职业身份重新定义。有意思的是,靳埭强不但曾担任过首届"平面设计在中国"展评委,之后他还作为"选手"积极地参与了深圳市平面设计协会发起的一系列展览及活动。1996年,当深圳市平面设计协会举办第二届"平面设计在中国"展时,深圳市平面设计协会邀请了澳大利亚设计师靳·祈岛、法国设计师米雪·布维（Michel Bouvet）、日本设计师松井桂三（Keizo Matsui）、韩国设计师安尚秀（Ahn Sang-soo）担任评审。[1] 靳埭强发自内心地希望通过与同行们的交流、切磋真正提升中国设计行业的信心,彰显设计的价值。

[1] 靳埭强. 包装设计家——靳埭强与他的设计师朋友 [M]. 上海：上海文艺出版社, 2002. P6-7. 靳·祈岛在这本书中译为"肯·卡托"。

与此同时,有着数十年执教经历的靳埭强深深地意识到中国设计的全面提升更要从青年学子抓起。因此,1999年,当从德国回到无锡轻工大学的林家阳邀请他一并发起创立面向大学生群体的"靳埭强设计奖"时,他欣然应允,并捐助资金予以支持,用来奖励那些在奖项中获得突出成绩的学子。[2] "靳埭强设计奖"是中国第一个以设计师个人名字命名并持续至今的设计奖项。（图40）至今,该奖项已历经20余载,从早期面向中国内地大学生群体的单一性平面设计奖项发展成一个面向全球华人,涵括专业组和学生组的综合性设计奖项。

[2] 详见以下文献中靳叔撰写的《序言》：林家阳. 第一届靳埭强设计基金奖获奖作品集 [M]. 武汉：湖北美术出版社, 2001. P2.

至今,"靳埭强设计奖"依然是中国平面设计领域的标杆性赛事之一,大赛的评审分初评、终评两级。初评评委通常由国内设计界的专家、学者们担任,而终评评委则由靳埭强和AGI会员共同担任。在评审期间,往往还会由评委开展多场讲座,将最前沿的设计理念带入大学校园。王粤飞、王序、韩家英、张达利、毕学锋等中国知名的设计师都曾以各种形式与此奖项产生过联系,这种专业高度令"靳埭强设计奖"始终居于行业前端,而公开与公正的评选机制也促使许多青年设计师们踊跃投稿,从而确保了获奖作品的高质量和专业水准。（图41）许多日后在行业内成长起来的设计师都曾参加过"靳埭强设计奖",如后来曾担任深圳市平面设计协会主席的宋博渊、张昊,以及香蕉设计创始人林徐攀等。

图40
（左）"靳埭强设计奖"十届庆典海报邀请展, 2010年
（中）"靳埭强设计奖" 2019颁奖礼海报, 2019年
（右）"靳埭强设计奖" 2023颁奖礼现场, 2023年

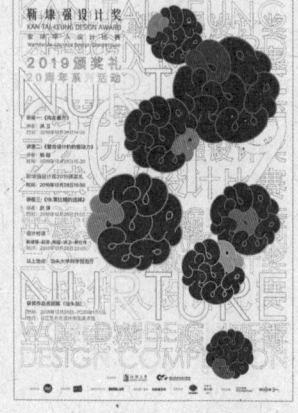

图40

[1] 详见以下文献中杭间先生撰写的序言：王晓松等编著. 靳埭强·身度心道：中国文化为本的设计·绘画·教育[M]. 合肥：安徽美术出版社，2008.

2003年，汕头大学开始对其艺术学院进行改革。在李嘉诚基金会的邀请下，靳埭强出任汕头大学长江艺术与设计学院的首任院长。这个任命对靳埭强而言意义重大。他开始在中国内地设计教育界"反客为主"，以香港职业设计师的身份带动内地设计学院的专业建设。汕头地处粤东，与以珠三角为中心的沿海经济发展存在着一定的差距。虽然在经济建设上明显落后于广州、深圳等地，但是汕头大学却因其特殊的地理位置和独特的潮汕文化而成为优化施行设计教育改革的试验田。尤其是在李嘉诚基金会的大力支持下，学院创建初期的建设经费比较可观，在当时全国的各类艺术和设计学院中具有很大优势。

为了搭建好学院的组织架构，靳埭强在副院长人选上下了很大功夫。2003年上半年正值非典疫情肆虐，但是靳埭强全然不畏风险，带着助手郭咏茵抵达北京，与清华大学美术学院领导会面，希望给予汕头大学改革办学以优秀人才支持。此后，他向设计史学者、清华大学美术学院教授杭间发起了正式邀约，请他赴汕头共同创办长江艺术与设计学院。[1] 虽然杭间当时只有42岁，但他已经担任了清华大学美术学院艺术史论系的主任，并有着《装饰》学报主编的工作经历，在全国设计学界有着显著的学术影响力。杭间本就是一位非常喜欢创新挑战的青年学者，再加上被靳埭强的诚意邀约所感动，很快就接受了邀请。清华大学校务会通过了工作借调一事后，杭间即赴汕头担任了长江艺术与设计学院的副院长。为了建立国际化设计视野，靳埭强又聘请了来自美国洛杉矶帕萨迪纳艺术中心设计学院的终身教授王受之，他与杭间共同担任副院长。王受之于20世纪80年代曾在广州美术学院执教4年，赴美后于1993年获得艺术中心设计学院的终身教职。他不但在世界设计史等领域建树颇丰，还直接参与了万科、龙湖、绿城等一众房地产公司的建设项目，在业界建立了良好的声誉。从人员组成上可以看出，靳埭强组建的是一个融汇国际资源且极有专业执行力的教育团队。

图41
（左上）2008年"靳埭强设计奖"学生组全场大奖作品《窗外云——林徽因诗集》，石林设计

（左下）2012年"靳埭强设计奖"学生组全场大奖作品《黑金》，朱鸿琳设计

（中上、中下）2018年"靳埭强设计奖"未来设计师大奖作品《清明上河图——字解》，梁成龙、郝亚晨设计

（右）2021年"靳埭强设计奖"学生组全场大奖作品《加速行为论》，郑聂煌鑫设计

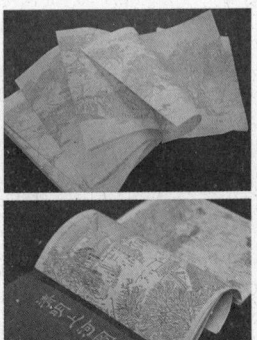

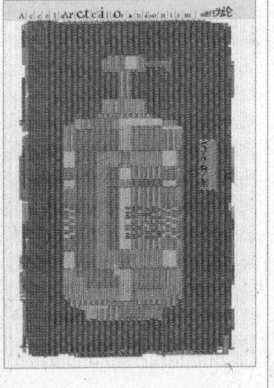

图41

有了领导班子后，学院开始招募新教员。虽然当时内地的设计教育受机制影响较大，但是在靳埭强的努力下，学院依然非常灵活地引进了一批具有国际视野并在一线有所贡献的设计师来校执教，营造了学院与行业一线及产业密切相融的教学氛围。所谓"灵活"，是指学院在招聘教员时并不拘泥于职称、编制等因素，而是直接招募具有行业影响力的专家，将他们聘为教授或副教授（如留德归来的公共艺术家张宇，在平面设计领域的设计师韩湛宁，以及曾任北京电通广告公司第二事业本部创意总监的徐岚等）。此外，学院还允许短期聘用校外专家直接来校讲授某一领域的相关课程，从而保证学生能够持续地学习到最新的行业知识与专业技能。（图42）

靳埭强的教育理念是一切以学生为本，因此他非常关注学生对老师的评价，也非常乐于接受来自学生的建议。例如，在学生的建议下，他就曾邀请过执导电影《无间道》的香港导演刘伟强来校讲学。此外，任何学生都可以与靳埭强在课堂上探讨具体的学术问题甚至人生问题。如果有需要，经过提前预约，他还会在位于学院旁边的学术交流中心接受学生们的来访提问，可以说毫无"学术权威"的架子。

靳埭强在设计课程上大刀阔斧的改革树立了学院教学的新风气，而依托于学院创办的"靳埭强设计奖"亦秉持着大赛公平、公正的原则，以专业前沿平台助力青年学子在设计上的成长。（图43）虽然该奖主办地设置在汕头大学，但是汕头大学的学生并没有因此得到任何评选上的照顾。即使是靳埭强带的研究生，也不能保证一定能够在比赛中入选。为了激发年轻人潜在的创造力，并引导他们关注中国文化本质的思考，每一届"靳埭强设计奖"都会设置特别的创作主题（例如2007年的"家"、2018年的"钱"[1]等主题设计）。"靳埭强设计奖"并不是一个奖励设计操作技能的奖项，与之相反，相比计算机

[1] 2018年"靳埭强设计奖"关于"钱"的主题释义，出于笔者的创作。

图42
靳埭强在汕头大学长江艺术与设计学院为学生推介专家讲座，2023年

图43
"靳埭强设计奖"评审现场

或某些专业技术，它更重视的是关于文化本质的挖掘、原创思想的凝练、独一无二的设计思维，以及巧妙灵动的表现手法。因此，每一届获奖作品都呈现出强烈的原创风格。例如，2005年"靳埭强设计奖"的未来设计师大奖作品《"香港事"系列海报》，从技术的角度看没有任何难度，但是根据不同主题建构起来的黑色块面及文字却言简意赅地表达了当时存于中国香港居民日常生活中的种种问题。有意思的是，在第二次的投稿中，有许多类似表现手法的作品出现，但是这些作品大部分都没有入选，原因是精彩的创意只能做一次，设计的原创价值无法在模仿与沿袭中建立。从这种角度上看，"靳埭强设计奖"的价值取向也反映了平面设计与视觉艺术之间不可分割的内在联系。

言教不如身教，为了营造更浓厚的学术氛围，靳埭强在汕头大学长江艺术与设计学院组织各类专业讲座，开辟院刊园地，（图44）学院里还悬挂了许多靳埭强的个人设计作品，例如，在教学楼（前楼）走廊上悬挂着他2001年以中国剪纸为元素创作的《节日系列》海报，而在他的院长办公室里则悬挂着《悼念亨利·德·图卢兹-劳特累克》海报。在与学生的交流中，靳埭强常会直接对他最近所接触到的设计现象进行评述，提出并表明他的观点和立场。例如，在谈到设计的原创性问题时，他会直言不讳地指出香港机场出现的以英文字母缩写"I"、红心和"H""K"组成的"我爱香港"标识，明确因袭了美国设计师米尔顿·格拉泽（Milton Glaser）的设计，只不过将"我爱纽约"的字面换成了"我爱香港"而已。在谈及设计教育时，靳埭强则会鼓励学生们毕业后既可从事设计，亦可进入高校执教，这样能够将专业所学最大程度地回报社会。而在谈到某一件具体的设计品时（如学生摆在课桌上的水杯），他则会从用户体验的设计角度进行启发式教学，指出这件作品也许反映了这位同学的审美，但并不一定适合于某些人群。正是这种无间的沟通使得许多学生对靳埭强的学术认同上升到了对其

图44
（左）靳埭强在汕头大学长江艺术与设计学院讲座

（右）《贰记》，汕头大学长江艺术与设计学院院刊（学生设计），2005年

图44

101

个人的全面认同。许多学生都会刻意模仿他，例如像他那样将手表戴在衣袖之外，在一些重要场合穿运动鞋等。[1] 学生毕业后，只要有合适的时间，靳埭强都会特意召集在本地工作的同学们相聚，并且会非常热心地参与并响应学生们发起的各类活动。

[1] 靳叔曾多次表示穿运动鞋非常舒适，已成个人多年的习惯。在汕头大学的毕业典礼等重要活动时，也会看到他穿深色运动鞋履出席。

虽然靳埭强是首位入选世界平面设计师名人录的华人，获得了香港银紫荆星章勋衔、铜紫荆星章勋衔，以及美国洛杉矶国际艺术创作展金奖、纽约水银金奖及银河大奖，波兰第一届国际电脑艺术双年展冠军等数百项荣誉，但是他始终保持着谦和与儒雅。为了更系统地传授设计知识和经验，他始终活跃在各种形式的设计现场之中，为年轻人撰写著作、开设讲座、担任评审，努力提携并扶持中国设计的新生力量。在个人创作方面，他不但从未懈怠，还将他对水墨和东方美学的理解，从设计和绘画领域拓展到了装置艺术的范畴。（图45）2023年，靳埭强推出的新书《靳埭强 心路·足迹》（图46）更似一部他关于人生的长情告白，书中以个人成长经历为线索拾掇记忆往事，全面回顾了自己在设计、艺术、教育方面的心路旅程，其中包含的许多重要人生节点令人读来印象深刻。而封面上那把尺子亦可谓点睛之笔，令人感受到他对艺术设计始终如一的初心与坚守。

尺子、红点和水墨形成了靳埭强设计中鲜明的个人印记。在多重艺术表象之下，他的中国情结和东方审美才是一切形式的终极之源。他的作品深邃而纯粹，无论时隔多久依然能够予人发自内心的内省与感动。他在设计和艺术行业里绝不仅代表着一个专业高度，更多的是传递一种明镜止水般的智慧与人生观。他身体力行地践行着设计的教育与传播，影响着那些亲切地称他为"靳叔"的同行者……

图45
靳埭强创作的《墨化》与艺术装置，2012年，香港艺术馆藏品

图46
靳埭强口述、甘玉贞编写：《靳埭强 心路·足迹》（繁体中文版），天地图书出版社，2023年

图45

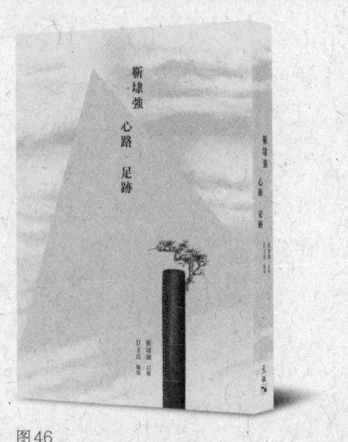

图46

时间 - 20世纪八九十年代
主题 - 平面设计
类别 - 设计杂志

设计 - 20世纪80年代，日本设计杂志《意念》（IDEA）两度以专题评介靳埭强作品，并在1993年的杂志纪念特刊中评选靳埭强为世界100位设计家之一。1993年，瑞士平面设计杂志以专题评介靳埭强作品。1995年，德国平面设计杂志NOVUM以专题评介靳埭强。1999年，美国设计杂志《传艺》（Communication Arts）刊登了靳埭强的作品专辑。靳埭强的设计先后受到国外专业媒体关注，是让他进入国际设计视野的重要契机。

日本设计杂志《意念》以专题评介靳埭强作品，20世纪80年代

瑞士平面设计杂志以专题评介靳埭强作品，1993年

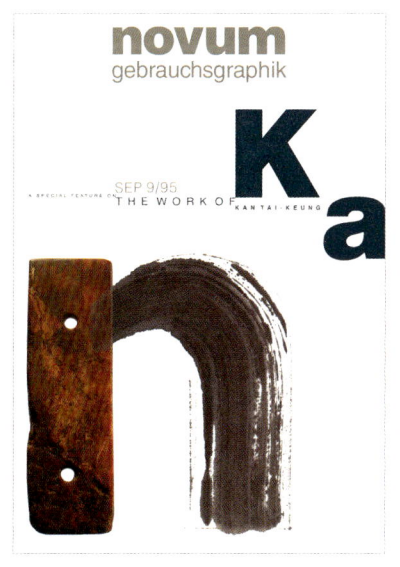

德国平面设计杂志NOVUM以专题评介靳埭强作品，1995年

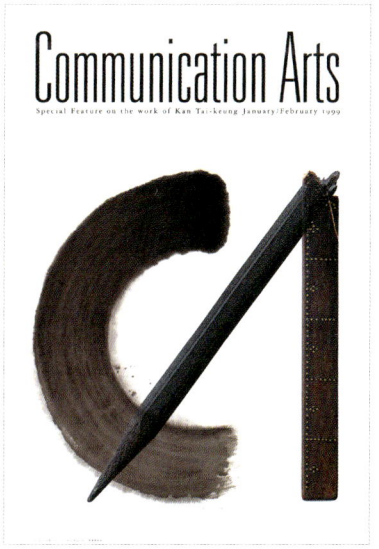

美国设计杂志《传艺》（Communication Arts）刊登了靳埭强设计的封面及作品专题，1999年

中国银行标志设计草稿与修订稿，1980年

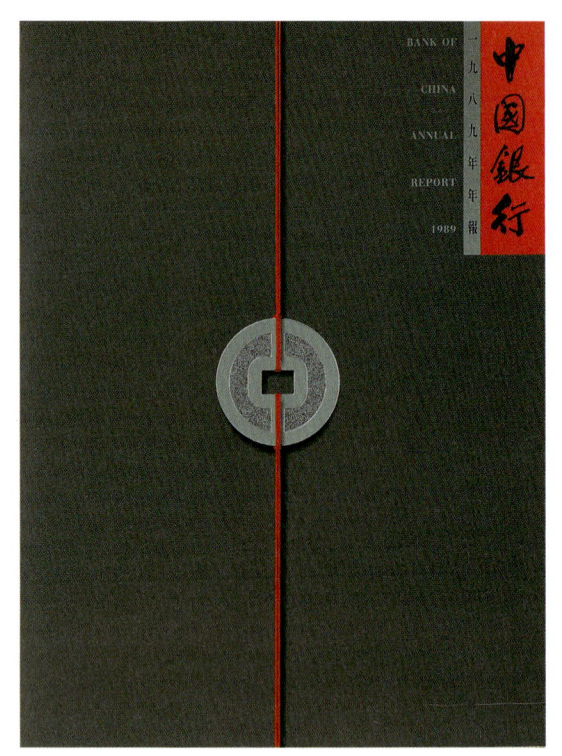

中国银行年报设计，1989年

中国银行标志设计，1981年

时间 - 1980—1992年
主题 - 中国银行
类别 - 品牌形象视觉设计

设计 - 1980年，中国银行联合香港十多家中资银行，建立电脑化联营服务，委托中资广告与美术工作室设计形象标志。靳埭强在设计上定位于"中国""银行业""联营""现代化"等主题范畴展开构思。并从中国古钱币文化中寻找灵感，以"方孔钱"为设计元素，用粗健均衡的几何线勾勒出古钱币的外形，在中央加上象征红绳串连古钱币的直线，突显出"中"字，将"中国"与"银行业"两个主题巧妙地联系起来。标志图形的设计将钱币孔处理成长方圆角形，造型上更具亲和力，钱币的孔形在视觉上亦可与"电脑屏幕"产生联想，更切合当年企业推广电脑化联营服务的功能，使设计的含义更为丰富。

104

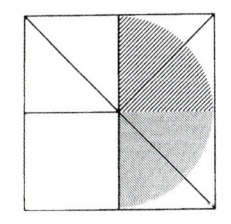

香港设计师协会会徽设计，1982年

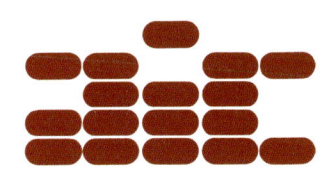

联合投资公司标志设计，1974年

赛马会体艺中学校徽设计，1989年

天安中国投资有限公司商标设计，1990年

香港浸会大学校徽设计，1996年

《广州日报》标志设计，1997年

重庆市标志设计，2006年

东莞虎门第2届粤港澳大湾区集邮展览标志设计，2022年

香港城市大学校徽更新及视觉形象设计

香港城市大学校徽的辅助图形

香港城市大学校徽应用设计

香港城市大学校徽应用设计(产品系列)

时间 - 2014年
主题 - 香港城市大学校徽
类别 - 更新及视觉形象设计

设计 - 为反映香港城市大学成立三十年在教育领域取得的卓越成果特别设计的新校徽，突显出香港城市大学致力于探索创新的动力和精神，体现了学校活力充沛、前瞻进取、学术地位不断提升的教育特质。

"一丹奖"教育发展奖及教育研究奖金牌设计,2016年

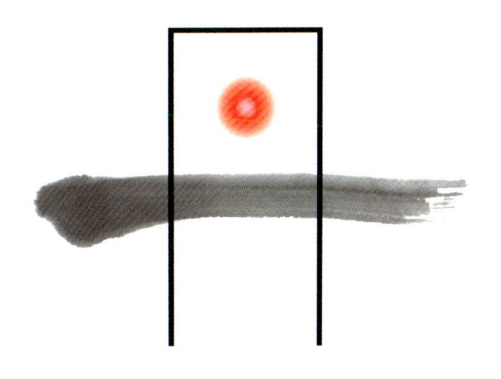

Yidan Prize
一 丹 獎

"一丹奖"标志设计

时间 - 2016—2017年
主题 - 一丹奖
类别 - 奖牌与标志、衍生品设计

设计 - "一丹奖"是陈一丹先生在香港设立的国际教育成就奖项。
"一丹"意义深长,寓意教育者需怀有纯洁不染的一点"丹心"。我们致力教育,有心之外,还要有法。"法于何立?立于一画。"这是影响靳埭强终身的前人智慧。用书写一划之意象代表创意教育之法,亦有"一以贯之"、终生努力的深远寓意。"丹"字的一点一划造型如同一道门的结构,象征着教育家"桃李满门"的意象。靳埭强以俯瞰视角点绘盛放的红莲,清淡的一划如行云万里,正直高洁的门框象征无限深远的教育愿景,"一丹"二字合为一体,构成了"一丹奖"的视觉设计形象。
在金牌的设计图形中,融入书法笔意的一划之上,以青松寓意长青不老的教育事业,松前高士高瞻远瞩地眺望着门前高远的风景,幻变的红点像是通透普照的阳光,采用正、背面两个半立体空间的跨越形式,体现了一种中国文化与现代艺术的贯通。
衍生品丝巾的设计则营造了"一丹"二字与水墨画的融合意境,与标志的创意相契合。

丹,水墨设色,衍生品设计,2017年

107

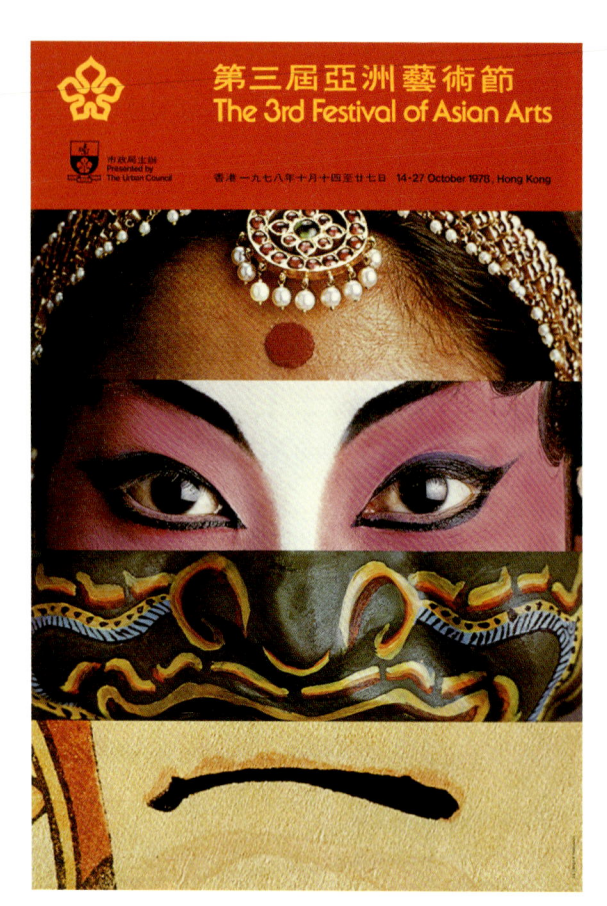

第三届亚洲艺术节,海报设计,1978年

时间 - 1978年
主题 - 第三届亚洲艺术节
类别 - 海报设计

设计 - 海报中将印度舞女的头饰、中国戏曲的眼部妆饰、泰国面具的鼻子和日本浮世绘版画的人物嘴部拼组成一个多面脸谱,塑造了一个全新的设计意象——代表亚洲艺术的文化脸谱。

时间 - 1980年
主题 - 香港功夫电影研究
类别 - 海报设计

设计 - 此幅香港功夫电影主题海报由连环画融合"波普"（Pop Art）及硬边艺术风格创作而成。在充满动感的插图中,闪电拳、旋风腿与爆裂感的地球,发射火光的背景、飞舞的图形与辉煌的色彩,拼构成了有超常视觉冲击力的海报画面。

第三届香港国际电影节香港功夫电影研究,海报设计,1980年

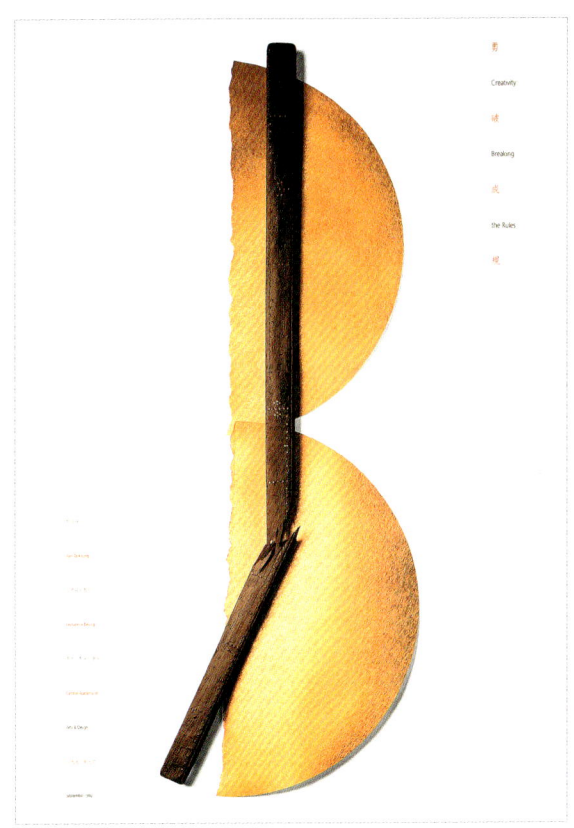

从失败中学习,"靳埭强设计奖"十周年海报设计,2009年　　　　　　　　勇破成规,海报设计,1992年

时间 - 2009年
主题 - "靳埭强设计奖"十周年
类别 - 海报设计

设计 - 此件海报是为"靳埭强设计奖"十周年庆典而创作,画面中心是以书法练习的九宫格与"胜""败"两个书法字形成虚实对比,结合"WIN""FAIL"红色字的标记,向广大设计青年强调基本功学习的重要性,要"从失败中学习",领悟战胜失败、获得成功的真谛。

时间 -1992年
主题 - 设计教育
类别 - 海报设计

设计 - 此幅是靳埭强在中央工艺美术学院举行设计教育活动的海报,主张在设计上勿需墨守成规,但破"旧"必要立"新"。折断之后的尺子重构生成了新的意象——"B""J"两个英文字母,代表教学讲座的所在地是北京。

109

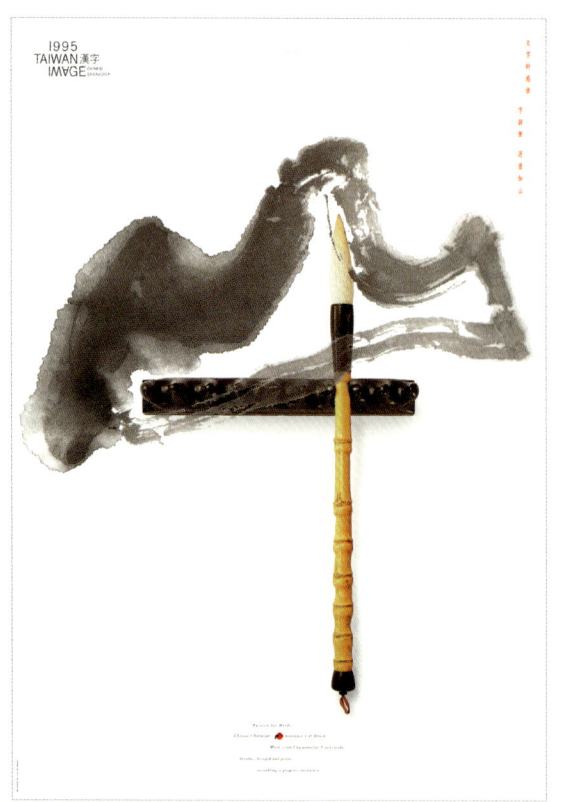

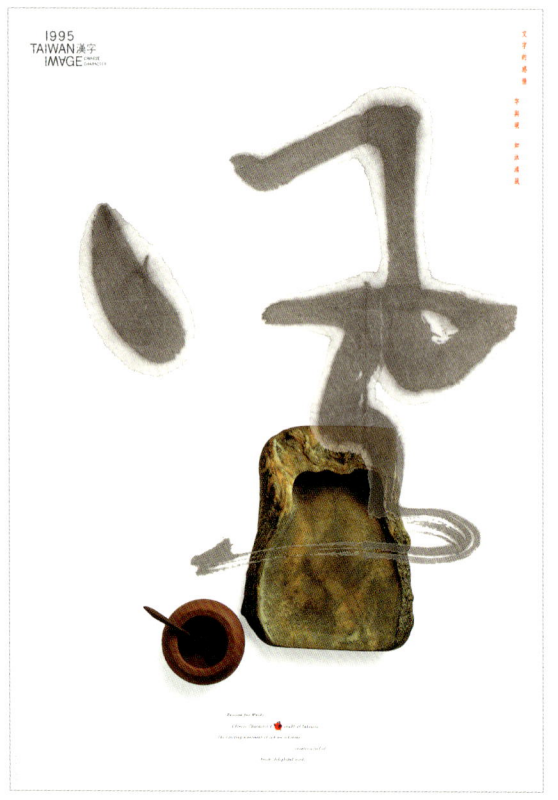

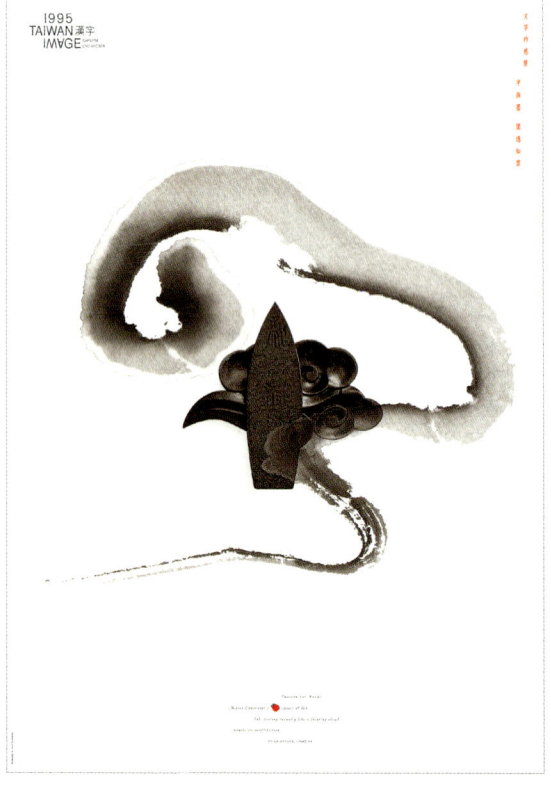

文字的感情——汉字，海报设计，1995年（共4幅）

时间 - 1996年
主题 - 自在环保花纹纸
类别 - 海报设计

设计 - 此系列海报以淡彩水墨的书写笔触描绘玩、坐、行、吃、睡的自在场景，结合大自然的蝌蚪、山石、草履、豆荚、睡莲建构出不同的生活意境，传递出一种生活中人们对和谐之美的憧憬与向往，为纸品牌增添了设计情境主题的艺术性。

时间 -1995年
主题 - 文字的感情——汉字
类别 - 海报设计

设计 - 此为靳埭强应邀为"台湾印象"海报展创作的汉字主题系列海报。展览的标题"文字的感情"引发了靳埭强的创作共鸣，汉字、书法一直是他欣赏喜爱的艺术，每一个字都包纳着不同的人的感情。造字者以生活的感悟设计了文字的结构；书写者将心中之意贯注笔锋，写出传情的文字；创造文具的匠人用妙手巧艺制作成纸、笔、墨、砚，实用而美观，令人感动……设计师的感情自然由此而生。

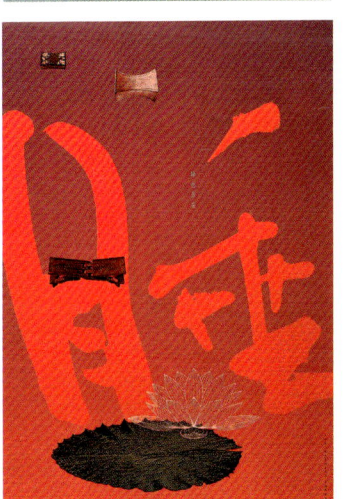

自在环保花纹纸，海报系列设计，1996年（共6幅）

111

时间 -2014年
主题 - 环保公益画展
类别 - 场刊封面设计

设计 - "美的回响"是一个以环保筹款、画家义卖为主题的艺术展览。靳埭强希望通过展览的形象设计唤起公众珍惜自然的善心。毛笔是绘画的工具,纯白的笔毫拂上红彩,似待放的莲。"花非花",画家笔下的水墨蜻蜓,向往着不染的清香。一片余白象征纯净无暇的清新环境。"虚则实之",运用东方艺术的审美观,传达爱护自然的普世价值。

时间 -2003年
主题 - 大名堂家具城
类别 - 海报设计

设计 - 系列海报以纸的自然肌理、水墨痕迹、尺子结合石的意象,以纸相叠组合成家具的形态……为大名堂家具商场营造了一个中国风式的憩息之境,形成别具一格的视觉印象。

时间 - 2014年
主题 - 国际艺术交流展
类别 - 展览场刊设计

设计 - 靳埭强在为香港现代艺术组织的国际交流展设计的宣传场刊上,尝试将重点放在参展艺术家不同创作素材的表现,分为水墨画、雕塑、油画与素描四大类别。他亲笔书写重墨粗健的竖形笔划,代表水墨画;拍摄一块在九曲溪边拾得的石头,代表雕塑;用油彩肌理绘出石头的阴影,代表油画;而铅笔细密的排线素描,如影随形地衬托着竖形水墨笔划,形成四类创作素材交汇的空间层次。将所有创作元素整体编排成点竖形组合的字母"i",体现出国际艺术交流的主题和联想。

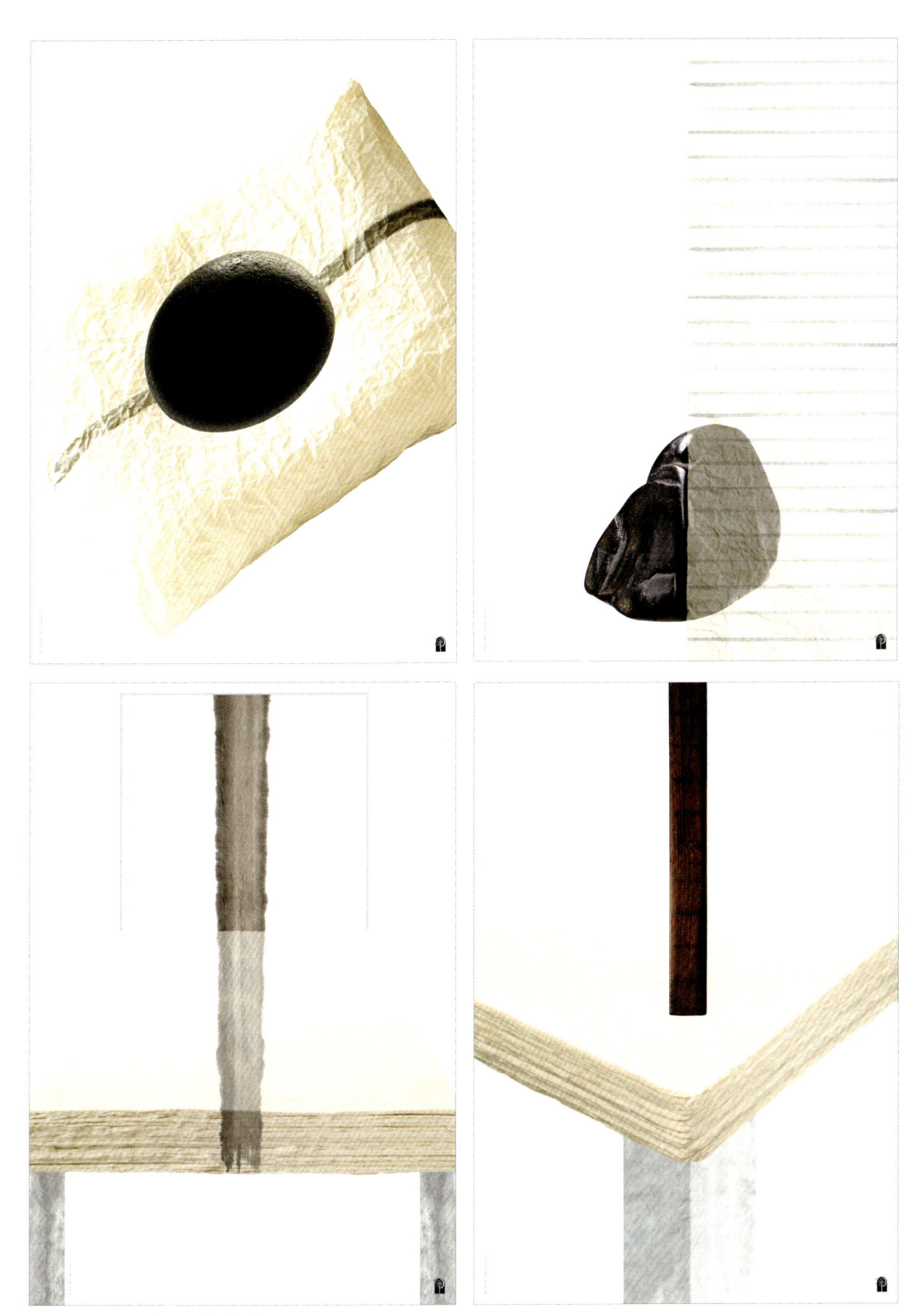

大名堂家具城，海报设计，2003年（共4幅）

时间 -2002 年
主题 - 爱与和平
类别 - 主题海报设计

设 计 - 此幅主题海报用一组黑体英文字母加以特异手法设计而成。提取"爱"与"和平"的英文（LOVE,PEACE）中的"V"与"A"两个字母，形成上下对应的倒置形式，以毛笔朱色绘成心形，令其如同连接成对的蝴蝶翅膀，在形态、笔触、色彩上成为视觉中心，产生了显著的特异化效果，巧妙生动地诠释出"人类必须以心相连、互爱地和平共处"的设计主题。

爱与和平，海报设计，2002 年

时间 -2014 年
主题 - 融
类别 - 海报设计

设 计 - 此幅 AGI 年会海报通过中国画与书法展现"融"字的中国意象，与简约抽象的构成与色彩元素并置，形成一种对比与通融的视觉感受，体现了 AGI 年会拓展世界文化交流的主题。

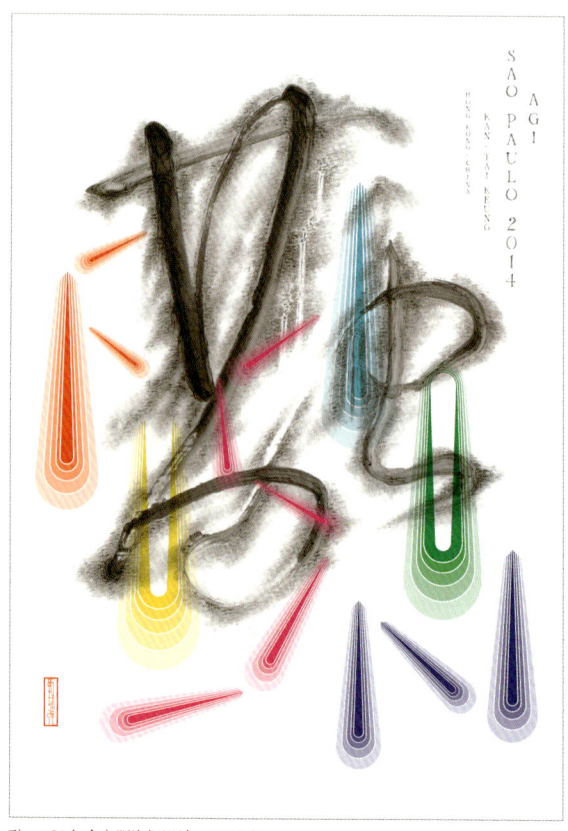

融，AGI 年会主题海报设计，2014 年

时间 -2017年
主题 - 中、日、韩交流
类别 - 海报设计

设计 - 靳埭强在设计此幅以"风"为主题的海报时，考虑到中、日两国使用的是汉字，韩国则使用韩文，便决定创作一幅汉字与韩文并重的作品。两者之间，历史悠久的汉字适合以传统书法和水墨画的意象表现，绘写出风水云动的画面。以水墨书写的"风"字为海报的核心图像，尝试在韩文"바람"(风)字上生成创意，上下颠倒对应重构合体成形，呈现出不同风向的字形架构，再用现代的细线字体构成窗外风景的意境。
以《风无定》为作品名是借题纪念汤显祖，"BLOW, WINDS……"英文标题亦借题纪念莎士比亚。海报创作的年份正好是两位戏剧家诞辰四百周年纪念。

风无定、中、日、韩交流海报设计，2017年

时间 - 2020年
主题 - 纸与石
类别 - 艺展海报

设计 - 此系列海报为竹尾株式会社特邀靳埭强作为第一位日本以外的国际设计名家在青山店举行的艺术个展而创作。
纸与石是靳埭强常用于设计的元素，他在一片空白底上以纸与石作为主题意象，传递出他对生活中所接触的物象所产生的情感与心灵感应，以物象结合水墨咏情，别具创意。

印象徽州，海报设计，2019年

时间 - 2019年
主题 - 印象徽州
类别 - 海报设计

设计 -《印象徽州》是靳埭强为安徽设计师组织策划交流活动而创作的海报。安徽的自然美景与文化生态绮丽多彩。对靳埭强的艺术创作影响至深的是黄山风景，尤其是奇峰青松，是他最为喜爱的创作题材。画面上白墙黑瓦的传统徽州民居，朴实清雅，诠释出他心目中所建构的徽州文化印象。靳埭强尝试用最简朴的几何平面来表现徽州白墙黑瓦的特色建筑，淡云满月下映照着他心中绘写的孤峰傲松。画中附有朱文篆印的"印象徽州"题签。

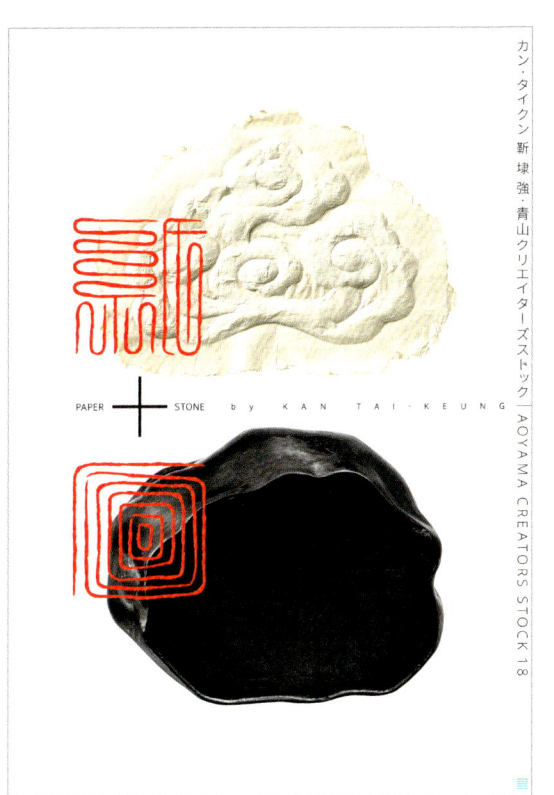

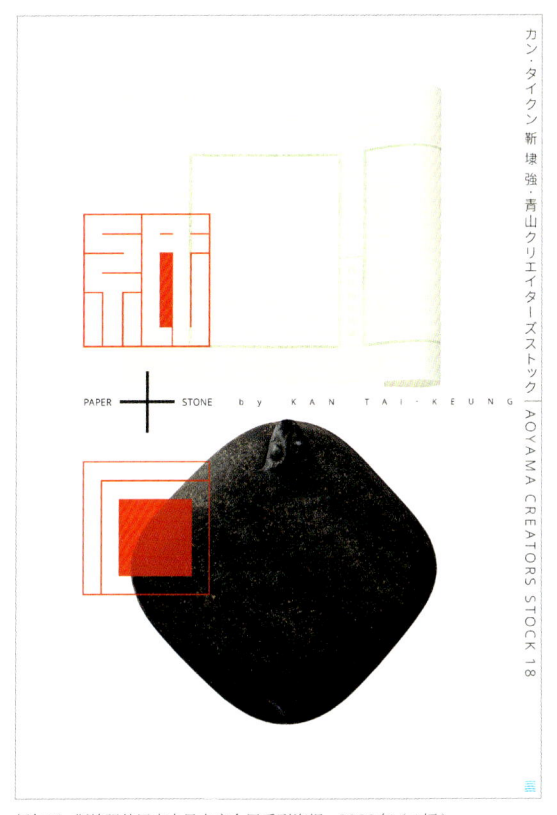

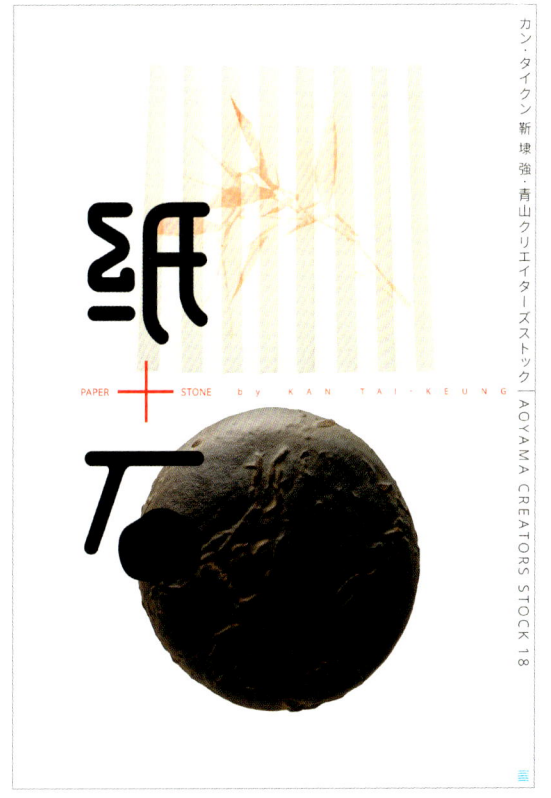

纸与石，靳埭强竹尾青山见本店个展系列海报，2020年（4幅）

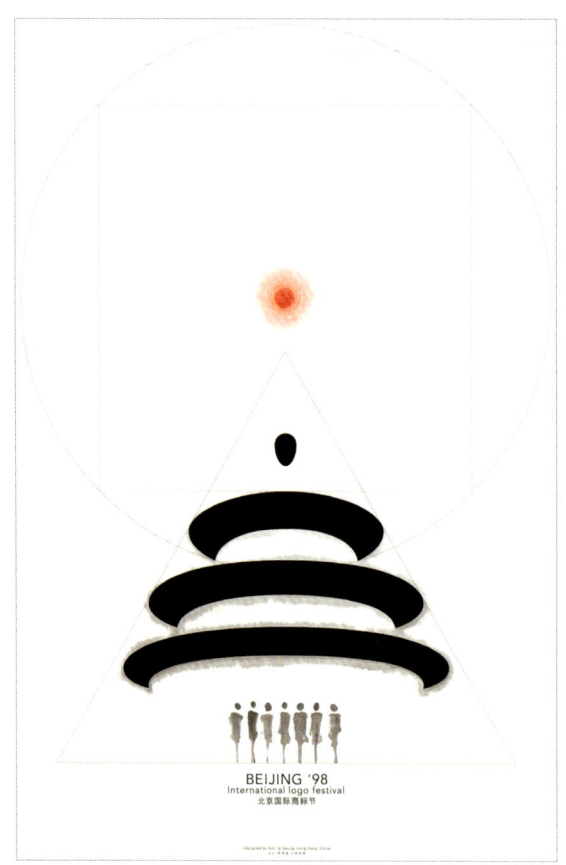

时间 - 1998年
主题 - 北京国际商标节
类别 - 海报设计

设计 - 海报以方圆与三角形的几何构成为基础形,传递了设计的国际化多元化语式,以水墨提炼出北京举办地的城市形象,体现了国际商标节的专业辐射与影响力,在画面视觉中心的红点依然是"靳氏"特有的设计符号,与海报的主题相呼应。

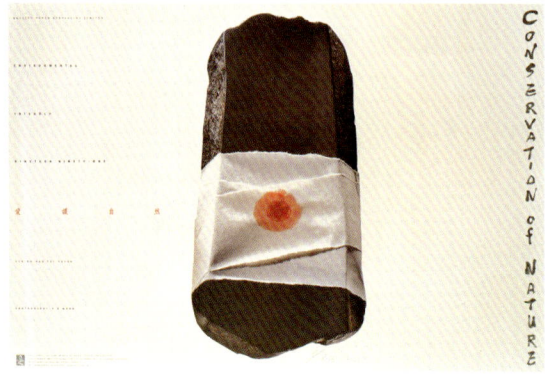

北京奥运·丝带舞,海报设计,2008年

爱护自然,海报设计,1991年

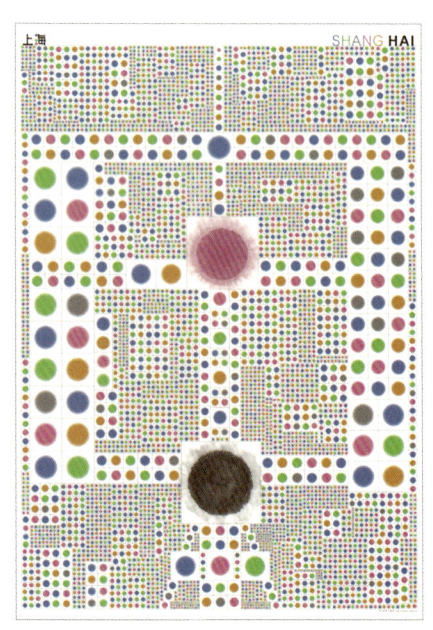

城市系列·上海,海报设计,2003年

时间 - 2005年
主题 - "岁寒三友"之松、竹、梅
类别 - 海报设计

设计 - 此系列海报取中国传统文化中"岁寒三友"之松、竹、梅的形象，以象征与借物喻情的手法构建不同的文化意境，诠释"承传创新、代代长青""承传创新、节节高升""承传创新、岁岁花开"的主题。水墨对物象的延伸、字笔画的借体之形，简而生意，独见高远隽永之境。

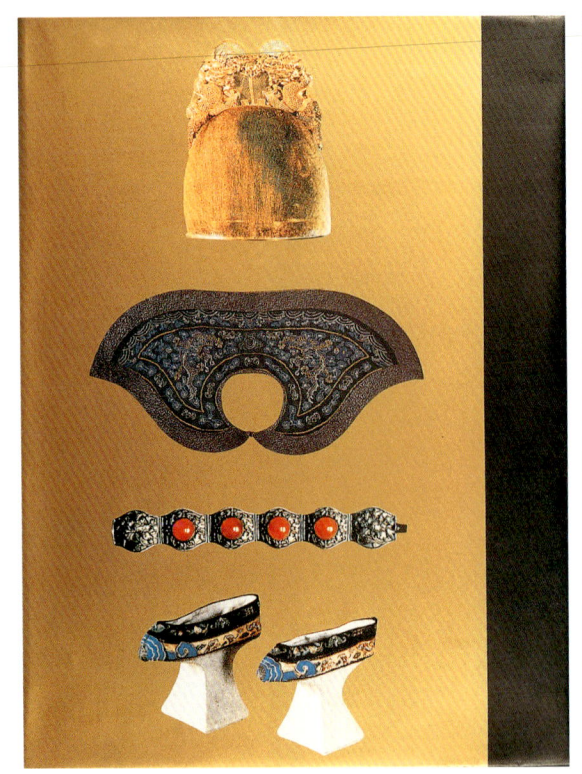

《中国服饰五千年》，书籍设计，商务印书馆香港分馆、学林出版社，1984年

时间 - 1984年
主题 -《中国服饰五千年》
类别 - 书籍设计

设计 - 这是一本图文并茂的服饰文化研究图册，内容包括中国历代服饰资料，收录了大量精细描绘的服饰插图和传世文物。靳埭强在书衣设计上以精工毕现的冠、披领、带、舄构成封面主图，并以与其对应的另4图组成封底，封面及封底稳重而不失变化的设计架构与布白有致的空间处理相得益彰。书中每一篇章部分则以简化的色、面、线描绘不同朝代的服饰图案，在文献史料中可纵览中国历代的服饰沿革、服饰特点与服饰制度。

香港设计丛书《海报设计》，靳埭强编著，香港万里书店，1989年

时间 - 1999—2001年
主题 - 平面设计
类别 - 书籍

设计 - 靳埭强编著的中国平面设计丛书一共6册，分类结集了丰富的设计案例。丛书的封面设计统一运用对比手法，以黑色几何形与炫色的不规则图像构成，具有反差、异变效果的基本图形，强化了整体视觉的动感。每册封面的图像均符合于内容主题：《封面设计》是自书中生出的繁花，《广告设计》是传声筒喷发的火焰，《企业形象设计》是剪影人翻卷的发式，《海报设计》是在海报纸角翻跃的浪花，《包装设计》是在纸盒中跃动的星形，《数码设计》是屏幕中放射的电光……整体呈现出不同的专业特色与个性鲜明的创意美感。

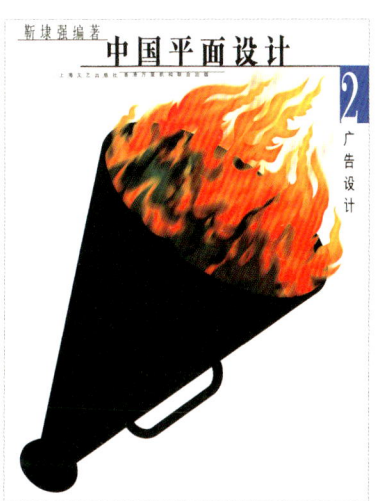

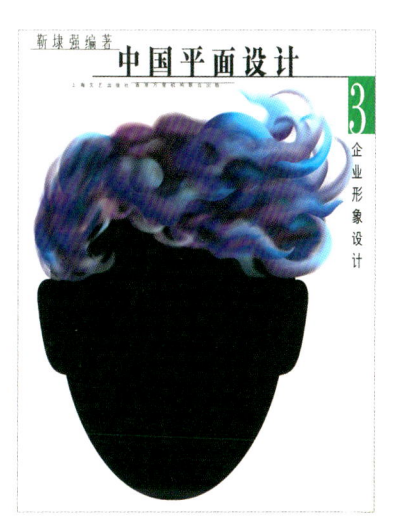

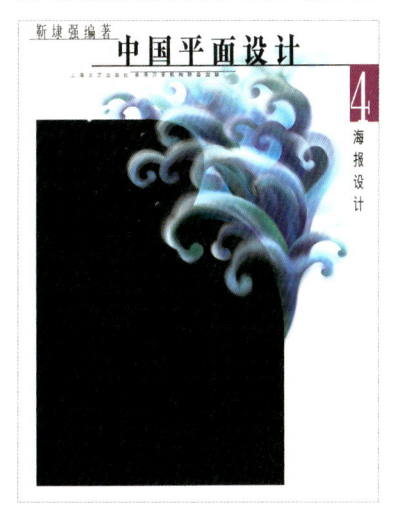

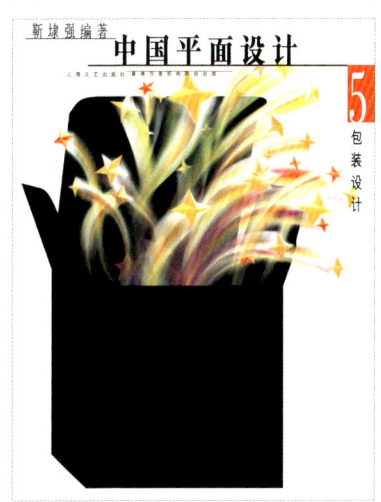

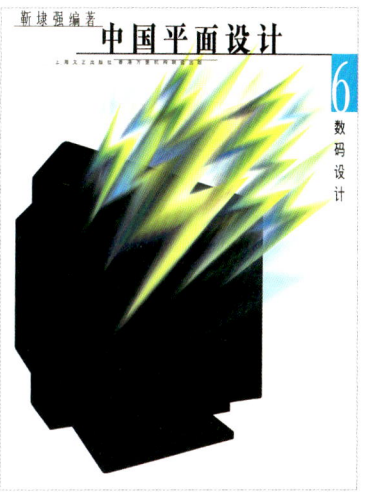

中国平面设计丛书封面设计，靳埭强编著，上海文艺出版社，1999—2001年

《人在自然・自然在人》东涌城雕，靳与刘设计顾问（靳埭强作品），2001年

时间 - 1997年
主题 - 香港回归祖国
类别 - 纪念品设计

设计 - 充满慈爱感的母亲与孩子手掌叠合的造型承载着无间深厚的情感，靳埭强用子母设计的形式来象征香港回归祖国母亲的怀抱这一重要纪念时刻。设计源自中国传统的佛像造型艺术，蕴涵着儒家伦理思想中"家、国、天下"的意念。在传递的关爱情感中包藏着对故土的深切思念。纪念品可分开摆设，掌心可承放物品，融入了生活实用的功能。

手相牵，香港回归祖国纪念银器设计，1997年

时间 -1972—2023 年
主题 - 生肖邮票与香港通用邮票
类别 - 邮票设计

设计 - 靳埭强设计的各类邮票中，形象生动而鲜活的十二生肖邮票
广受大众喜爱。他在邮票设计中运用了中国传统民俗中喜闻乐见的
剪纸、图案、民间工艺等元素，融入了人们对不同生肖所寄予的吉祥
寓意。《因小见大：靳埭强的邮票设计》一书中较完整收录了靳埭强
设计的不同主题邮票，具有收藏和鉴赏价值。

1997 年香港回归是非常重要的历史节点，在邮票设计上为重点突
显香港的现代国际大都市形象，靳埭强采用香港 13 帧小面额的通
用邮票形式，将香港最具代表性的城市地标景象通连拼组成中国传
统艺术长卷的画面效果，一览香港最美风光。此套邮票设计代表了香
港城市的新气象，亦承载了香港回归发展的美好希望与愿景。

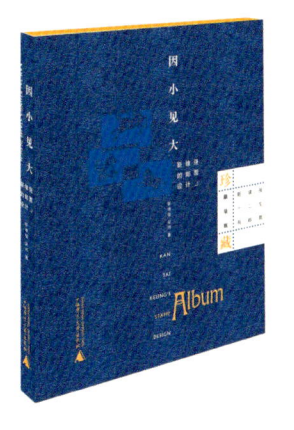

《因小见大：靳埭强的邮票设计》，靳埭强、吴玮著，广西师范大学出版社，万里机构出版，2022 年

香港通用邮票设计，1997 年

访谈·纪事

1. 设计让您感受到快乐吗？有哪些是比较快乐的部分？

靳：我曾经在澳洲墨尔本 AGI 国际设计大会上的演讲中分享了我体验的十种设计的快乐：第一种是来自"快乐生活"，第二种是来自"自我满足"，第三种是来自"初露头角的成就感"，第四种是来自"用家满意"，第五种是来自"获奖的喜悦"，第六种是得到"有口皆碑的赞美认同"，第七种是来自对"创新意念的寻获"，第八种是"遇上意想不到的工作项目"，第九种是来自"不断争取和获得优势"，第十种"与人共享成果"是我认为设计的最大快乐。这些快乐的感受我都记录在《设计心法100+1》这本书中。

2. 在不同时代的技术发展变革时期，设计师应具备哪些基本的职业素养？

靳："意在笔（工具）先"，"用笔（工具）"非为笔（工具）所用，"不器（工具）"，设计师不要成为工具。

3. 从事设计行业的这些年，您觉得哪个阶段是自己最自在或充实的状态？

靳：每个时期我都感觉非常充实，有很多可学习的东西，同时也会面对很多困难，充满了各种挑战。

4. 创业让您改变了什么？大环境的改变对设计职业您认为有哪些影响？

靳：创业让我更直接地面对市场，更关心用户，对市场大环境需要了解，要锻炼自己敏锐的触觉、具前瞻性的分析能力，以客观的判断与专业能力解决困难，尤其是要坚持专业精神和设计伦理，关心设计长远的健康发展。

5. 您认为设计给予社会的是什么？

靳：我们应谦虚地感恩社会进步给予设计专业的蓬勃发展的机遇。设计师应无私地奉献自己的创新力，设计对人类有益，又关爱万物，创造出可令地球持续发展的作品。

6. 设计之外，您还较为关注哪些方面的事物？

靳：我在设计和教育两方面都做了很多工作，在绘画艺术领域五十年来一直努力探求新路，今后会优先投入更多的时间和精力创作出更丰富的作品。

7. 如果设计是认知生活的一种方式，您会想要怎样去运用它？

靳：我认为不需要刻意地运用设计去改变我的生活方式，它自然地成为我生活的一种本能。

8. 个人经历中在当下您依然还会感怀的片断是哪一时刻？

靳：很多难能可贵的生活片断都令我非常珍惜，无论苦乐，不分喜恶，都能启发我的创新思维，增进创造能力。

9. 新近有一些创作计划或个人比较感兴趣的项目吗？

靳：我正在与香港理工大学的AI实验室合作，会带领5位香港青年时装设计师借助AI技术，运用我过去5个时期的水墨画作品中的艺术元素，各自创作一系列时装设计作品，我担任项目的顾问工作，这是我第一次用AI进行设计开发，也非常期待这次新探索的设计成果。

[以上来自2024年4月24日与靳埭强的访谈内容]

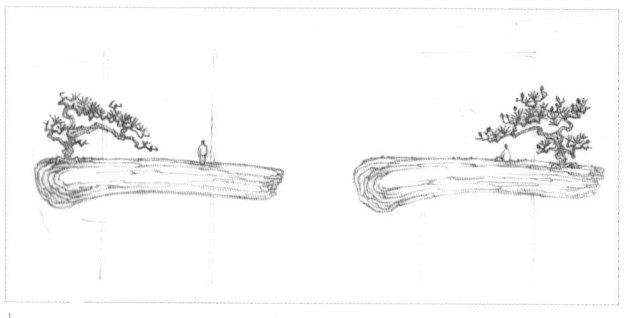

1、靳埭强设计的"一丹"奖牌手稿
2、3.靳埭强的海报设计手稿
4、《包装与设计》杂志第41期刊载的靳埭强专访报道：《我的作品属于全人类》，1987年
5、《青年月刊》刊载的专版报道：《与靳埭强一夕谈》，1974年
6、《广州日报》刊载对靳埭强的采访报道：《中国平面设计最早源于广州》，2003年
7、《号外》杂志刊载的专访报道：《靳埭强：是设计师？还是艺术家？》，2012年
8、英文报纸刊载对靳埭强设计作品的报道：《有成功印记的设计》，1972年
9、英文报纸刊载对靳埭强设计作品的报道：《焦点：亚洲广告奖——"TWO GIRLS"品牌焕然一新》，1990年
10、波兰报纸刊载的新闻报道：靳埭强设计作品《元素时计》海报获得第一届波兰国际电脑艺术双年展全场冠军，1995年

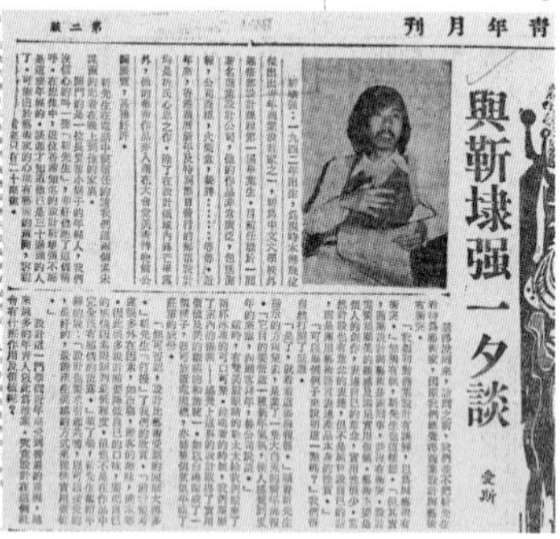

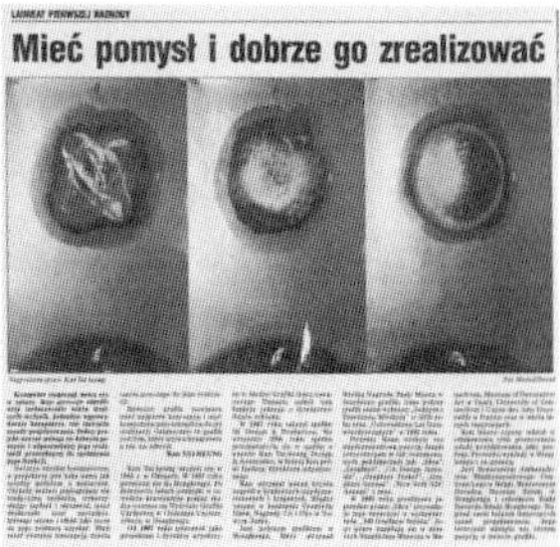

韩家英
HAN Jiaying
东方美学的设计实验者

韩家英

设计师，韩家英设计公司创办人。国际平面设计联盟（AGI）会员，中央美术学院、西安美术学院客座教授，深圳市平面设计协会学术委员。

1961年出生于天津。1986年毕业于西安美术学院工艺系装潢专业，而后任教于西北纺织工学院服装系。1990年任职于深圳万科企业有限公司。1993年创办深圳市韩家英设计有限公司，现于深圳、北京、上海、香港四地设立工作室。30年间，为万科、康佳、怡宝、故宫博物院等众多知名企业、机构塑造品牌形象。

曾荣获亚洲最具影响力设计奖金奖、福布斯"2015中国最具影响力设计师"、GDC金奖等奖项与荣誉。致力于图形和文字的新设计实验，作品被英国V&A博物馆、德国汉堡工艺美术馆、瑞士苏黎世设计博物馆等国际艺术机构收藏。

2003年在法国举办《天涯》杂志系列海报个展。2012—2014年相继在深圳、北京、上海举办"镜像·韩家英设计展"，成为中国首位举办个人展览的设计师。2012年担任首届"中国设计大展"平面设计策展人。2015年为米兰世博会万科馆设计"食堂"标志。2017年策划和设计故宫"千里江山——历代青绿山水画特展"。2018年担任"AGI CHINA 中国展"联合策展人。2019年策划故宫"贺岁迎祥——紫禁城里过大年"展览，同年担任"相遇：上海城市空间艺术季"视觉设计总监。2021年担任"深圳设计周"联合策展人。2023年在深圳何香凝美术馆举办个展"韩家英的设计辞典"。

设计师 / 韩家英

访谈·印象

　　走进韩家英在深圳的设计公司，感受到的是热腾的工作生气与节奏，独辟一角的韩家英办公室则是一个可以在书里安静下来的空间，藏书的丰富品类着实令人称奇，这里才是他思考放松的地方。

　　即便是碎片时间，韩家英依然保持着高效的工作状态：在飞机上画手稿、码字，闲暇时作记录整理成为他生活的常态。如此勤奋的投入让他的艺术创作一直在高产输出中，从他直白简洁的概括表达中可以感受到其跳跃而逻辑缜密的思维与观察力，还有他在设计中无形释放的一种磁场。

　　他的创作实践远远多于平日的言说，在积累到一定能量时便会迎来一个勃发的契机。在他的字里行间可感受到一种难以企及的深度，来自他从未间断的设计内省与行动力。我们从中挖掘到的可能只是一些侧面，然而启发与碰撞也是重要的收获，未来，他的视野还将望向何方？

在深圳市韩家英设计公司的出版采访与交流

设计·观点 [节选]

1 传统的符号比如文字，仅仅是具有东方色彩的纯形式的东西，我不希望这些符号原本表示的意义，成为设计画面所要传达的具体意义。或者说，我反对在画面中有任何直接的理性意义的表达。

（摘自《镜像：韩家英设计》，湖南人民出版社，2012年，第19页）

2 所谓"设计"与"商业"并不一定有泾渭之分，"好的设计"可以"创造更大的价值"。也就是说，设计既要"叫好"，还要"叫座"。

（摘自《镜像：韩家英设计》，湖南人民出版社，2012年，第209页）

3 很多的设计，还是停留在技术方面。有些相对比别人娴熟，可能获得的机会就会多一些；有些是把中国的元素用现代的东西给包装一下。但这都不属于（还没到那个份上）中国当代这些人发自内心的，自然而然地传达出来的一种动力，表达出自己的设计。这是一股"气"，是一种状态。这不是简单的技术上的一种实现。

（摘自《镜像：韩家英设计》，湖南人民出版社，2012年，第86页）

4 我们总是在追求一种理想的美，但事实上设计需要的是和别人沟通，就是说你想传达给谁，他能不能看懂这种语言。他要是看不懂的话，实际上你做的东西再好，也是没有用的。

（摘自《镜像：韩家英设计》，湖南人民出版社，2012年，第15页）

设计·往事

时间 -1996年
场景 - 深圳
事件 - "平面设计在中国"展览

"平面设计在中国"96展的一众参赛设计师集体进入大众视野，韩家英的海报设计作品参展并获得评审奖、金奖、银奖、铜奖等13项奖。

"平面设计在中国"96展的一众参赛设计师，1996年

日本设计师松井桂三为韩家英颁发"平面设计在中国"96展金奖，1996年

132

时间 -2003 年
场景 - 波兰热舒夫
事件 - 获得"第六届波兰热舒夫计算机双年展"的第一名

此次展览通过计算机应用技术，促进设计师的专业交流，着重于国际化的设计语言与表现。

韩家英在"第六届波兰热舒夫计算机双年展"获奖现场，2003 年

韩家英荣获亚洲最具影响力设计大奖金奖现场（左起：广村正彰、胜井三雄、韩家英、三木健），2009 年

"韩家英设计辞典"展览对谈，何香凝美术馆，2023 年

韩家英赴美国伊利诺伊州芝加哥市参加"AGI 年会 2008"，2008 年

韩家英参加香港设计营商周活动之一"书法·设计·生活"展览论坛，2010 年

133

《天涯》与嬗变的设计语言

提及韩家英的设计，大家都会自然联想起一本在国内思想界、文化界占据重要地位的杂志——《天涯》。在很长一段时间里，这本杂志的牛皮纸封面重构了图像与文字元素，带着先锋文学的气息，独具实验风格。而其背后，是韩家英持续12年的设计坚守。（图1）2023年，已是韩家英自改革开放后步入设计行业的第33个年头，回到上一个10年的分界线，一场以"镜像"为主题的国内首个平面设计师作品展，从多个维度展示了韩家英对图像与文字、设计与文化、设计与生活的当代思考，其独具韩氏设计属性的风格及作品一时为大众所熟知。而今，他的设计辞典里聚集了更多鲜活多元的内容，其设计触角遍及各行业领域，从零售业到不动产，从多类文化机构到品牌企业……走在一座城市中，也许你会在不经意间邂逅他的作品。虽然大众对韩家英的普遍认知大多基于其作为"设计师"的职业背景，但从社会文化或商业效应去观察他的专业发展轨迹，会发现在宽幅镜头下呈现的韩家英有着多重身份：他关注文化语境的个性化表达，重视整体的商业思维与策略定位，聚焦未来设计发展的趋势，通过国际交流传播东方美学的设计价值观……正因如此，在各行各业激流勇进，企业生存压力日增的当下，他依然能够从容地稳步于行业前端，以独树一帜的企业运营模式让公司在行业内保持着长青地位。从位于深圳福田凤凰大厦的深圳市韩家英设计有限公司到上海市韩家英广告设计有限公司、香港韩家英设计有限公司，以及韩家英设计有限公司北京办事处，（图2）在长年高速运转的工作节奏下，他依然勤于创作，在实践的积淀中找寻着独特的个人设计语言，保持着与国际化的设计趋向同步，在专业前沿探寻新的创意与突破。

一、从艺术工匠转型服装系教师

韩家英1961年出生于天津，虽然他只在这座城市度过了学龄

图1
《天涯》是一本具有较高学术价值的人文杂志，是中国思想文化界的一个品牌

图2
韩家英设计公司标志

图1

图2

前很短的一段时光，但在天津的儿时经历令他记忆尤为深刻。即使1966年随父母来到陕西兴平后，他依然特别怀念天津，用他自己的话说："只要一放假就想回天津。"[1] 天津的许多往事都封存在他儿时的记忆里，那些生活片段就像万花筒一般变幻着神奇，像那时天津劝业场带有电动装置和灯光的橱窗，在他姥姥家门前穿行的匈牙利出产的24路公交车等（在当时1路和24路公交车特别有型，至今他还能回想起那犹如大卡车轮子般的车龙骨，让他反复去画的复杂造型与结构）。[2] 法国南部的雪维洞穴（Chauvet-Pont d'Arc Cave）告诉我们，人类至少从36000年前就已经开始以绘画作为观察世界的手段。对于一个孩子来说，绘画是一种天性，也是他主动观察、探索世界的重要手段。虽然当时韩家英并没有接受过专业的绘画训练，但是凭借敏锐的观察力，他已经开始尝试以自己的方式去理解物象的结构与空间，带着好奇心去发现有趣的事物，并能够通过绘画形象地表达出来。这些在幼年生活中形成的思考方式与形象感知力无形中延续到了他此后的创作之中。

从小学到大学，韩家英都是在陕西（兴平和西安）接受教育的。儿时对结构和空间的观察与绘画，让他练就了一定的造型能力，至高中时他在绘画、雕刻和摄影方面已表现出了颇高的天赋。虽然在参加高考时并不顺利，但是经过不懈努力，1982年他考上了陕西省最高水平的美术学府——西安美术学院，进入工艺系装潢专业学习。（图3）也许由于备考时付出了极大努力，韩家英在进入大学后始终惜时如金，并且会主动思考所学课程和未来职业发展的关系等问题。当时，由于内地的现代设计教育体系尚没有建立起来，学校的定位依然以传统的美术和工艺美术教育为中心，在韩家英就读的工艺系里，传统意义上的各种工艺课程尚处于教学的主导地位。

[1] 韩家英.镜像——韩家英设计[M].长沙：湖南人民出版社，2012. P82, 86.

[2] 韩家英.镜像——韩家英设计[M].长沙：湖南人民出版社，2012. P82.

图3
（左）韩家英在高中时的雕刻创作，1976年

（中、右）韩家英至今仍保留着不同时期的设计创作手稿

图3

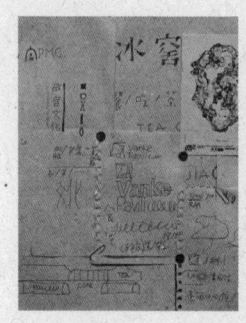

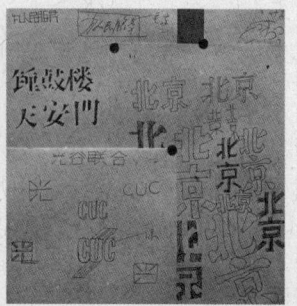

[1] 京都艺术大学的历史沿革可参考学校官方网站：https://www.kyoto-art.ac.jp/info/history/，援引时间为2023年9月1日。虽然韩家英先生曾提到讲座是在1984年，但有可能因年代久远有一些记忆上的偏差。根据西安美术学院官方网站显示的信息："1985年5月28日至6月17日，日本国京都艺术短期大学代表团一行10人来学院参观。"可知讲座应该是在1985年，详见西安美术学院官方网站：https://www.xafa.edu.cn/info/2417/114351.htm，援引时间为2023年9月1日。

[2] 在追忆大学时光时，韩家英先生对久谷政树的印象很深，而有着共同经历的人实际感受也不尽相同。例如，对其同班同学李克克先生而言，当年在校园中让他印象最深刻的讲座则来自留日归来的中国学者党晟。

或是由于这种既定性的"工匠"式教育模式，韩家英在完成敦煌壁画临摹等习作时对自己的专业能力产生了"怀疑"。他希望能够了解到更多前沿的设计知识和信息。虽然在学习中表现优异，但他常会思考设计教育发展的局限性。尤其是在20世纪80年代中期，学校不时会举办一些校外教师的交流讲座等活动，为他打开了平面设计的全新视野，并初步认识到市场与设计之间的紧密关系。每到课余时间，他都会到学校的图书馆如饥似渴地寻找关于现代艺术与设计的书籍来阅读，希望能尽可能学习和了解更多国际化的资讯内容。值得一提的是，虽然处于内地，但是西安美术学院的学术氛围还是较为开放的。除韩家英外，他的同学李克克、夏一波等人也都对现代设计保持着强烈的学习冲动，大家对新的设计资讯都有着莫名的渴求与好奇。（图4）

在西安美术学院读书时，真正激发起韩家英对平面设计浓厚兴趣的，是1985年来自美院友好学校日本京都艺术短期大学（今京都艺术大学）所开设的为期一周的学术讲座。[1] 此次活动对他的艺术轨迹产生了非常重要的影响，并由此建立起其个人对现代设计的系统认知。用韩家英自己的话讲，虽然当时大家都是科班出身，然而让他真正开窍的还是这一周的讲座。其中对他影响最大的是久谷政树（Masaki Hisatani）的演讲，[2] 这让他开始思考设计的深层次问题。

1986年大学毕业后，韩家英被分配到了西北纺织工学院（今西安工程大学），在服装系执教。（图5）其间，韩家英曾到广州参加服装文化交流活动，亲身感受到了当时广东改革发展的大环境，令他留下了新鲜的城市印象。当年学院新设服装系时，正值社会"时尚"风兴起，这种背景让韩家英和一起分配过去的青年教师们在专业教学上充满激情。然而，在学校除教授服装设计外，令韩家英最为着迷的依然是海报设计、品牌设计、VI设计等。当年学校的图书馆是他呆的

图4
与大学同学李克克、张燕合影

图5
在西北纺织工学院教学时韩家英手绘的服装设计效果图

图4

图5

时间最长的地方，只要看到有关 CIS 的外文图书他就会拿去复印，并请学生将他想要的部分英文资料译为中文。[1] 虽然彼时他对 CIS 的理解还停留在一知半解的层面，但是通过阅读所接触到的国际设计资讯，为后来在深圳开拓他的设计事业打下了重要基础。

[1] 据韩家英先生回忆，当时的文献资料大部分是日文和英文，他自己在大学时学过日语，因此可以直接阅读日文文献，而英文书则由主要负责英译中的学生负责翻译。

正是这段在学院执教时的潜心研究与阅读思考，让韩家英在设计上有了扎实的专业积淀，也开始了他对设计的初始探索实践。1989年，韩家英创作出早期的代表作——《人以食为天》海报（1989年手绘，1992年丝网印刷，1994年重新制版）。（图6）这幅采用手绘与丝网印刷方式完成的海报，展现了韩家英在图形设计上的独特思考。他以一枚稻穗作为视觉主体，通过画面显现的不同人像反映了关于"源源不断降世的人类"与"各类食物"之间的矛盾。与其说这是一件艺术作品，不如说是韩家英以艺术的方式在演绎他对全球化问题的思考。虽然当时作品完成后并没有立即投递到国际性的设计平台，但在此后的1994年和1995年，这件作品分别入选了第三届墨西哥国际海报双年展和第六届法国肖蒙国际海报节，体现了他在创作思维和表达方式上的国际化。而由此出现的"人像"也随着后续作品的创作逐渐成为韩家英设计海报的典型元素。关于这一点，韩家英曾经明确表示："其实在我上学的时候，就对在人脸上做设计有兴趣。这是受波兰设计的影响，觉得人脸特别有表现力……所以在做广告、海报的时候，脸是永恒的主题。"[2]（图7）

[2] 韩家英. 镜像——韩家英设计 [M]. 长沙：湖南人民出版社，2012. P115.

二、在万科历练的设计总监

1990年对韩家英来说是人生重要的转折之年，这一年他毅然放弃了西北纺织工学院服装系的教职，到深圳加入了万科影视部（在影视部独立为万科文化传播公司时他也担任了设计总监）。[3]（图8）其实在去深圳之前，韩家英就非常关注特区的发展情况。当时，李克克、张达利等西安美术学院的同学都已经先他一步到了深圳。通过与同学和好友的联系，韩家英能较快了解到这座城市设计发展的基本情

[3] ALAN CHAN. 陈幼坚访谈著名设计师韩家英 [J]. 新材料. 新装饰. 2003(08). P22.

图6
《人以食为天》主题海报，1989年

图7
为上海平面设计师专业委员会设计的《互动》主题海报，韩家英以人脸作为设计元素，1999年（2幅）

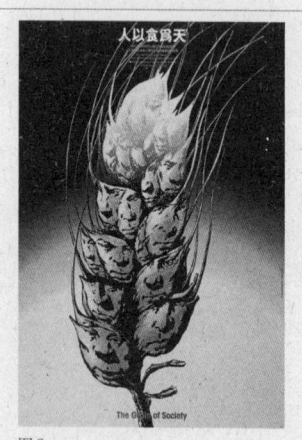

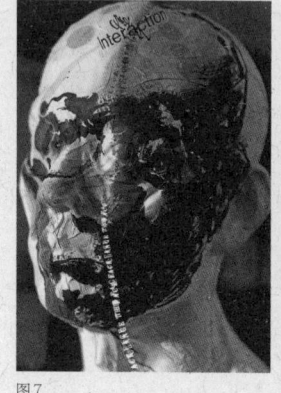

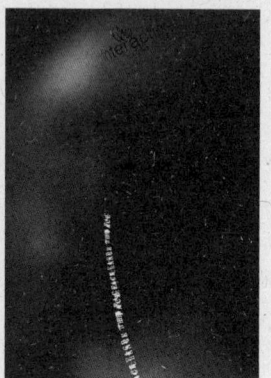

[1] 据李克克先生回忆,他在万科SIMS落脚后不久就将自己在深圳的情况写信告诉了韩家英。

[2] 这段文本来自雅昌艺术网上发布的《韩家英:平面设计是多维度的结合》,作者何妍婷,详见雅昌艺术网官方网站: https://m-news.artron.net/news/19700101/n731539.html,援引时间为2023年8月15日。

[3] 万科上市情况详见万科官方网站: https://cnold.vanke.com/education/,援引时间为2023年8月16日。根据韩家英先生的回忆,万科是当年全国第二家实现上市的公司。

况。[1] 但是驱使他南下的最重要因素,依然是他对平面设计的敏锐直觉,以及对商业设计环境的渴望。他曾特别提到:"上大学时对设计理解不是那么深,对设计的认识和社会实践的关系还是停留在制作书籍封面、画Logo。到深圳之后能够看香港电视频道了,四个香港台,轮着看影视广告、平面广告,激动的不得了,因为在内地,想看现代广告得通过录像带看。当时,我经常看香港报纸,报纸上的广告都觉得很新鲜。当时内地没用繁体字……都是从铅印的字体转化过来的,没有照相排版,选择余地很小。当时流行繁体字做设计,一看是繁体字就知道是来自香港、台湾或者深圳的广告。"[2](图9)

由此可见,深圳这座城市在韩家英的设计生涯中占有至关重要的地位,这里不但提供了内地难以触及的设计资源,还全方位地拓展了他对设计的认知。在来到深圳之前,他就已在《人以食为天》海报的设计上使用了繁体字,这种选择其实已经在某种程度上预示了他的未来发展路径。来到深圳后,韩家英并没有因初来体验的新鲜感陷入物质世界的纷繁景象之中,而是通过主动探寻专业发展路径,很快融入了这座城市。进入万科影视部后,他完成的第一个重点设计项目就是万科的年报。

万科在1988年推行股份化改制,面向全球发布招股通函后,在1991年实现了在深圳证券交易所上市,成为最早在深交所上市的5家公司之一(彼时代码为0002,现为000002)。[3] 因此韩家英的万科年报项目相当于在为当年寥寥无几的上市公司做形象设计,对于刚刚从内地来到深圳仅仅两年的韩家英而言,这个项目的重要性不言而喻。虽然也许当年他自己都未必清楚这意味着什么,但若从今天的专业评价维度上看,做过上市公司的主要设计项目就会成为设计师非常被看重的一种专业资历。当然,对韩家英来说,更重要的是他通过

图8
(左)韩家英在万科影视部,1992年
(右)韩家英设计的万科文化传播有限公司CI

图9
《字象乾坤·非常道》主题海报(局部),2011年

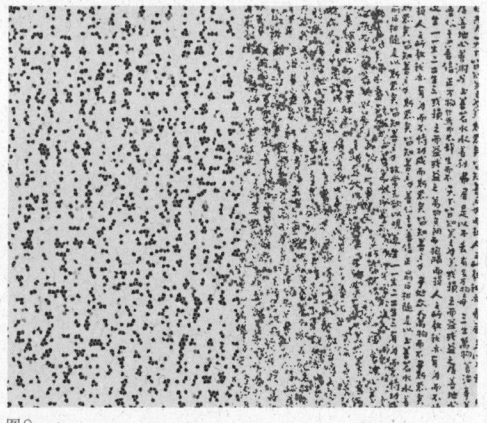

图8

图9

这两个项目在画册和品牌设计方面有了全方位的实践，大大增强了他的设计信心。如果不来深圳，他在西安发展是不会这么快接触到这类企业资源的。韩家英认为，万科在当时的5家上市公司中是最国际化的，公司的企业理念也非常超前。在这样的背景下，韩家英和同事们在1991年设计完成了万科1990年的年报，这份年报也是万科发展历程中的第一本彩色年报。当时，国内对公司形象概念的认知尚处于起步阶段，年报无疑为万科树立了一个全新的企业品牌形象。（图10）

20世纪80年代末至90年代初，正值中国特区经济如井喷般蓬勃发展的大时代，韩家英的个人创作也有了更大的发展空间。看到自己设计的作品能够迅速实现高品质批量印制并传播，对韩家英来说都是一种莫大的鼓励。然而他也与同城的王粤飞、陈绍华等先锋平面设计师一样，会面临自身职业价值"不确定性"的一些问题。当时在行业以外，社会上对"平面设计师"这一职业背景的认知大多还停留在"美工"层面。因此当王粤飞、王序发起的"平面设计在中国"展吹响集结号角时，韩家英便毫不犹豫地投身其中。他为深圳美光彩印设计的两幅海报入选了"平面设计在中国"展，这也是他第一次在具有国际影响力的展览中崭露头角。

韩家英为美光彩印设计的两幅海报其实是一个系列，他以同一人像素材为基础，基于文字与图形的双重维度设计成了两件作品[1]（图11），浮动于人像之上的"面相"和"面具"带有强烈的中国风格。韩家英在读书时就对西方现代设计产生了浓厚兴趣，然而在经过系统实践后，他选择将中国文化置放于个人创作的核心地带，并已开始探讨中西语境对比下中国设计师的身份与存在的问题。除了为美光设计的海报外，韩家英还帮助展览筹备委员会设计了'92展的主题

[1] 海报的人像素材由林为农拍摄。据韩家英先生回忆，当年拍摄一张好照片来之不易，因为拍摄完成后不能立即看到效果，需要拿到香港冲洗之后才看得到，这个过程大约要半个月。他认为林为农的摄影非常专业，在当时他就已经开始使用测光表，照片的色温很准。

图10
1990年的万科彩色年报，1991年

图11
深圳美光彩印，海报设计，1992年

图10　　　　　图11

海报（同样入选了'92展）。（图12）海报的主体元素取自陕西的兵马俑头像，它是象征着中国数千年文化的符号。而印在兵马俑面容之上的彩色英文展览标题则代表了"平面设计"的国际属性，双重演绎了"平面设计在中国"的意象。从某种意义上看，这幅海报就像是他个人经历的一种投射。从《人以食为天》海报到'92展的多幅参展作品，可以清晰地看到人像是韩家英早期海报创作中重要的构成元素，或者说是一种设计语言形式的思考和尝试。

'92展结束后，韩家英成为深圳平面设计师的主力。1995年龙兆曙、王粤飞、陈绍华等人发起成立深圳市平面设计协会时，韩家英成为第一届理事会成员，与同班同学李克克一同担任了协会的副秘书长及常务理事。在协会成立后次年举办的"平面设计在中国"96展上，韩家英的海报《沟通》赢得了4位国际评审的青睐，获得了展览的金奖。《沟通》的创作同样从人像出发，以系列海报的形式呈现。但是与之前在人像上做"图层添置"处理的方式不同，这两幅海报都直接对人像图形本身进行了干预，同时采用了中西方文化元素的对比手法，形成不同的视觉印象。（图13）

从技术层面上看，韩家英为"平面设计在中国"92展和美光设计的海报都是以人像为基础，在其上设置不同的"图层"（并非指计算机辅助软件中的术语，而是指在设计过程中客观产生的一种状态），并施以文字和图形绘制后产生的结果。在这个过程中，作为素材的人像层本身并没有发生改变。然而在《沟通》中，虽然同样以人像为素材，但是其已经不再作为底层图形存在，而是本身就成了解构的对象。在平面设计中，任何可视化元素都可以被视为图形而存在，因此韩家英在《沟通》中虽然以人像摄影为基础素材，但却是以图形思维进行分析的。第一幅《沟通》海报中，上下交融的东西方人

图12
"平面设计在中国"92展主题海报，1992年

图13
"平面设计在中国"96展的《沟通》主题海报（2幅），1996年

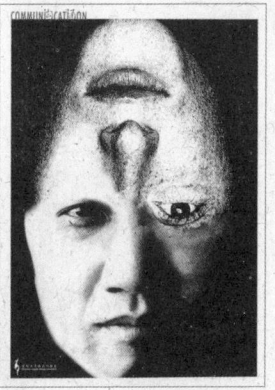

图12

图13

像与左下角深圳市平面设计协会的标志（同样由韩家英设计）体现出理念上的契合性。值得注意的是，和深圳市平面设计协会标志同时出现的"沟通"文本也同样采用了图形化的处理方式，它由英文单词"COMMUNICATION"中的两个字母"I"与汉字"沟""通"组合重构，将英文字母设计成汉字偏旁的一部分，体现了中国设计师关于东西方文化交融的思考。

韩家英之所以在《沟通》海报中做出许多此前未有的创作尝试，主要原因是1992年万科以影视部为基础成立了万科文化传播公司。虽然这个变动令韩家英得以设计这家新公司的视觉形象，然而公司的主要发展方向集中在影视领域，在设计这一块并没有持续发展业务的需求。因此，经过慎重考虑，韩家英在1993年离开万科，创立了自己的公司——深圳市韩家英设计有限公司。（图14）创业对他的人生可谓至关重要，因为这意味着无论在经营还是设计业务方面，他都需要面临许多前所未有的挑战。自1990年来深圳工作到1993年实现创业仅用了不到3年时间，这种高效放在韩家英身上丝毫不会令人感到讶异。从读书时起，他就没想做一名只停留在操作层面上的技术"匠人"，他的目标是要成为一位有独立见解的平面设计师，从来到深圳的第一天开始他就一直在为实现这个目标而默默努力着。

在这方面有很多例证，比如他来到深圳不久就掌握了当时尚处于"前沿地带"的计算机辅助绘图技术，并将其融入自己的设计实践之中。[1]虽然今天几乎所有的设计师都会使用电脑创作自己的作品，但在当时计算机技术的介入是有门槛的，相关设备的市场售价很高。但是韩家英不以为然，他认为技术是不断迭代升级的，一定要舍得在计算机设备上投入，才能够把自己"武装"起来，这直接关系到自己公司的未来。之所以这么笃定，是因为在成立个人公司之初，韩家英就发现许

[1] 韩家英先生对计算机技术的重视可以从很多行业专家那里得到印证。例如，黄扬先生就曾提到，在20世纪90年代初他与韩家英先生相识时，就发现他的公司在计算机制图方面有很大的优势。

图14
（左）深圳市韩家英设计有限公司品牌形象

（中）上海韩家英设计有限公司

（右）韩家英设计有限公司（北京办事处）

图14

[1] 据韩家英先生回忆，他当时是从王序先生主编的《设计交流》中了解到这几位设计师的。当年，中国设计师能够到国外拜访同行的机会并不多。

多企业在做 VI 设计项目时往往会投入较多资金，当然这可能是出于上市等发展需要，但这也让他切实感受到了设计的市场价值所在。因此当有了一些积蓄后，他立即投入了十几万元为公司配置了全套的计算机、扫描仪、打印机等设备。虽然设备上的投入让韩家英的公司有了更多的专业发展空间，但这并不是设计品质提升的关键，重要的是能利用它们更高效地实现自己的设计创意。在韩家英2023年的最新设计个展上，仍然是以创意为先导，通过有趣的解构图形与符号、数字技术应用去拓宽设计语言的表达，这体现了他对技术的深入理解和驾驭力。

随着深圳的发展日益与国际接轨，韩家英在设计上也有了更多与国际交流对话的机会，1995年他前往法国参加了法国肖蒙国际海报节，这是他第一次出国与欧洲设计界同行进行接触。由于当年出国需要收到国外发来的邀请信后才能申请办理护照和签证，而当签证获批，韩家英抵达法国时开幕式已经结束了。即便如此，他事前依然做了非常充分的准备，出发前就给皮埃尔·伯纳德（Pierre Bernard）、米雪·布维等几位著名的法国设计师发了传真，而法国的同行们也都对这位来自中国的青年设计师表示出了极大的热情。[1] 正是在这次法国之行中，韩家英第一次与心中敬仰的法国设计前辈们交换了海报，并得以了解到 AGI 的存在。（图15）

从中国到法国，韩家英对国际设计资讯的了解从"被动接受"转为"主动探寻"，从"间接想象"转为"直接在场"，这对于一名善于思考、勤奋好学的年轻设计师而言，所感受到的冲击力可想而知。正是由于视野的拓展，令他不断打破自己的专业界限。从作品的角度看，如果将《人以食为天》视作他的"首秀"，那么《沟通》海报系列则意味着他在设计语言上已经趋于成熟，而事实上，它在韩家英的设计生涯中的确占有极其重要的一席之地。

图15
（左）参加土耳其伊斯坦布尔AGI年会"去城市"主题展览的海报设计作品，2009年

（右）"AGI 'CHINA 中国展'"海报，2018年

图15

三、《天涯》——设计的实验场

1997年，韩家英通过与《天涯》杂志的合作，进一步深化了自己关于东方与西方、传统与现代的思考。在海南的一个设计项目中，他结识了甲方公司广告部门的一位负责人，两人很谈得来。而这位朋友其实是一位作家，很快就将圈中好友韩少功、蒋子丹介绍给了韩家英。大概是因为大家都有着从内地"下海"的共同背景，韩家英与他们一见如故。[1] 这些海南文学圈的朋友们有一个学术阵地，就是海南省作家协会主办的《天涯》杂志。韩家英很欣赏这本杂志尖锐、犀利、针砭时弊的行文风格，而杂志方面也非常认同韩家英的创作理念。最终，双方一拍即合，《天涯》杂志聘请韩家英担任装帧设计，自此开始了长达十余年的合作。对于韩家英来说，与《天涯》的合作没有基于什么经济考量，更多的是出于一种情怀。设计与文学在不同维度结合下可体现更多元的文化理念碰撞与融合。在这种可遇不可求的机缘下，韩家英得以开展一场自己梦寐以求的设计实验。

所谓"实验"，是因为从某种层面上看，韩家英为《天涯》杂志所做的设计并非市场环境下生成的商业结果，而是一种基于东方哲思的文化探索。由于彼此之间建立起了高度认同与互信，因此韩家英可以放手去做那些自己内心由衷热爱，又不必受商业规则束缚的各种视觉实验。用他自己的话说，这让他做得"很过瘾"。[2] 在设计诉求上，《天涯》杂志希望能够以现代文学语言的国际化，表现"天涯"独特的文化观念。为此，韩家英设计了许多方案。在他提交的设计里，杂志社倾向于其中一个以文字为主体的方案。《天涯》杂志1997年的设计风格便由此诞生。（图16）

[1] 韩少功、蒋子丹曾先后担任《天涯》杂志主编，他们都是从湖南来到海南发展的作家。而同样曾任《天涯》主编，并在其后到北京任《诗刊》主编的李少君也是湖南人。

[2] 韩家英. 镜像——韩家英设计 [M]. 长沙：湖南人民出版社，2012. P32.

图16
（左、中）《天涯》杂志1997年第1期、第2期封面海报设计

（右）《天涯》杂志的系列海报设计，2001年

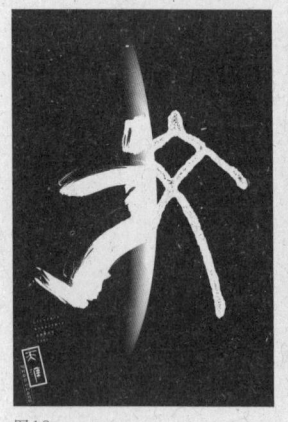

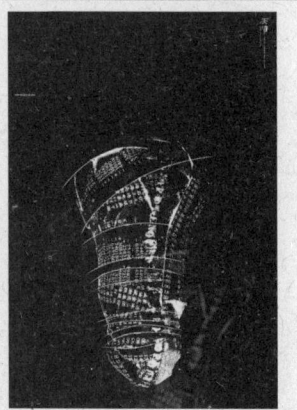

图16

[1] 韩家英. 镜像——韩家英设计[M]. 长沙：湖南人民出版社，2012. P19.

长年阅读《天涯》杂志的读者会发现，在每期的封面设计中，文字构成了创意主题的核心，文字与图像有着内在的关联与共通性，能够以抽离式的切片形态延伸出多重表述，在不同的重组变构下输出语意丰富的视觉印象。为了在当时一众文艺杂志中独彰个性形象，韩家英将汉字与图形作为《天涯》视觉表达的主要元素，二者的存在并不单纯指向中文语境中的符号学意义，而是通过与其他看似与字意不相关的物象组合后呈现出了特殊的意象，展示了韩家英关于图形设计的极致想象。例如，在1997年第2期《天涯》封面上出现的"美"字就与人的手指形成了一种图形上的互文关系，但是这种关系带有强烈的"偶发"特征，因为两者本身并没有必然联系。有趣的是，当两种独立性较强的元素组成新的图形后，依然清晰地展现出文字的间架结构，从而让读者能明确识别它自身的符号所指。

关于《天涯》的封面设计，韩家英曾谈道："传统的符号比如文字，仅仅是具有东方色彩的纯形式的东西，我不希望这些符号原本表示的意义，成为设计画面所要传达的具体意义。或者说，我反对在画面中有任何直接的理性意义的表达"。[1] 因此，在《天涯》的封面设计中，文字（主要是汉字）仅是一个设计的切入点，任何形式的视觉组合都有可能发生。这就意味着设计的结果在某种程度上取决于对不同文化主题的视觉想象力。例如，1997年第1期《天涯》封面中"文"字的甲骨文字体与毛笔绘制的"人"形组合，以及第3期封面中"亚"字与明清家具纹样的拼合等，都展现了他基于中国文化与传统的现代想象。（图17）这种重构是"非线性"的，因为它不顺应任何一种惯性思维，而是以个性化的切入点呈现了韩家英独特的设计系统思维。此外，在与《天涯》杂志合作的十余年中，韩家英的实验也许还反映出了他对"平面设计"自身意义的思考与挑战。正是这种不断延续的设计演绎造就了《天涯》在文学艺坛上自成一格的风貌。

由于历史原因而造成的巨大落差使中国不得不在近现代工业文明的发展历程中大量借鉴西方经验。然而在经历了改革开放的飞跃式增长后，许多行业都开始面临如何以中国文化之根本促进时代发展的现实命题。现代设计行业尤为如此，因为无论承载再多的商业属性，作为人类文明最重要的创造性活动之一，设计所承载的文化属性都是不

图17
《天涯》杂志1997年 第1期、第3期封面设计，1997年

图17

可替代的。虽然现代设计源起于西方现代工业的演进历程，但这并不意味着中国设计要完全照搬西方。韩家英为《天涯》杂志设计的封面就展现了这种创作意识。他不满足于一成不变的设计状态，因此每一年的杂志封面和海报设计都会体现他最新的专业探索和思考。

　　接手杂志设计的第二年，韩家英就在封面中加入了英文表达。他将英文字母与汉字的间架结构基于"非线性"原理进行重构，呈现了中西方文化的碰撞与交融。每一年他都希望探索出一种崭新的设计形式，并试图不断刷新和打破自己的创作界限。在1999年的封面设计中，他干脆直接取消了前两年惯用的"非线性"方式，转而回归汉字本身的结构，以"点""口""钩"等部首的毛笔书写作为封面的视觉中心，辅以由体量微小的字体组成的文章片段去探索文字视觉符号呈现的可能性。（图18）而到了2000年之后，他的设计则有了更多意趣上的表现。在湖南长沙岳麓书院的一次游历中，他因偶然发现林中竹竿上游客留下的"到此一游"字迹，继而生发出了以"竹""山""水""梅""风""月"的汉字结构为主体，并在其上施以"刻印"文字的创意。有趣的是，这些观感风雅的汉字并不是直接书写出来的，而是以不同的几何元素和书法笔触的交融与堆叠而成。而之所以在2004年的全年杂志封面上采用这种设计形式，韩家英是希望能够"引发一种'参与文化'的感官趣味"[1]。除了杂志封面，韩家英还提炼出"竹""山""风""月"汉字设计了《天涯》主题系列海报。（见第159页）在印刷工艺和色彩计划上的独特性，使这一组海报呈现出颇具诗意的当代气质，尤其是将四幅并置排布时，整体感觉尤为强烈。《天涯》系列作品一直都是韩家英设计的实验载体，每一次创作都会融入全新元素，例如采用包裹式的综合材料，结合生活中具有记忆承载的物象（如灯泡、勺子、纸杯等），并置于同一空间产生一种交叠错位的生活场景；用文字的嵌入与切割形态组成

[1] 韩家英. 镜像——韩家英设计 [M]. 长沙：湖南人民出版社，2012. P55.

图18
《天涯》杂志封面设计，1999年

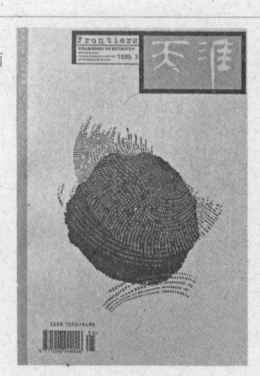

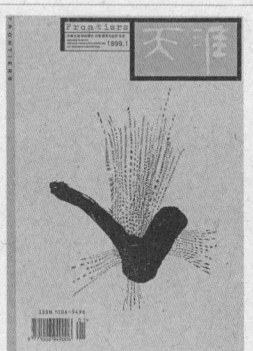

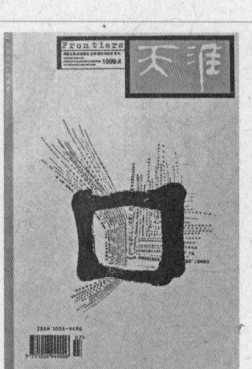

图18

146

[1] 韩家英. 镜像——韩家英设计[M]. 长沙：湖南人民出版社，2012. P10.

[2] 在评述韩家英先生的作品时，阿兰·魏尔先生曾提到在他担任肖蒙国际海报双年展主席时，"评委即使在翻译的帮助下也很难对海报做出准确评价"。此外在提到汉字的书写方式时他也表示："像我这样的一个欧洲人显然很难深入到这样一个世界里去。"详见韩家英. 镜像——韩家英设计[M]. 长沙：湖南人民出版社，2012. P10.

变化的信息空间与视觉图像（图19）；以取自传统的祥云与扇子元素重构中国文化符号；借景中式古园林的假山形态异构空间生成新的数字意象……这些取样于传统经典的设计，都带有韩家英解构中国文化的痕迹，反映了他探索东方审美的一种文化审视与思考。

法国学者阿兰·魏尔（Alain Weill）在评价韩家英设计的《天涯》系列作品时，认为韩家英的一些字体创作会让人联想到那些"未来派的艺术家"[1]。虽然阿兰·魏尔自谦并没有很深厚的中文造诣，但这种跨越国家与民族语境的评述源于他对作品的理解。[2] 就像美国艺术家杰克逊·波洛克（Jackson Pollock）的笔墨挥洒自然让人联想到中国书法的笔触那样，并未明确每一笔的具体所指，然而视觉艺术的形式律动却可展现出如音乐般穿透人心的通透感，这种语言可以跨越国家与民族的界限，让人感受到其背后所承载的美学意义。所谓诗与远方，并不一定靠明确的指向去表达，意境本身就可以带来诸多可能。对于韩家英来说，《天涯》的创作并不单单成就了杂志的视觉形象，更重要的是他以此为契机从复杂的商业环境中跳脱出来，得以纯粹地思考设计的本质及其文化属性。他认为《天涯》的系列创作形成了一种重要的脉络，这令他可以将许多思考转化到海报和其他不同的艺术探索。2009年，韩家英为《天涯》所做的设计在持续了12年后停了下来，它集成了韩家英在设计语言实验中长镜头式的探索印记。早在2003年，《天涯》在法国的艺术个展就全景式梳理了韩家英设计风格嬗变的历程，向国际舞台展示了他纵深于中国文化精神与艺术观演绎的设计实验。而今，《天涯》的系列作品依然摆放在韩家英办公室书架的主位，见证了他在设计思维与图形建构上迈开的重要一步。2024年年初，改版后的《天涯》杂志与韩家英再度携手，以全新设计重启了新年的首刊风格，这期封面致敬了王维《终南别业》"坐看云起时"的诗句意境，演绎了汉字的另一种设计可能，延续着韩家英关于图形与文字的设计实验。（图20）

图19 《天涯》杂志系列海报设计（3幅），2003年

图20 《天涯》杂志2024年第1期封面设计

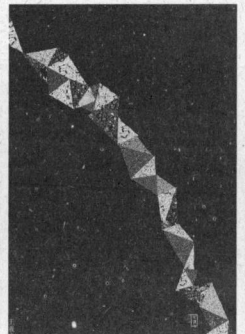

四、整体思维的设计嬗变

如果说《天涯》系列是一种文艺情怀的释放，《世界设计之都》（原《设计之都深圳》）杂志则是带有重塑城市文化形象意味的另一种尝试。韩家英与他的团队在承接此项设计工作后，依托于主办机构深圳创新创意设计发展办公室的支持，以中英文双语编排的形式呈现了杂志对深圳多侧面的设计形象特写。为了令杂志的设计能够满足国际读者的审美与阅读习惯，韩家英在设计杂志的主视觉时没有使用以往常用的文字符号，而是以一个视觉识别度极高的图形来传达主题。他将一个代表坐标定位的图标与象征无穷的"∞"符号相结合，形成了一个近似于"&"的图形，既表现了杂志主题，又展现出了有关城市未来发展的无限可能。（图21）

韩家英对文化多元性的探索始终抱有强烈的兴趣，也许是受过往在万科影视部工作经历的影响，他在成立自己的设计公司后还陆续设计了一些电影（如《我爱你》《绿茶》等）的海报及画册（图22），无论是关于电影主题的诠释，还是具有隐喻性的色彩，抑或是电影镜头画面与故事特定情境的融合等，韩家英的设计均契合于电影自身的情境，传达出他对电影多重意象的解读。对他来说，任何设计都是观念的表达，它们都与他对世界的理解直接相关，反映着他的人生态度。其实就在结束与《天涯》合作的2009年，韩家英思考了很多。他把那一年视为一个分水岭，认为自此之后互联网设计的时代就真正来临了。韩家英认为，设计师的追求不应该局限于单做一幅海报或一本书，而是应该将工作重心转向体验式设计。简而言之，设计师的角色就是要不断适应时代的发展和市场的改变。

韩家英认为自己虽然没有刻意去迎合这种变化，但是公司的业务

图21
《设计之都深圳》
第1期，2020年

图22
（左、右）《绿茶》
电影画册设计，
2003年

图21

图22

方向的确发生了一些改变。例如，从展览的布展设计逐渐延伸到展览策划，将设计的维度从二维延展到三维等。而他的工作身份也开始多元化。从专业角度看，他不仅是设计师，还是策展人，或者其他可能的任何角色。韩家英的艺术成长轨迹一直伴随着这种改变，从上学时起他就努力学习吸纳最新的设计资讯与前沿知识，而来到深圳后则亲历了日新月异的改革大潮。对他而言，求变创新是一种深入骨髓的基因，他早已习惯了以前瞻性、发展性的眼光去看待世事变迁。然而经过这么多年，唯一不变的是他作为中国设计师的专业坚守，在创意概念上，他依循中国人的内心世界去寻找与东方文化审美契合的表达，以中国智慧诠释不同的设计主题。

与故宫博物院的合作就是一个典型例证。虽然对于平面设计师而言，展览似乎是常规项目，但在与故宫的合作中，韩家英表现出了超越常规平面类设计展陈的创造力。他非常清楚文创和策展意味着什么，尤其是在多数人认为平面出身的设计师最不擅长的空间部分，他显示出了整体的空间感和设计的判断力。2017年秋季在故宫博物院举办的"千里江山——历代青绿山水画特展"中，即便展品储备非常充分，韩家英却始终主张在午门正殿展厅中只放置《千里江山图》一幅画，显示了他对展品价值与展览空间关系的整体把握。（图23）《老子》语出："大音希声、大象无形"，俗世常言："点到为止"。韩家英之所以如此坚持，是因为他更主张在复杂的问题中找到重点，并以最具仪式感和代表性的形态突出其所承载的核心价值。因此，在硕大的空间中只放置一幅画，不但不会令空间走向"虚无"，还会令"物"与"场"之间呈现出更加"相合"的状态。实际上，设计师所做的工作就如保罗·兰德所言，是处理好"形式"与"内容"的关系问题。而在韩家英的设计中，"形式"永远以"内容"转译的最小值存在，他不主张任何多余之物，每一个细节都一定要恰如其分。

图23
在故宫博物院举办的"千里江山——历代青绿山水画特展"，2017年

图23

也许有人会说几乎所有优秀的设计师都是这样思考问题的，毕竟从20世纪中期以来"少就是多"（Less is More）的理念就已成为了圈中共识。然而当面对不同主题时，设计师们在关于"内容"的理解上却有着很大差异。尤其是当要表达的"内容"被理解得过于复杂时，那么无论如何都不可能得到简约精练的"形式"。例如，在面对山东旅游这样的选题时，不同设计师可能就会有不同的侧重点。有的设计师也许会借助某个最具有代表性的景区物象以表达地域特征，有的则可能倾向于从历史和文化的角度挖掘，尝试以"旅游"之外的意向对其进行释义表达……中国地大物博，任何一省（自治区）的旅游资源都非常丰富，如果没有找准核心，那么标志的总括性就会不足。而这些方向韩家英都没有考虑，他选择回归文字，以充满趣味印象的字体来呈现齐鲁大地的特色景观。他既没有强调山东的旅游资源有多么宏富，也没有表述山东的历史渊源有多么深厚，而是突出接地气的口号"好客山东"，将其融入了标志设计之中。（图24）这个点切入得非常巧妙，因为对于旅游宣传来说，一方水土拥有的物产资源再丰富，也比不上本地人"好客"的态度。这样的"内容"呈现方式既巧妙地规避了其他方案可能产生的技术问题，又达到了意到神会的效果。为了在"形式"上彰显山东本土的特色景观，韩家英在中英文字体设计上以中国传统书法、印章元素结合缤纷色彩建构了标志的整体图形，其精心调整的曲线和色彩从意境上突显了山东依山傍海的地理特征。这个更显天然、组合上不拘常规的个性化标志一出现，就能迅速地让人意会其所承载的地域文化内涵。

韩家英在创意中的中国智慧不仅体现于中国品牌的塑造，还显著地应用在了国外品牌的委托案例中。2009年，他接受了法国时尚奢侈品牌爱马仕的委托，以"美丽的逃逸"为主题（图25），为其位于深圳的旗舰店设计橱窗。

图24
"好客山东"标志设计，2008年

图25
（左、右）韩家英设计的以"美丽的逃逸"为主题的爱马仕品牌橱窗，2009年

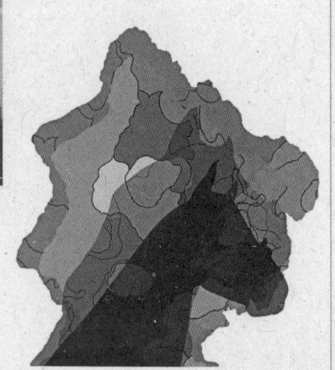

图24

图25

对这个知名国际品牌，韩家英没有刻意去迎合任何品牌方既有的设计案例和流行趋势，而是大胆给出了一个灵感取自太湖石的设计方案。众所周知，太湖石上的线条浑然天成，与中国人崇尚的山水情怀与天地观念不谋而合。由于"马车"在爱马仕的标志中占据着显赫地位，因此为了反映品牌特征，韩家英将太湖石上面的线条提炼出来组成了一个"马"的形状，并辅以爱马仕常用的色彩系列，完成了一个具有渐变层次感的绮丽橱窗。颇有意味的是，形成橱窗的通透图形虽然是静止的，然而由于色彩与造型的递进关系，令这匹马有着渐行渐远、"无远弗届"的诗意感。

在这个案例中，设计师以中国文化元素演绎了国际品牌的本土意象，营造出了一种和合之美。

由此可见，虽然韩家英的作品常常从深刻的哲学层面切入，但是他的作品总是"深入浅出"，并不会刻意制造难以理解的所谓"品味感"。只要认真观察，就能很快领会他所要表达的主题内容。他的设计通常会根据对象人群而有着多样化的视觉呈现。例如，在为一些金融机构设计标志时，他能精准地抓住业态特征，以较为均衡的视觉形式来呈现，如杭州银行、绍兴银行、长沙银行、星沙农村商业银行等。然而在设计一些年轻人感兴趣的项目时，他会尝试打破固有形式，打造出具有青春活力、跳脱的标志形象。在2014年举办的第一届深港设计双城双年展上，他就向公众呈现了一个富有童趣的标志。韩家英将深圳和香港比拟为两个小伙伴，在造型上以简约的房子轮廓点出了"双城"的主题，极简且富有时代的律动感，为现代都市生活注入独特的城市文化个性与内核。（图26）

对韩家英来说，设计的形态永远源自它的功能属性。关于这一点，他曾经这样解释："我们总是在追求一种理想的美，但事实上设计需要的是和别人沟通，就是说你想传达给谁，他能不能看懂这种语言。

图26
第一届"深港设计双城双年展"标志设计及宣传册，2014年

图26

他要是看不懂的话，实际上你做的东西再好，也是没有用的"。[1] 这种理念贯穿了他的整个设计生涯。2021年11月的"深圳读书月"上，在向媒体解释自己团队设计的主视觉时，他再次强调："设计永远要围绕最基本的诉求来做"，由于"读书月面对的应该是年轻人，激励年轻人爱上读书"，所以"形象要时尚，信息要简洁，内涵要丰富"。[2]（图27）

对于复杂、艰深的主题，在韩家英的创作中常常会被转译为简洁易懂的视觉符号。这种"深入浅出"的设计哲学来自古老的东方智慧，但是又与20世纪初西方现代主义设计的发展趋势相契合，这就解释了为什么他的作品常常能够赢得世界的认可。2015年的AGI《共存》海报就是这样，韩家英以4个人像轮廓为主体，用简洁明快的手绘线条勾勒出了"你中有我、我中有你"的视觉意象。（图28）有意思的是，熟悉他作品的人会很快发现这幅海报延续了他多年前的创作风格。与"平面设计在中国"92展、《沟通》等海报的主题表现相同，《共存》也是以"人像"为切入点来发展的。由此可见，设计师骨子里的精神并不会随着时光远去而消弭。在创作《共存》的同年，韩家英还设计了另一幅海报《赞美我们的星球》。（图29）这幅作品同样显示了他在处理宏大主题时深入浅出的哲学观。韩家英将人类关于自身依存母体的感知与想象幻化为素描般的灵动图形，以"抽象"的视觉语言引发了人们关于地球母亲的思考。从《人以食为天》开始，他创作的海报在跨越国界的视觉传播中，以高度概括而凝练的图形设计让来自不同世界的人都能从中快速理解设计所承载的视觉意义。

"深入浅出"的理念不但体现在海报及书刊册页的设计中，还更直观地体现在他主导的大量品牌设计项目之中。所谓"品牌设计"，在平面设计领域中主要靠"CIS"体系的理论与实践去实现。20世纪80

[1] 韩家英.镜像——韩家英设计[M].长沙：湖南人民出版社，2012.P15.

[2] 李福莹.深晚专访第22届深圳读书月主视觉设计人、著名设计师韩家英 设计为读书月"打开一个新视界"[N].深圳晚报.2021-11-04（第A05版）.

图27
（左、右）第24届深圳读书月海报设计，2023年

图28
AGI《共存》主题海报，2015年

图27

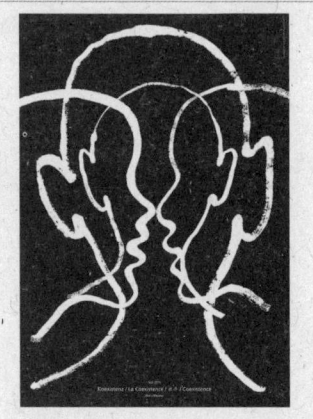

图28

[1] 详见韩家英设计官方网站：http://www.hanjiaying.com/a/guanyuwomen/womendeguandian/#，援引时间为2023年8月18日。

[2] 韩家英．镜像——韩家英设计[M]．长沙：湖南人民出版社，2012．P115．

年代末至90年代初，随着越来越多的人认识到CIS对企业形象带来的积极影响，许多企业开始在这方面进行投入，甚至很多人会神化CIS的作用，认为企业只要具备了这套系统，那么它就是一家真正意义上的现代化企业。虽然存在不少早期问题，但对于设计师而言，CIS带来的市场效应为大家带来了肉眼可见能够迅速实现原始资本积累的黄金期（可以理解为一个设计"风口"）。远在西安时韩家英就关注到了这股正在发展的设计前沿趋势，而他到深圳的1990年，由于身处核心地带，正赶上设计实践的体验先机。如前文所言，韩家英经手的早期重要项目中就有其所在的万科文化传播公司的视觉形象设计（2015年他设计了万科的视觉形象）。（图30）而在成立个人设计公司后的1994年，他又设计了海南新大洲摩托车股份有限公司、康佳集团、深圳怡宝食品饮料有限公司的视觉形象。综合来看，CIS在韩家英的设计轨迹中占有非常重要的地位，至今在其公司网站上，"品牌"设计项目依然占据着首要地位。[1]

客观地讲，虽然CIS的体系很庞大，但是具体到设计师案头，最主要的业务还是VI，而在其中起到引领作用的往往就是作为核心图形的标志设计。然而标志设计看似简单，做起来并非易事。设计师需要在全盘理解企业情况和诉求后，将其形象转化并提炼为一个既能令人印象深刻、又能反映企业特征的视觉符号。用韩家英的话说，就是"把企业的脸变成一个符号，来象征它"[2]。然而与很多人只关注企业的当下不同，韩家英在设计标志时秉持着与《天涯》杂志同样的创意原则，那就是非常注重企业的未来发展趋势。这种认知是非常重要的，因为它将决定一个企业形象的生命力是否能够恒久流传。

由于需要考虑到许多未来发展的因素，因此在很多情况下韩家英设计的标志有明显的"超前"意识。从今天的视角看，他的判断是准

图29
（左）《赞美我们的星球》主题海报，2015年

（右）韩家英设计的《赞美我们的星球》作品在法国巴黎香榭丽大道展出，2016年

图30
万科视觉形象设计，2015年

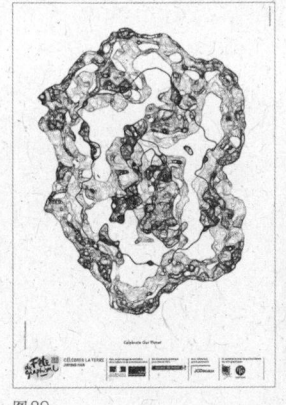

确的，因为无论康佳还是怡宝，其由韩家英所主导的视觉形象都沿用至今，令其品牌在数十年间在公众的视野中保持着具有延续性的整体印象。韩家英认为，这种沿用对设计师而言是一种幸运，这些企业在改革开放的阶段性发展中都有着难以取代的独特性。的确如此，改革开放以来，许多企业从零起步，摸着石头过河，逐渐站在了时代的前端，是它们的稳健发展成就了许多设计作品的恒久价值。

需要指出的是，一家企业视觉形象的恒久并不意味着在设计上不发生任何改变。许多全球知名企业的视觉形象都会因时代发展而调整，例如，我们生活中常见的苹果、奔驰、凯迪拉克、家乐福等品牌企业尽皆如此。一向以发展的眼光看问题的韩家英深谙此道。在20世纪90年代为怡宝设计视觉形象时，由于双方建立了良好的互信关系，因此怡宝在后续项目中依然与韩家英保持着合作。对于品牌的更新升级，韩家英追求在保持原有风格的基础上探索新的形式可能。2001年，他对怡宝的波浪形标志进行了调整，令其字体的辨识度更高。（图31）此外，在保持原有二维波浪元素的基础上，韩家英将这种风格进一步拓展到了三维层面，将中国传统的水波纹融入了瓶身设计之中。[1] 在观感上，这个新的瓶型有着典型的东方风格；而在触感上，它则提供了西方现代设计最典型的功能支撑，让消费者可以在更大的摩擦力下握紧瓶身。从这次视觉形象调整可见，韩家英将水波纹视为一种恒量，而字体、色彩和肌理等细则是变量，它们可以随着时代和审美取向的变化而创新。这种创作手法不禁令人联想到美籍法裔设计师雷蒙德·洛伊（Raymond Loewy）为可口可乐厘定的白色飘带形象，可见韩家英在商业设计中的成熟与国际化。

韩家英设计的品牌形象不胜枚举，委托客户的业务范围从不动产到各类市场业态，可谓包罗万象。尤其值得注意的是，其中还包括许

> [1] 关于怡宝与韩家英先生的合作，可参考华润怡宝官方网站转自《新周刊》的媒体新闻，详见：https://www.crbeverage.com/news/medianews/202208/t20220817_623788.htm，援引时间为2023年8月20日。需要说明的是，这个2001年完成的标志和瓶身设计一直沿用至今，其间虽然有过几次动议，但后来都未进行改动，可见市场对这个设计的接受程度很高。

图31
（左）怡宝标志设计，2001年
（右）怡宝新品"本优"品牌形象设计，2023年

[1] 关于鸦片战争博物馆的设计释义，详见韩家英设计官方网站：http://www.hanjiaying.com/a/zuopin/pinpai/20171224/43.html，援引时间为2023年8月20日。

多元文化机构。例如广东东莞虎门的鸦片战争博物馆，其视觉形象和导视系统便出自韩家英的设计。在设计这座博物馆的标志时，韩家英以书法形式纵向描绘了博物馆英文缩写中的字母"O"和"M"，令其在视觉上犹如一只站立的雄狮。其中，字母"O"的笔触所形成的"残缺"感象征着"腐蚀的炮口"，"M"则意指虎门的群山。[1] 值得注意的是，雄狮的形象并不是直接被刻画出来的，它是经过设计师高度凝练后的一种意象。韩家英以抽象化图形表现了一个具有历史厚重感的主题，让人对图形之外的寓意留下深刻印象。在湖南省博物馆标志的设计中，韩家英采用了与鸦片战争博物馆标志设计同样的手法，他首先从内容出发，将马王堆汉墓作为构建标志的重要依据。与此同时，考虑到湖南省博物馆的新建筑由日本著名建筑师矶崎新（Arata Isozaki）设计，建筑形态非常独特，因此他将建筑的主体结构也纳入到标志的设计考量之中。最终，韩家英完成了一个凝聚着湖湘文化、灵动飘逸的标志设计。它的形态与鸦片战争博物馆同样呈现了抽象特征，让人想要探究标志所蕴含的文化主题，触发更多元的想象。韩家英在博物馆标志设计中的探索，反映了他对中国历史及文化多样性的思考。（图32）

虽然韩家英他们这一代设计师在那个年代无法在学校学习到最前沿的设计知识，但是在时代洪流的裹挟下，他们通过在市场中的一点点摸索，逐渐掌握了市场发展规律，并创造出了与时代相符的设计作品。可见相比设计教育，设计实践对一名设计师起到的作用要深远得多。作为一位过来人，韩家英对平面设计的发展趋势有很多独到的见解。他认为，在平面设计的形式语言中，以文字进行表达已经成为全球趋势。（图33）在中国内地，这种趋势始于20世纪90年代，至2000年之后进入"井喷"式的发展状态。而今，字体设计的创意需要有更多元、更深层意境的表达。在韩家英的诸多设计代表作中，字

图32
（上）鸦片战争博物馆标志设计，2018年

（下）湖南省博物馆标志设计，2012年

图33
（左）《字象乾坤·菩提》海报设计，2011年

（右）《字象乾坤·元亨利贞》海报设计，2011年

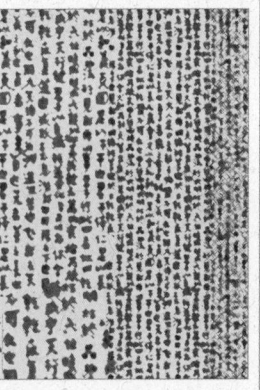

体的视觉效果总能令人耳目一新,这都归功于他持续的文化摄入,以及那以东方美学新概念为基础的字体设计系统。韩家英在2011年受邀为中国台湾书法家董阳孜女士的书法作品设计了《妙法自然》海报系列。在该系列中,有利用数字技术模拟出冰块在融化时流动感的"静观"、涟漪升腾的"日新"、由远及近变化形态与字意相生的"圆融",也有用马赛克表现爬山虎在墙壁上勃然生长的"生生"、云游浮动的"游心"、山风劲吹的"自在",人们可以在设计师所营造的书艺之境中感受到图像与文字共同生发的形意之美。(见第164—165页)在数十年的设计历程中,字体设计可说是韩家英始终偏爱的艺术实验,在他的诸多作品中独成体系与脉络,在表现媒介上跨越了平面设计、水墨、版画、艺术装置、数字技术等多个领域,也是最能反映韩家英设计观的一个重要类别。

与此同时,韩家英认为保持设计的创新性是非常困难的,他自己也无法保证每年都能够创作出真正令自己感到满意的好作品。但是如果间隔了一年,那么经过思考与沉淀将更容易生发出精彩作品。在2012年出版的《镜像——韩家英设计》一书中就展现了这种节奏。(图34)在其中的《天涯》篇章中,这种"间隔"性体现得非常显著。[1] 当然这只是就理想情况而言,实际上由于现代社会的生产压力与紧张节奏,常常令设计师们无法直视自己的内心感受,或者说根本没有充足的时间去观照自我。从本质上来说,这是大时代的发展带来的阶段性问题,在任何经济高速增长的社会中这都是一种群体现象,不会以设计师的个人意志为转移。然而,韩家英认为,心态仍然可以在其中发挥重要作用。他认为,那些被认为消极的现象,"急功近利"也好,"浮躁"也罢,若以积极的眼光去看,也是一种风格。[2]

虽然很多人都认为韩家英是将设计艺术和商业融合得最好的一位

[1] 在这本书中,可以看到韩家英先生关于《天涯》的叙事脉络最初就是以1997年、1999年、2001年、2003年为"间隔"节点进行的。详见:韩家英. 镜像——韩家英设计 [M]. 长沙:湖南人民出版社,2012. P17- P49.

[2] 韩家英. 镜像——韩家英设计[M]. 长沙:湖南人民出版社,2012. P130.

图34
韩家英:《镜像——韩家英设计》,湖南人民出版社,2012年

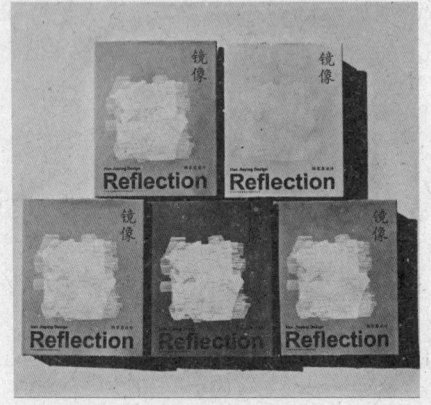

图34

[1] 2012年12月，正值个展开幕之际，韩家英先生在回答《深圳晚报》的一次提问时曾经做出这样的陈述。该篇文章作者为杨慧，可在中国设计之窗官方网站上查阅：http://www.333cn.com/graphic/llwz/136424.html，援引时间为2023年8月21日。

设计师，但是他自己并不这么认为。与之相反，韩家英认为没有必要去专门切割所谓"设计"和"商业"之间的关系。他认为"好的设计"应该能"创造更大的价值"。[1] 也就是说，设计既要"叫好"，还要"叫座"。直到今天，他依然在公司经营中秉持着这一理念。无论是上海世博会中国馆、故宫文创馆·汉字馆、米兰世博会中国万科馆等文化项目，还是卓悦中心、OCT PARK、K11等商业项目，他都能游刃有余地将形式美与功能美结合得恰到好处，在彰显东方审美的基础上创造出令人耳目一新的现代视觉。（图35、图36）这也许就是他成功的秘诀。

通过演绎文字与图像语言的"天涯"，韩家英的创作依然"在路上"。2023年10月28日，继2012年12月8日在深圳华·美术馆开启"镜像：韩家英设计展"十年后，何香凝美术馆呈现了韩家英的最新个展——"韩家英的设计辞典"。（图37）之所以说"最新"，是因为韩家英作为在改革开放中成长起来的第一代中国平面设计师，并没有因岁月蹉跎而"倦怠"设计，与之相反，在历经了数十年的风霜秋月后他依然坚守设计一线，以自己的设计热力与专业精神在行业前端探索实践。正因如此，"韩家英的设计辞典"从展览性质上来说，既是他从事设计行业30余年来的历程回顾，又意味着一个新阶段的启幕。在节奏迅猛的现代社会中，人们往往只注重设计的结果，而忽视设计的过程。殊不知过程本身更能观察到设计师发散创意的独特思考。作为一场个展，展览必然蕴含着设计师自身的个人情感，有一定的"私密性"，但在公共空间的展览同样呈现了"公共性"价值——每一个观众，无论他（她）是否从事设计，都能够从中观察到有一段设计实验与挑战的历程，并通过基于大时代的线性发展逻辑，从理念、技术、手段、呈现方式等多个角度认识设计的当代意义。（图38）

图35
（上、下）故宫文创馆·汉字馆设计，2019年

图36
米兰世博会中国万科馆形象设计，2015年

图37
"韩家英的设计辞典"展览海报，2023年

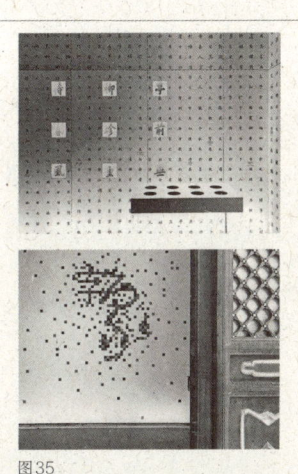

图35

图36

图37

157

"韩家英的设计辞典"展览虽然以"设计"为主题，但是作品的涵盖范围却不止于此，还融会了韩家英的绘画、雕塑、装置、影像、新媒体艺术、创作草稿及文献档案等。（图39、图40）展览作品的多元化反映了韩家英关于"设计"的系统观念。在他看来，"设计"只是一种综合性载体，它承载着一切关于文化、艺术的认知与想象。自20世纪90年代为《天涯》杂志创作视觉形象开始，这种有关设计的"实验性"就已经跃然纸上。在韩家英的作品中，任何视觉符号和艺术媒介都会成为可能。

　　在"镜像"和"设计辞典"之后，韩家英又将以什么样的关键词呈现他对设计的理解呢？无论如何，这都是值得期待的！

图38
《索引》，丝网版画，
2023年

图39
《石》系列之一，丝网版画，2023年

图40
艺术装置《日月山》，
2023年

图38

图39

图40

竹、山、风、月,《天涯》杂志主题海报(4幅),2004年

时间 - 2004年
主题 - 《天涯》杂志
类别 - 主题海报

设计 - 此系列为《天涯》杂志主题海报,源于韩家英在湖南长沙岳麓书院的一次游历中,偶然发现林中竹杆上游客留下的"到此一游"字迹,继而生发出以"竹""山""水""梅""风""月"的汉字结构为主体,并在其施以"刻印"文字的创意。有趣的是,这些观感风雅的汉字并不是直接书写出来的,而是形成于不同几何元素和书法笔触的交融与堆叠之中。由于在印刷工艺和色彩计划上的独特性,使这一组海报作品呈现出颇具诗意的当代气质,尤其是将4幅并置排布时,整体感觉尤为强烈。

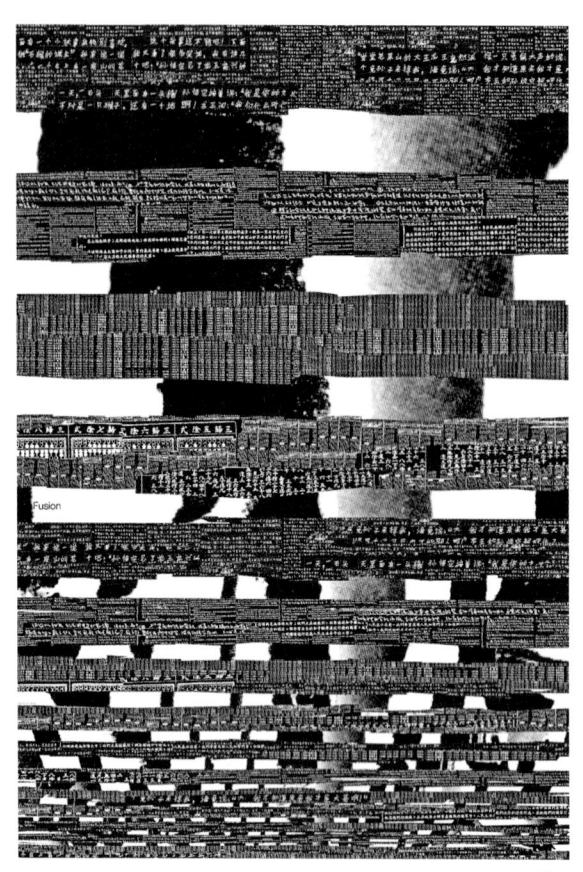

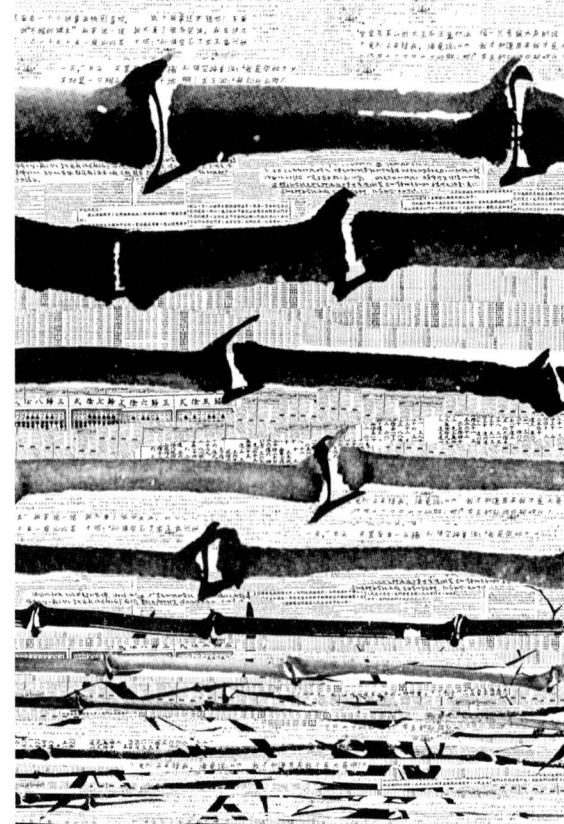

《融合》主题系列海报（2幅），2001年

时间 - 2001年
主题 - 《融合》
类别 - 海报设计

设计 - 此件海报是为第二届宁波国际海报双年展创作的作品，展览主题为"融合（FUSION）"。作品在汉字创作的基础上，借用平面设计的视觉形态和元素，尝试在不可阅读的画面上，通过多种形式的组合、拼接、叠加、重复来构建汉字的视觉美感。

《暧昧》主题系列海报（3幅），2003年

160

为深圳市平面设计协会成立设计的海报《我们的眼》,1995年

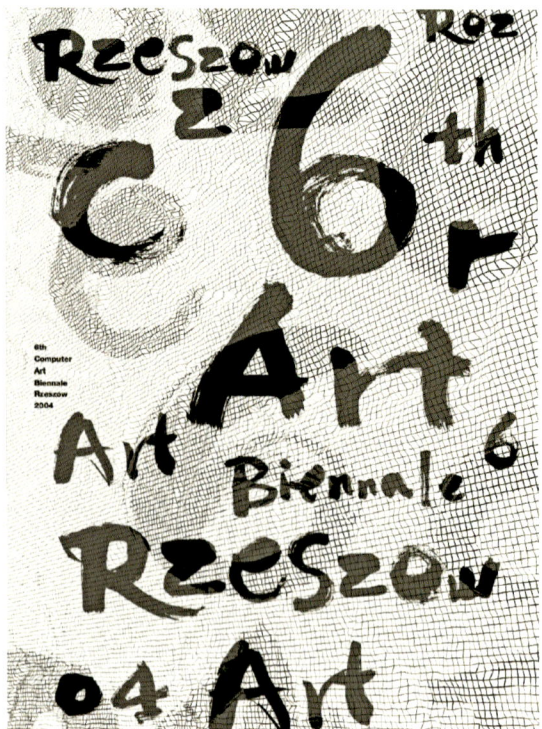

"第六届波兰热舒夫计算机双年展"主题系列海报（共2幅），2003年

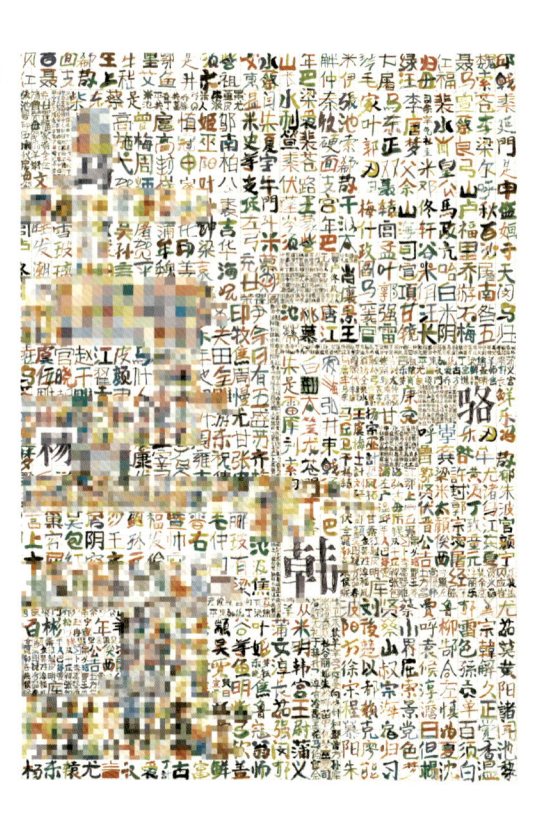

"in CHINA"主题系列海报（共5幅，此为其中2幅），2005年

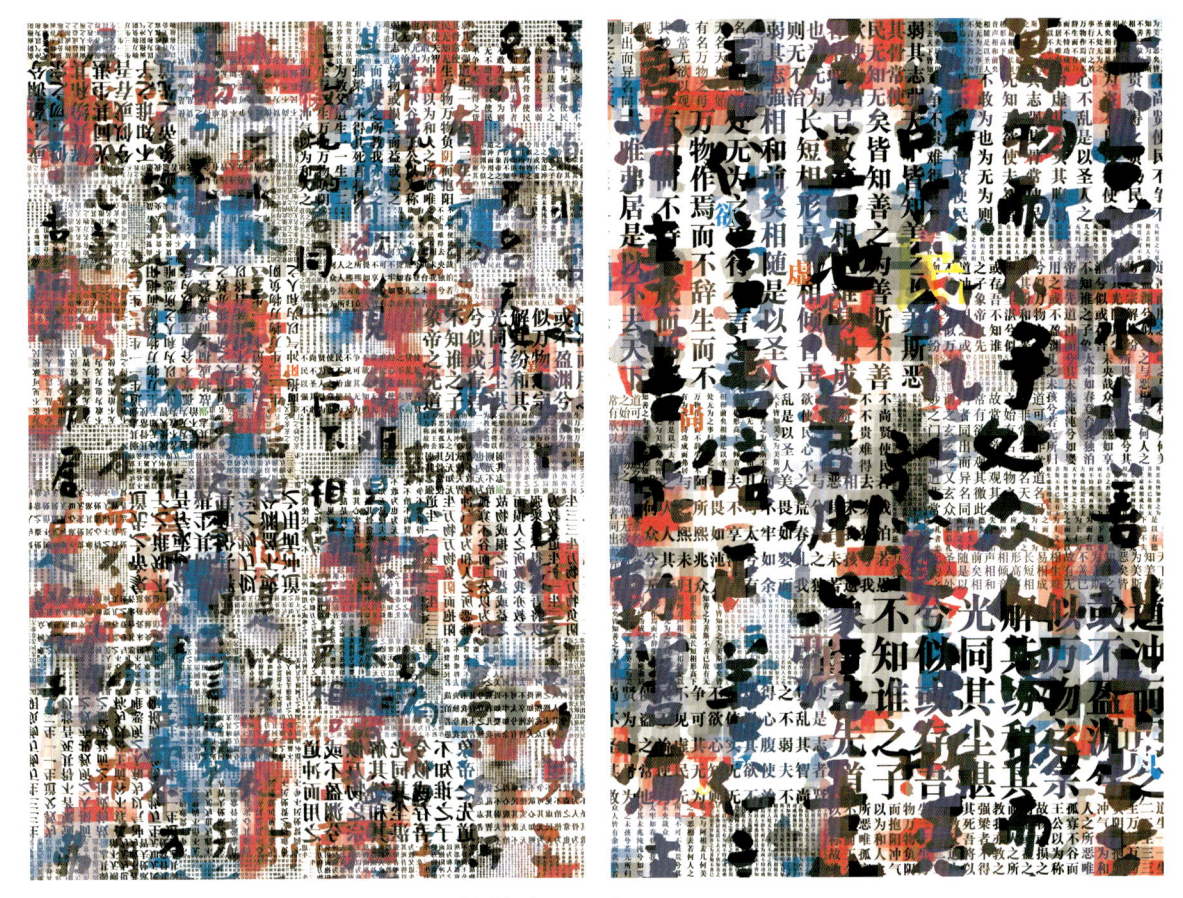

"第十七届国际中国哲学大会·巴黎"主题系列海报（共3幅，此为其中2幅），2011年

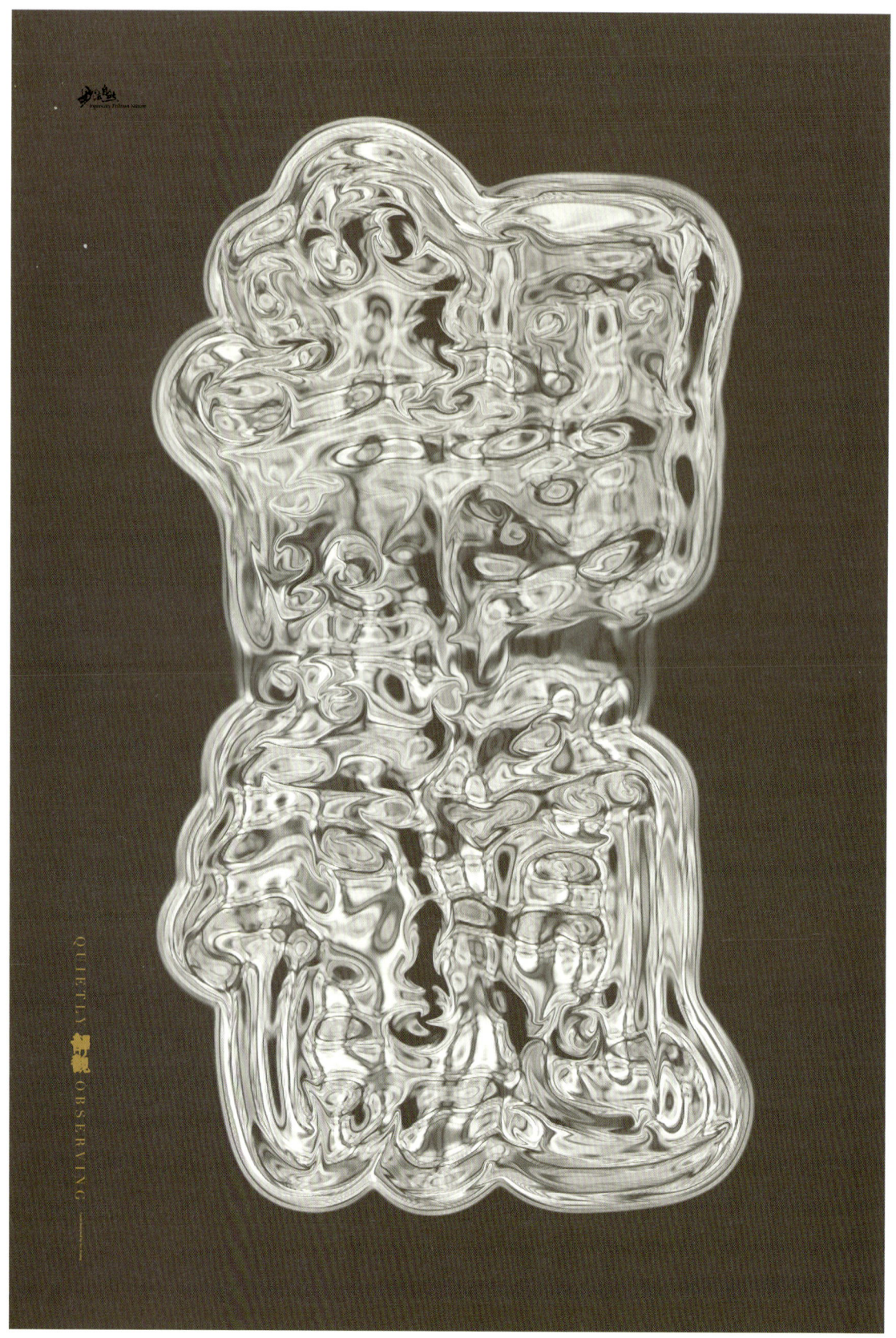

QUIETLY 靜觀 OBSERVING

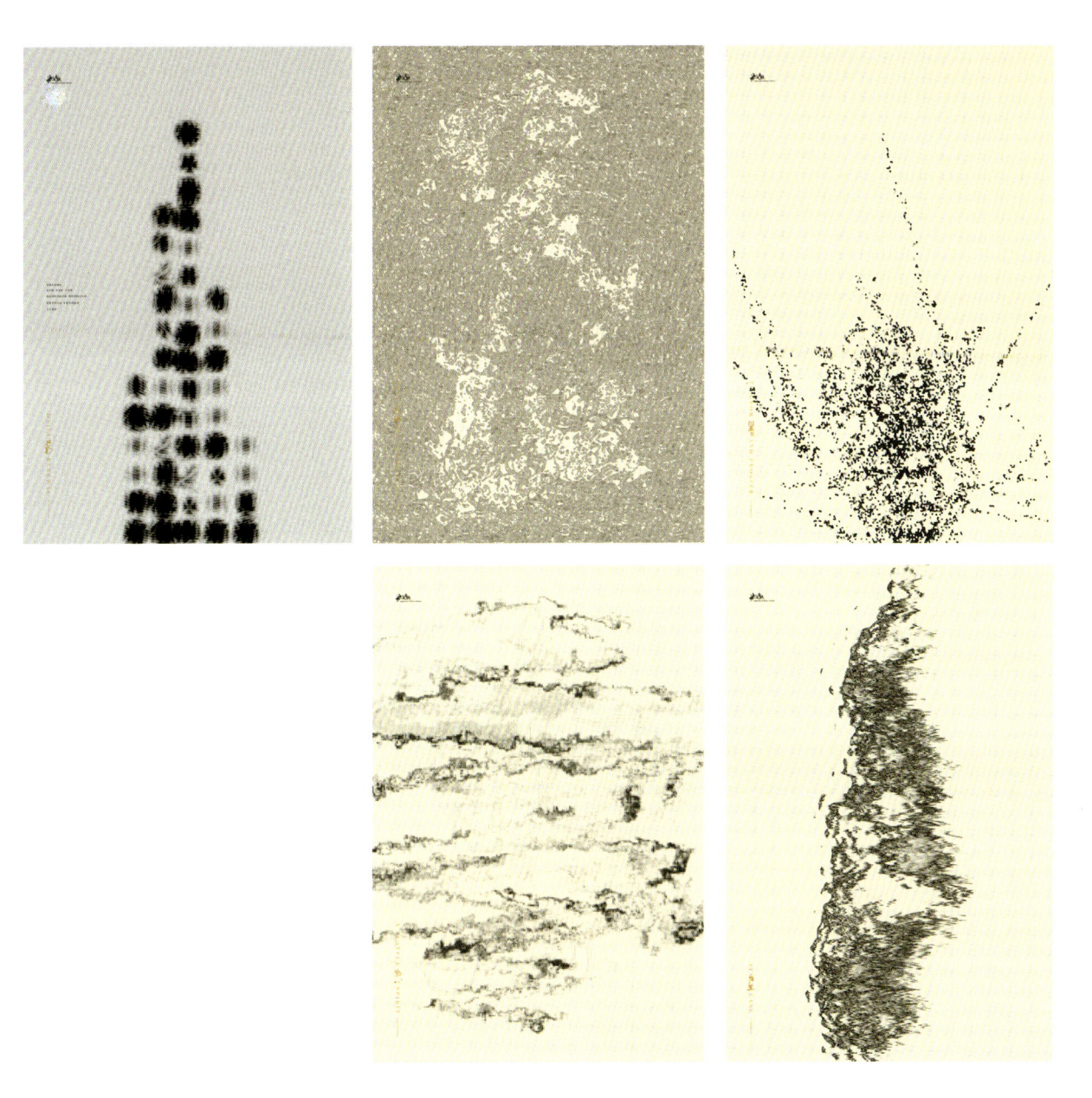

时间 - 2011年
主题 - 《妙法自然》
类别 - 主题海报

设计 - 韩家英受邀为中国台湾书法家董阳孜女士的书法作品创作了《妙法自然》系列海报。在6幅作品中，有利用数字模拟出冰块在融化时流动感的"静观"、涟漪升腾的"日新"、由远及近变化形态与字意相生的"圆融"，也有用马赛克表现爬山虎在墙壁上勃然生长的"生生"、云游浮动的"游心"、山风劲吹的"自在"，人们可以在设计师所营造的书艺之境中感受到图像与文字共同生发的形意之美。

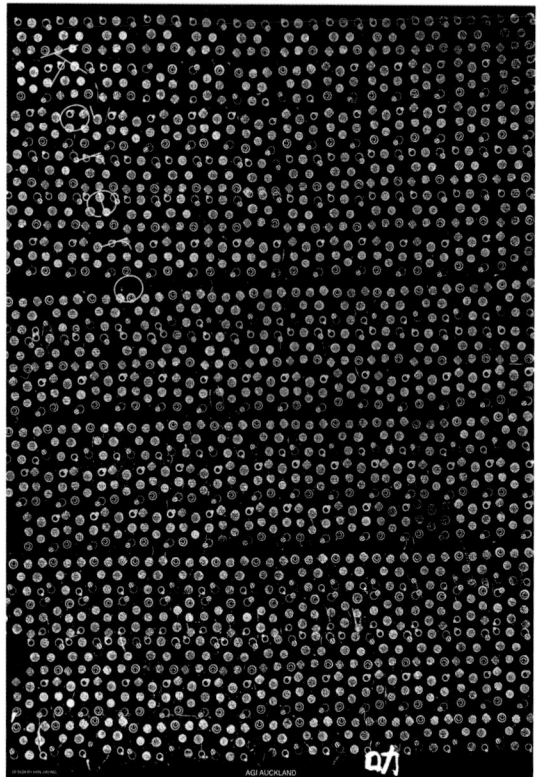

时间 - 2023年
主题 - AGI 大会 kōrero
类别 - 海报设计

设 计 - 此为受新西兰 AGI 大会邀请创作的 "kōrero" 主题系列海报。"kōrero" 为毛利语，意为交流。海报以字母 "O" 为创作主体，通过平面化的圆形印章，尝试声音视觉化表达的可能，以肌理、字形与图像的变化构建了独特的视觉画面。

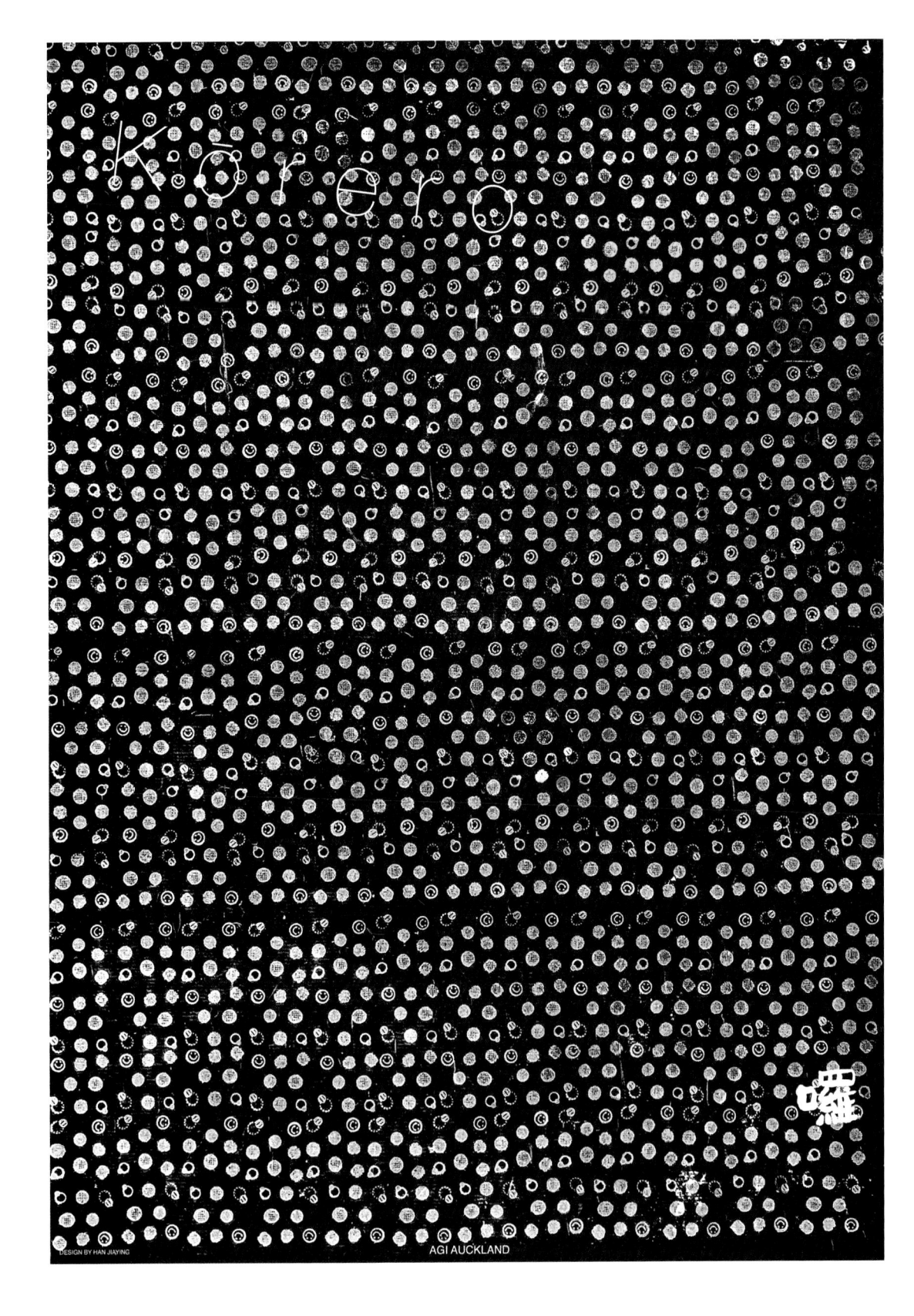

DESIGN BY HAN JIAYING • AGI AUCKLAND

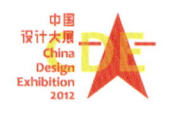

时间 - 1993—2023年
主题 - 品牌
类别 - 标志与形象设计

设计 -20世纪90年代，品牌视觉设计系统在国内尚未被广泛认知时，韩家英已为新大洲、康佳、万科等企业建构了视觉识别系统，以先锋的设计理念与实践参与到中国品牌现代化建设中。在30年里，韩家英不断拓展企业视觉设计领域，打造了许多经典、历久弥新的品牌与城市形象设计。

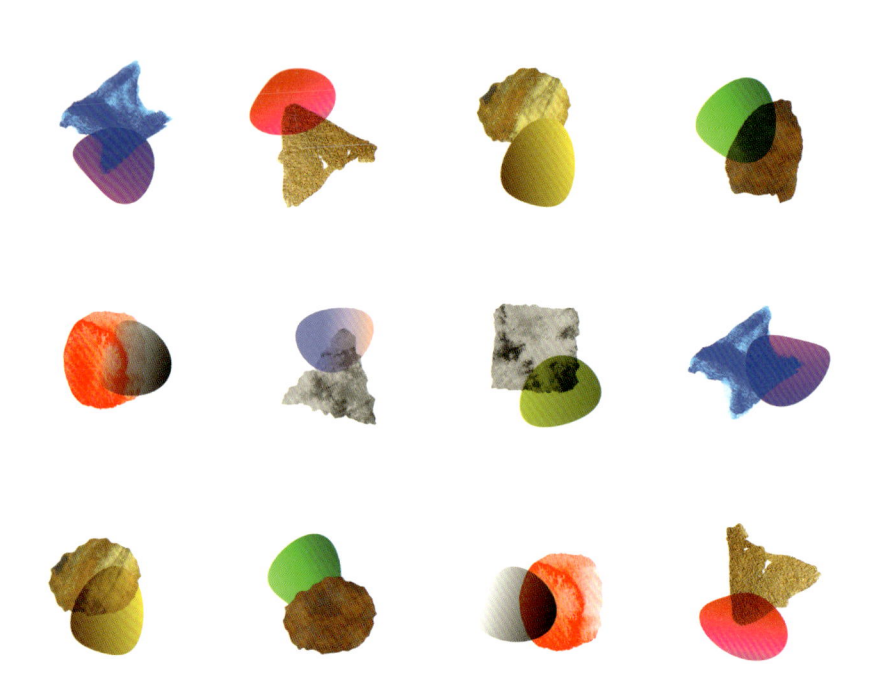

"相遇：上海城市空间艺术季"，展览视觉设计，2019年（共6幅）

时间 - 2019年
主题 - "相遇：上海城市空间艺术季"
类别 - 城市空间设计

设计 - 此次上海城市空间艺术季展览邀请了国际策展大师北川富朗先生担任总策展人，韩家英担任视觉设计总监。他们将上海杨浦滨江工业锈带的城市工业痕迹纳入设计展区，令原生石材与金属两种材质交叠于湖面，突显出厚重的时代记忆，阐述一种原始与现代"相遇"的主题。

故宫文创馆·汉字馆，2019年

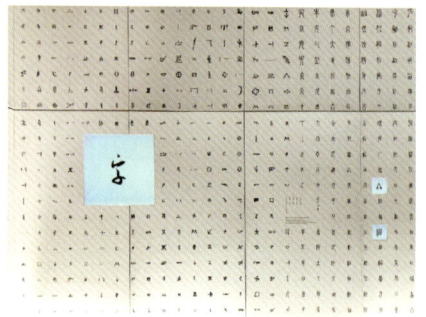

时间 - 2017年
主题 - 千里江山——历代青绿山水画特展
类别 - 展览空间设计
场地 - 故宫博物院

设计 - 基于历代青绿山水画的展览主题，为体现展品的气势与体量感，韩家英主张在故宫博物院的午门正殿展厅中只放置《千里江山图》一幅画，显示了他对展品价值与展览空间关系的整体把握，以最具仪式感和代表性的形态来突显设计所承载的核心价值。

故宫展览"贺岁迎祥——紫禁城里过大年",2019年

173

兴 — Gallery 艺廊空间设计，2020年

深圳设计周形象设计，2021年

1. 兰亭十三跋，装置艺术，铜片
2. 字象乾坤·菩提，铜板画
3. 肖像，版画
4.《石》系列之一，丝网版画

时间 - 2023年
主题 - 韩家英的设计辞典
类别 - 设计展览
场地 - 何香凝美术馆

设计 - "韩家英的设计辞典"个展涵盖了绘画、雕塑、装置、影像、新媒体艺术、创作草稿及文献档案等创作领域，反映了韩家英关于"设计"的系统观念。"设计"在他看来是一种综合性载体，承载着他关于文化、艺术的认知与想象，呈现出由设计生发的艺术新样态。

《天涯》1997年第1期封面设计

《天涯》1997年第2期封面设计

《天涯》1997年第3期封面设计

时间 - 1997年
主题 -《天涯》杂志
类别 - 平面设计

设计 - 在《天涯》杂志的封面设计中，文字是创意主题的核心，文字与图像有着内在的关联与共通性，能够以抽离式的切片形态延伸出多重的表述，在不同的重组变构下输出语意丰富的视觉印象。为了在当时一众文艺杂志中独彰个性形象，韩家英将汉字与图形作为《天涯》的主要视觉元素，二者的存在并不单纯指向中文语境中的符号学意义，而是通过与其他看似与字意不相关的物象组合形成特殊的意象，展现了韩家英关于图形设计的极致想象。

《设计之都深圳》第1期平面设计，2020年

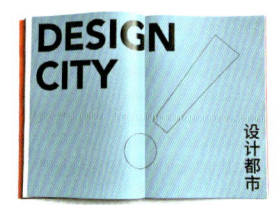

《设计之都深圳》第2期平面设计，2021年

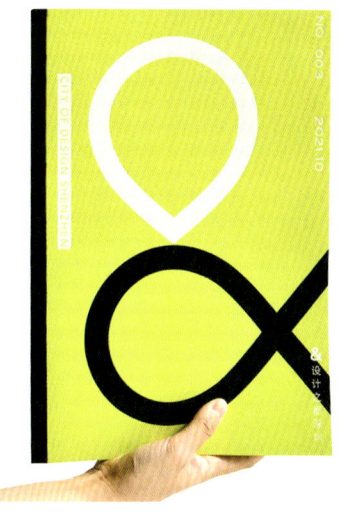

《设计之都深圳》第3期平面设计，2021年

177

《5000×50×500》，书籍策划与设计，2012年

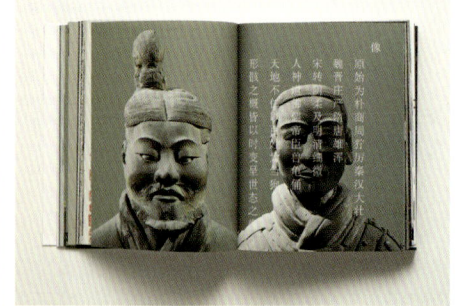

时间 - 2012年
主题 - 《5000×50×500》
类别 - 书籍策划与设计

设计 - 本书集录了韩家英以个人审美视角选取的经典视觉元素，串联转述了华夏五千年古老中国关于文字、符号、色彩和形态塑造的巧思与智慧，提炼总结出500种"中国色彩"，通过50个案例的设计过程呈现了文字的记录与思考，以中国人的设计和思维方式探寻东方美学语境形成的内在逻辑。

《曾梵志：散步》，展览画册设计，2016年

《2010曾梵志》，展览画册设计，2010年

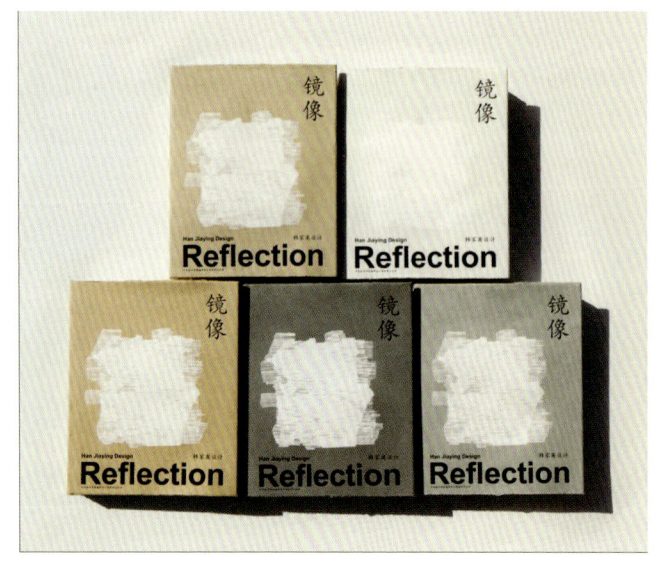

韩家英著：《镜像——韩家英设计》，书籍设计，湖南美术出版社，2012年

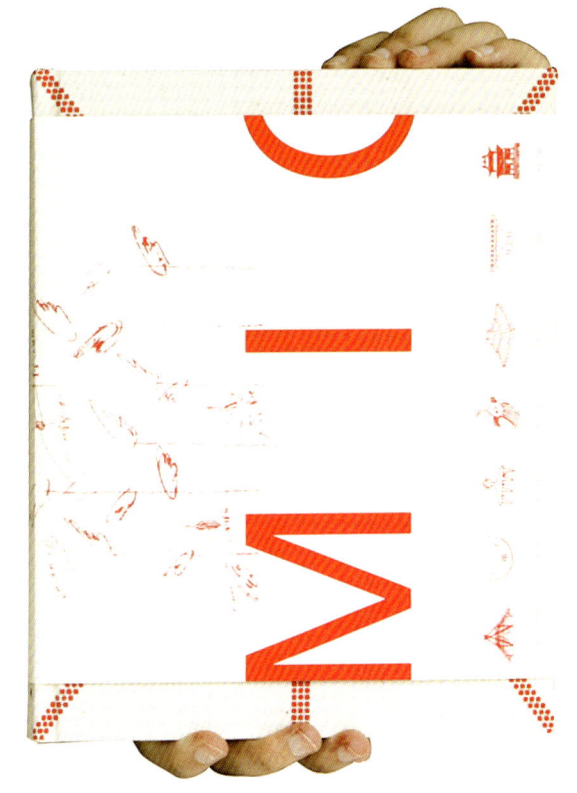

《米丘1987—2006》，艺术画册设计，2008年

《首届中国设计大展2012作品集》，书籍设计，四川出版集团、四川美术出版社、
《艺术与设计》杂志社，2012年

访谈·纪事

1. 设计让您形成了哪些职业特点？

韩：平面设计师在中国经历了几个阶段。我们上大学的时候，学校更多的是以培养艺术家的这种方式来教育，包括我们所学的课程和接触到的知识。我们大学毕业后平面设计在国内刚刚兴起，正好赶上了西方平面设计印刷业发展"黄金时代"的尾声，那时海报是让我们特别兴奋的一个主要创作载体。至今，平面设计师的职业身份还是比较突出的。过去平面设计大多是印刷品和招贴海报为主，现在随着动态视频、数字网络和广告等的出现，平面设计发生了翻天覆地的变化。从定义上来说，将"Graphic"翻译成"平面"可能不太准确，它其实就是图形的一种创作，这一点是没有改变的，而平面设计师是创造一个独特视觉语言生命力的关键点所在，即便是 AI 技术发展，视觉设计还是需要平面设计师来创作。传统意义上的设计师职业其实涉猎的领域已经不仅是简单的平面设计，像我做设计公司有六七十人的团队，像服务于一些大品牌怡宝、万科，同时也会从事艺术策划领域方面的工作，工作是多元化的。设计师既需要有艺术家的底色，也应有一个对设计职业身份的认知，才能够对设计有更加清晰的判断。我在 2000 年前基本上就是一个传统的平面设计师，2000 年之后开始从事一些艺术创作、空间或展览设计，甚至是产品设计等……设计师其实变成了一个类似"万金油"性质的工作，带有比较多元化的的职业特点。

2. 设计让您感受到快乐吗？有哪些是比较快乐的部分？

韩：其实在我的职业生涯中，包括我的个人爱好兴趣、对市场的适应，其实都是整个社会带着走的，我的兴奋点也一直在发生变化。从 20 世纪 90 年代我更多注重在海报的创作还有一些书籍方面的设计，后来做品牌设计、个展以及自己的艺术创作，设计的快乐便是从不同的工作项目里来找到的。

3. 您认为设计给予社会的是什么？

韩：我觉得设计的社会价值是一种审美对他人的影响。其实回过头来看，我更在意作品的生命力。因为做平面设计有很多是快速消费的东西，可能很快就结束了，但不代表就没有价值。比如我们做很多企业形象的标志设计，过了二三十年企业还在使用，它发挥了功能和作用，而审美与文化价值决定了它的生命力，所以我认为对于设计作品来说时间也是很重要的一个方面。

4. 在不同时代的技术发展变革时期，设计师应具备哪些基本的职业素养？

韩：我觉得需要更加有激情、有才华和技术。现在大环境无法让人慢慢去酝酿设计，不像我们过去还可以慢慢地有时间去打磨，现在常常要求 7～10 天就出一套设计方案，但是设计思考的过程没有这么快。设计师的职业素养面临着巨大的挑战，让你可能对标某个东西马上就可以模仿做出来，只要符合商业需求就完了，但几个月半年之后这个东西可能就会过时，设计师要面对这些最真实的行业现实而没有选择。

5. 从事设计行业的这些年，您觉得哪个阶段是自己最自在或充实的状态？

韩：我觉得自己不是在某一个状态，而是在不断变化：一方面我在坚持我自己的东西，一方面也在不断适应着今天这个世界所发生的变化，虽说我需要尝试一种新的可能性来适应现在的需要，但是我乐在其中。

6. 从过去至今您一直坚持的设计精神或理念（原则／态度）是什么？

韩：我是坚持个人设计上的客观原则。20世纪90年代我在万科这样的龙头企业旗下的公司做了三年的设计工作，每个项目既要完成客户的委托发挥设计才能，又要有商业的目标需求，而受到这些训练的设计师比较少。设计师需要在这种双重标准下完成项目的设计，其间会遇到非常多解决不了的难题，所以挑战也是很大的，这些都是设计要考虑的因素。当然我们也很幸运，万科给了设计师很多机会，让你能做一些比较出格的东西，去尝试一些新的表达，我觉得那是特别难得的。像在1992—1993年我为万科做了3本年报设计，当时这是中国最早的彩色年报，在那个没有电脑的时代，现在回过头来看里面的设计做得还是可以的。

7. 设计之外，您还较为关注哪些方面的事物？

韩：我在编辑自己过去拍的一些摄影作品，因为自己特别喜欢摄影，大多是随手拍，现在就是用手机拍摄。每次出去都会拍到某些有价值的东西，有些可能是二三十年前拍的照片，一直保存在好几个ipad里。

8. 如果设计是认知生活的一种方式，您会想要怎样去运用它？

韩：我觉得是用心去体会，因为设计师需要有一种敏感的神经，加上你独特的判断，如果你没有一种全方位的感知力，洞察不了生活中人性和社会中那些最本质的问题和细节的话，是很难成为一个好的设计师的。

9. 个人经历中在当下您依然还会感怀的片断是哪一时刻？

韩：有时我会回过头去看某些东西，可能当时也就是些无厘头、随意的感觉，或并没有非常理性地在思考，只是一种潜意识的，也没有认为一定要怎么做，或者是已经想好了类似一加一等于二的那种逻辑，这些片断对我其实也是一种启发。

10. 有哪些新近正在推进的新项目？

韩：近期新的项目是两本新书一直在推进：一本是个人从业30年来的作品集，一本是《字——汉字的视觉语法》，是对自己从业以来设计与研究的一个总结。

［以上来自于2024年4月19日与韩家英的访谈内容］

1. 韩家英的设计手稿图
2. Design360°的采访报道《对话韩家英》，2023年
3. 宁岱：《艺术家的日常肖像》，《天涯》杂志第4期，2024年
4. 《晶报》"元故事"栏目的专版报道《韩家英的设计密码》，2023年
5. 在"2023深圳设计周"期间，湾MORE故事的"SNG大湾区"新闻报道《设计师韩家英专访：设计改变未来》，2023年
6. 凤凰艺术的专题报道《宁岱：韩家英设计辞典的底色》，2023年

李克克
LI Keke
平面广告 &
CIS 设计思维

李克克

设计师，创立深圳市鼎成战略有限公司、深圳优泰文创运营发展有限公司。曾任万科与美国智威汤逊合资 SIMS 公司（中国第一家中外合资的广告公司）常务副总经理。现为深圳优泰文创运营发展有限公司董事长。

担任西安交通大学研究生导师、中国国家艺术基金青年艺术人才培训计划特约讲师、美国格理集团市场咨询专家。

其艺术与职业生涯中获得十几项国内外专业奖项，包括："西北广告设计大赛"一等奖与"全国大学生广告设计展"一等奖，成为唯一获得两项大奖的在校生（1986）；中国包装设计协会标志全国招标一等奖（1988）；果皇牌系列饮品包装设计与广告获得"中国外广告协年展"铜奖（1989）；润迅传呼广告获得"全国首届媒体广告大赛"银奖（1994）；特立股票上市广告获得"平面设计在中国"96展佳作奖（1996）；中航广场系列广告为首个入选国际大赛的中国广告作品，获得第28届法国戛纳国际广告节佳作奖（1996）、美国纽约克里奥（CLIO）国际广告节佳作奖（1997）。获得中国文化产业交流大会"深圳文化英才"称号（2008）、新疆区域公共形象"新疆品质"标志全国招标一等奖（2022）。

设计师 / 李克克

设计·印象

2023年是李克克来到深圳的第34个年头，这位来自新疆的设计师而今已非常适应深圳的节奏，讲起当年往事话头一直停不下来，从闲适的下午茶时间一直聊到店铺打烊，为访谈增添了不少超出预期的新鲜故事。

作为较早一批"下海"的设计师，李克克有着敏锐的商业思维。在SIMS公司工作时，有机会接触到了广泛的专业资源，使他的思维模式不再单纯地局限于做一名设计师，而是逐渐在管理团队、整合业务上形成了自己的一套体系。他对CIS设计体系的理解与工作流程独有心得，讲起各类实践案例便滔滔不绝。

在大时代的激流中，需要极大的勇气才能跟上发展的步伐。多次面临人生十字路口的抉择为他的人生增添了许多波澜与色彩。平日里惯常以牛仔装风格示人的李克克就像一只鹰，只要目标明确，便会义无反顾地飞翔……

笔者与李克克的出版采访与交流，2023年

设计·观点 [节选]

1 改革开放时期，中国的现代平面设计与广告，随着市场经济的发展经历了20世纪80年代初期至中期的引进与学习，80年代末和90年代初期的实践和探索阶段后，至2000年臻于成熟。而处于改革开放的前沿，深圳的现代平面设计与广告业有着诸多显著的优势，首先是深圳的企业与品牌有较强的商业包装与推广意识，其次是深圳有发达的印刷产业基地支持，再加上平面媒体的开放与商业化，这些都为深圳的现代平面设计与广告业提供了良好的产业环境与发展条件。

2 早期深圳的公司及从业人员，为了市场需求和自身的生存发展，在平面设计与广告业务上并无严格的划分，很长一段时间里在兼顾或跨界中，呈现出一种混合或混沌的发展态势，业务灵活多态且高效。两者的发展也基本是同步的，因为当时广告公司的从业人员大多从事着平面设计工作，成为广告行业发展的基础。

3 SIMS公司初期的业务包括企业形象系统（CIS）、产品包装、平面广告和电视广告、市场营销推广策划等，但基本算是标准意义上的广告公司，后来平面设计独立成为一个完成整体包装推广的部门（负责视觉表现的环节）。当时来自智威汤逊的很多国际品牌在中国投放的媒体广告，形成了SIMS的主要业务收益来源，从而建立起了SIMS公司在全国媒体广告行业的领先地位。

4 设计管理者的角色并不仅仅是一位设计师，还是一位关系到公司发展方向的经营者。需要根据人才的不同特点，采用合理的整体调度与激励方式。

（以上观点节选自2024年3月岭南美术出版社对李克克的采访内容）

设计·往事

时间 - 1995年
场景 - 深圳·
往事 - 设计创业

李克克创办的鼎成广告公司地处深圳华联发大厦，以 CIS 设计为主体业务，先后代理了中国联通、移动、电信三大通信企业的相关业务，此外还与英国百安居、香港新世界中国地产、新加坡金龙鱼、美的电器、深圳华侨城文旅等品牌开展了设计合作。

万科嘉年华活动，1993年

"平面设计在中国"展的主要工作团队，1996年

时间 - 1991年
场景 - 深圳
往事 - 广告摄影

李克克与SIMS公司同事在海边拍摄东鹏饮料品牌广告。当时的企业广告时常需要外景拍摄，根据品牌调性策划来设定故事剧情、模特形象及场景等，这也是大多数广告公司服务拓展的主要板块。

一众中国设计师赴法国参加中国文化年系列交流活动，1997年

王序（中）、李克克（左）与澳大利亚著名设计师靳凯道共同交流，1992年

李克克在 SIMS 时的工作照，1994 年

李克克在 SIMS 接待到访客户，1992 年

在中国传统工艺创新设计论坛做专题演讲，2018 年

拓展平面设计的创意边界

[1] 新疆师范大学于1978年12月经教育部批准设立，其前身是乌鲁木齐第一师范学校和新疆教师培训部。

[2] 笔者于2023年5月2日在深圳欢乐海岸拜访了李克克先生，此后我们多次联系沟通。在谈到这一点时，李克克先生特意提到他们当年的系名是"工艺设计系"，而不是"工艺美术系"，因此他们并没有学图案课程（如二方连续等）。笔者认为李克克先生的描述是准确的，但是学系的官方名称也许在口口相传中有所差异，在有关陈绍华先生和韩家英先生的一些文章中均是以"工艺系"进行表述的。具体可参阅《深圳设计四十年·人物访谈——陈绍华》和《韩家英教授为我系青年教师及研究生举办学术座谈会》两篇文章。详见西安美术学院官方网站：http://sheji.xafa.edu.cn/dynamic/show/196.html，援引时间为2023年5月5日。陈绍华设计有限公司官方网站：http://www.cshdesign.cc/shows/31/5.html，援引时间为2023年5月3日。综合以上因素，本文以"工艺系"进行描述。

李克克是20世纪80年代"下海"深圳的一介设计青年。而深圳这座正处于改革开放前沿的城市，与北京、上海及其他内陆城市相比，企业发展环境更宽松，就业机会也更多。只有身在其中，才能感受到这里开放的特区氛围和灵活的就业方式。李克克同许多怀揣梦想从全国各地来到沿海经济特区的人一样，义无反顾地投奔了这座年轻的城市。在这里，"就业机会"的意义与内陆大有不同：在内地，一份好工作总是与稳定性捆绑在一起；而在特区，工作的价值却往往在不断的试错及更换的不确定性中体现出来。用李克克的话说就是："在内陆你不可能随便找一份工作，今天不干了，明天又换一个单位，后天又怎么样，这肯定不能，但深圳可以。"的确，20世纪80年代的来深建设者中，很少有人能做到一份工作干一辈子。有人说，放弃内陆"铁饭碗"来到深圳闯荡的那些人都是不"安分守己"的。然而，这种"不安分"并不完全出自个人的好奇与冲动，还裹挟着改革开放为年轻人带来的时代感召。（图1）

一、走出西部　闯荡特区

李克克从西安美术学院的工艺系毕业后不久，便成了南下深圳大潮中的一员。他祖籍湖南，由于祖父母都是民国时燕京大学的学生，毕业后选择了戍疆，而父母参加了中国人民解放军，因此李克克出生于新疆的一个文艺军人家庭，从小就在这块沃土上成长。由于自幼喜欢绘画，李克克在18岁那年考进了新疆师范大学美术专业。[1] 毕业后，他做了一年多的美术老师，此后又怀揣着追求学识与艺术的理想，在1982年考取了西安美术学院，在工艺系学习"装潢"专业，当时所学的主要专业课程是广告设计、包装设计、书籍装帧和装饰画（他认为只有装饰画是唯一与"装潢"有关的课程）。[2]（图2、图3）虽然20世纪80年代初中国现代设计教育的学科体系尚未完全形成，但是

图1
李克克在SIMS，1992年

图2
李克克在西安美术学院大学的本科毕业设计作品《自然纯正的享受》，获得"全国大学生广告设计展"一等奖，1986年

图1

图2

从课程结构可以看出，西安美术学院这个专业实际上指向的就是今天的"平面设计"。因为当时工艺系的所有作业都要手绘完成，所以有很强的美术与传统工艺特点。当年班里一共15名同学，李克克与同班的韩家英不但是最好的朋友，两人的学习成绩也始终处于班级前列。[1] 由于李克克17岁高中毕业，先工作了一年才去读师范大学，毕业后又工作了一年多才考进美院，因此年龄较长。他学习用功，平时热心协助老师的教学工作，并积极为同学们服务，于是他与韩家英被选为正、副班长。

当时担任他们班主任的郭线庐（此后担任西安美术学院院长、陕西省美术家协会主席等）对学生尤为关照。李克克认为，相比"班主任"这一身份，年长他两岁的郭线庐更像是一位兄长。郭线庐曾经把自己在学校宿舍的钥匙留给李克克，让他在这里读书学习时可以免受打扰。两人至今一直保持着这种亦师亦友的关系。当年的西安美术学院虽然不像沿海的广州美术学院那样，享有与港澳毗邻的地缘优势，但是古城厚重的文化艺术氛围深深地滋养了广大学子，也吸引了许多青年才俊。例如，曾在陕西省艺术学校学习，后来到中央工艺美术学院就读的陈绍华，在大学毕业后就选择入职西安美术学院，成为了一名工艺系教师。

20世纪80年代中期，曾在日本京都艺术短期大学留学的党晟（后参与筹建了西安联合大学，并担任艺术学院院长）学成归国。他满怀信心，希望能将CIS等设计理念引入国内教学。当时西安美术学院还专门邀请党晟到学校做了一次讲座。正是这次讲座，让李克克更多地了解到福田繁雄（Shigeo Fukuda）、中西元男等日本设计师及其作品（图4），尤其是讲座中提到的CIS，这个全新的概念令他印象尤为深刻。中西元男被认为是日本最有影响力的CIS设计大师，其客户包

[1] 在韩家英的著作《镜像——韩家英设计》中有一张1986年韩家英先生与同学李克克先生、张燕女士的合影照片，可见他们之间的同学情谊。详见韩家英. 镜像——韩家英设计[M]. 长沙：湖南人民出版社，2012. P89.

图3
（左）李克克在西安美术学院时创作的装饰画《华清池》，1983年

（中、右）李克克创作的《胡杨》系列钢笔画（2021—2022年）

图3

括松屋百货、住友银行、麒麟啤酒、NTT、健伍等。他的著作《创造现代企业的设计》(New DECOMAS——Design Conscious Management Strategy)被认为是全球CIS领域最重要的参考文献之一。(图5)

对于好学求进的李克克来说，党晟的讲座在专业认知上给他带来的冲击和启发非常大，像是为他打开了另一扇窗，以至于他对设计的好奇心更加强烈了。(图6)然而遗憾的是，这扇窗所透射的设计理念在当时的西安，乃至整个内地的商业环境中并没有太多体现，无论学习还是实践的机会都少之又少，这让李克克深感困惑与不甘。的确，那时人们的就业还普遍处于被统筹分配的体制下，工作机会很难依从个人意志选择，而销售、流通等今天习以为常的市场化行为也都还没有起步。只有在一定的大环境下，设计才有在生活中传播的途径。当然，相比自己的故乡新疆，当时的西安对李克克而言已经是非常发达的城市了，这里有更多施展专业的机会，加上他与同班同学张燕相恋（后来成为他的太太），很快他就下定决心在西安发展。

虽然毕业后李克克被分配回了新疆，但他很快就离职返回了西安。正如韩家英等同学被分配到学校教书那样，李克克也准备到高校做老师。当时他有机会去西安交通大学教建筑绘画，或调去刚刚建校的西安大学教设计，然而他并没有仓促做决定。在李克克看来，大学教师虽然工作稳定且很受社会尊重，但在专业实践上机会有限，难以充分施展自己的专业所长。那些对个人专业能力充满信心的艺术院校毕业生大多抱有这样的心态，也有许多专业能力强的艺术工作者往往不满足于安稳的工作环境，希望通过在行业一线打拼历练成为职业艺术家。亚洲最炙手可热的当代艺术家村上隆（Murakami Takashi）就是一个典型。要说学历，1993年刚刚30岁出头的他就从东京艺术大学获得了博士学位，日本是个学历社会，顶着名校光环的他如果要进学校教书并非难事。然而村上隆就是不进学校，只因进了学校他的身份就成了老师。老师不是职业艺术家，这与他的志向不符，他的目标是做一名职业艺术家，以自己的专业所长养活自己。

图4
日本设计师中西元男的CIS设计

图5
中西元男编著：《创造现代企业的设计》，中国摄影出版社，1994年

图6
李克克在大学期间的设计创作：《殊途同向》(1987)、《祈祷》(1985)

图4

图5

图6

就在李克克站在人生十字路口犹豫的时候,老师陈绍华的一番话语触动了他。那时,李克克跟着陈绍华参与了《红高粱》电影海报的项目。当陈绍华听到李克克准备去学校教书的想法时,他告诉李克克自己已决定舍弃在西安美术学院的教职,准备去沿海地区工作。作为八大美院之一,西安美术学院是很多人梦寐以求的美术与设计殿堂,而像陈绍华这么优秀的老师说不干就不干了,让李克克大感意外。(图7)接着,陈绍华问他愿不愿意一同到企业去。本着对老师的敬重与信任,李克克也就下定决心一同前往。由于在西安宾馆的装修及达美公司的相关设计工作中,他们的专业水平给深圳勘察设计院的领导留下了深刻印象,因此,两人很快就收到了深圳勘察设计院的邀约,他们毫不犹豫地选择了南下深圳闯荡。实际上,这样的决定也不是突然冒出来的。因为当时放眼全国,只有深圳能够给予设计工作者比较理想的工作环境和较充分的设计实践机会。

陈绍华比李克克早一步来到深圳,当时达美公司安排他跟进海口的建国酒店项目,并为他拨了3000元工作经费。为了提高工作效率,陈绍华为李克克买了一张机票,让他直接飞到海口与自己会合。因此,李克克还没来得及去深圳达美公司报到,就已直接投入到达美公司的海口建国酒店设计项目中。(图8)后来,两人发现达美公司的业务主要围绕装修工程开展,每天都需要解决各种材料及其施工技术问题,而这并不是他们擅长和真正热爱的领域,加上当时的项目落地在海南,因此两人都萌生了去意。据李克克回忆,陈绍华大概在达美公司工作了3个月左右就离职了,而他自己也仅仅工作了9个月。为了一份在陌生城市只干了几个月的工作,放弃了省会高校的稳定教职,即使是在不将"编制"视为首选的今天,听起来也是一件极其冒险的事情,当时这种决定更是让大部分人难以理解。

然而在那个时代,无论是陈绍华还是李克克,他们都没有将某一份工作看得有多么重要。对于他们来说,内心跟随时代而被激发的设计冲动压倒了一切犹豫与踌躇,让他们能够大胆而毅然地与过去告别,全身心地投入明天的未知之中。与其说他们离开了高校,不如说他们选择了一条告别传统体制,在时代的激流中冲浪一把的搏击之路。实际上,直到陈绍华为"平面设计在中国"92展设计海报时,关于传统与现代的思考依然清晰地建构着这一时代主题。

李克克来到了前途充满未知的深圳,全力发挥自己的专长,一点点地积累专业成果,为这个心心念念的现代城市做着自己的贡献,这些

图7
(左)李克克在西安美术学院时协助陈绍华设计的《红高粱》电影海报,1988年

(右)李克克在西安美术学院时设计的《西北音乐大奖赛》海报,获得"西北广告设计大赛"一等奖,1986年

图8
海口建国酒店(现为温德森酒店,图片为笔者于2023年在海口拍摄)

奋斗历程也在城市建设进程中被认可并记录了下来。在这里，每一天都在发生着革新与变化，"明天"总是不可完全预知的。这种不可预知性让他的内心时常充盈着新的希望和不断向前的勇气。的确如此，如果我们面对的每一个明天都与昨天一样，那么社会将很难发展，且会了然无趣。正如李克克所言，深圳龙华就是一个典型，十几年前，没有多少人能够料想到如今这里竟会如此繁华。

然而最初李克克也曾经犹豫过是否留在深圳工作。如前所述，达美公司的工作任务在海南，李克克被公司派驻海口担任酒店的装饰设计工作时，恰逢海南大学筹建设计系，艺术学院副院长谢源瑛教授曾邀请他去执教，这令他开始考虑是否要放弃在企业的工作，转回学校教书。李克克犹豫之际，已经入职万科旗下深圳国际企业服务公司的陈绍华老师告知他——SIMS才是设计师应该来的地方。与上次同样，源于对老师的敬重及信任，加上太太的分析和建议，李克克再一次果断地选择了企业，并于1989年返回深圳加入了SIMS。

二、由平面设计转型广告人

20世纪八九十年代的广告大多依靠报纸、杂志等传统纸媒进行投放，而陈绍华和李克克最擅长的就是平面设计。因此，来到SIMS工作让他们感受到可以大展身手的畅快。对李克克来说，这次平台转换是一次改变人生轨迹的重大抉择。在新的环境里，他终于能够放手去做自己真正热爱的广告设计了。

当年，虽然SIMS已开始在业内建立起名声且有着不错的业务量，但公司的广告业务还停留在比较初步的阶段。（图9）李克克希望能够从更广阔的角度切入，赋予方案更多的可能性。在刚到深圳后不久，李克克就参加了关于金威啤酒的英文品牌名称的一次讨论，当时的议题是将早期方案中的"goldway"改为"kingway"。[1] 此后他还多次参与了诸如此类的创意工作。即便多年后他在做专业分享时，

[1] 1989年粤海集团入股深圳啤酒厂项目后开始改名工作，这次改名具体提案人未知，应为集体讨论结果，事件在深圳市档案馆官方网站亦有记载。详见：http://www.szdag.gov.cn/dawh/szzg/content/post_99176.html，援引时间为2023年5月4日。

图9
（左、中）李克克在SIMS与同事进行业务交流与幻灯片方案讨论

（右）万科博物馆里的SIMS公司员工的档案签名（资料选自李克克的个人博客）

197

还会强调广告文案中名字富有深意的重要性，同时提醒专业人员要注意避免名字谐音等可能引发的歧义。这些案例让他开始注重发掘文字、文案的内涵，致力于品牌价值的研究与构建，学会以综合性思维去解决问题，并为他此后将SIMS带向一个集市场研究、整体策划、文案创意、媒体投放与代理为一体的全方位广告公司打下了业务基础。（图10）

工作稳定后，李克克将自己在深圳的感悟写信告诉了挚友韩家英。不久后的1990年，韩家英放弃了在西北纺织工学院服装系的教职，来到深圳加入了由郑凯南负责的万科影视部。李克克工作上勤奋敬业，很快成为SIMS公司不可或缺的中坚力量。他名义上担任公司的副总经理，同时还主抓了几乎所有业务。尤其是在陈绍华离任后，他实际上承担起了"创意总监"的工作。（图11）然而就在他力求兢兢业业做好每一个项目期间，却发生了一个让他意想不到的"插曲"。

由于刚刚升上管理层的李克克缺乏管理经验，加上新疆汉子骨子里的坚韧，他总是亲力亲为地去促成每一个具体项目，没有合理地将工作任务分解到基层。虽然这样做可以促进所有项目顺利完成，尽可能地保证专业水准，但却会使一部分员工在项目中失去发挥空间，体现不出个人的业绩水平和存在价值。因此，有些员工就他的工作向万科的上级领导反映意见。李克克积极应对这种情况并欣然接受大家的意见，开始主动加强自己在团队管理方面的学习。他意识到自己的角色并不仅仅是一位设计师，还是一位领导公司发展方向的管理者。高层领导在知道这件事后非但没有批评李克克，反倒笑着打趣他说："你确实不适合当副总，而是应该当老板！"转而就安排他担任了公司的常务副总。之后李克克把精力集中在企业管理上，更加注重与员工们的相处方式，以同理心站在基层员工发展的角度思考问题，帮助他们获得成长。

图10
李克克为中国首届美发大赛形象设计绘制的手稿及宣传海报，1992年

图11
李克克在公司管理之外积极参与"平面设计在中国"展的筹备工作，与王粤飞、韩家英时常保持工作上的沟通，1996年

图10

图11

[1] 很多年后李克克先生回顾这段往事，说他和习恰之间更像是导师和研究生的关系。

[2] 乔远生先生对此印象深刻，曾将其记录于《贵人》一文，并发布于个人公众号"体验的力量"：https://mp.weixin.qq.com/s/asPDeTfFl2tt1YUmE3RKQQ，援引时间为2023年5月6日。该文回顾了他与李克克先生的人生交往。李克克先生认为这些称呼是一种"纯属幽默的奉承"。

李克克重新考虑了公司的管理架构及相关问题，并调整了个人的工作管理方式、方法。例如，在创意设计工作方面，李克克将自己的角色从设计师转为了艺术指导，着重把关项目的整体性、系统性和创新性，从而保证设计的品质及效率。除了一些项目的紧要节点，他不再每个方案都亲自绘图，而是全权交由设计师独立去完成。与此同时，他也开始将主要精力放在公司业务发展策略、员工培养、外地分公司管理、外围资源拓展等方面。在李克克的带领下，SIMS 服务了包括中国联通、汾酒、深圳能源、海南新能源（图12）、中航地产、深圳福永镇（图13）、深圳金威啤酒、沈阳雪花啤酒、美国德士石油（中国）公司、新华保险、迈瑞医疗、CEC 中国电子等国内外知名企业与品牌。

在培养员工方面，当时在 SIMS 李克克有一位名叫习恰的美工助理，她学服装设计出身，对于平面设计，如标志和画册设计等完全没有知识储备与经验。然而李克克非常看好她的聪慧和学习能力，还有吃苦耐劳的工作态度，于是亲自带她做了许多项目，帮助她迅速成长为在 SIMS 独当一面的设计师。[1] 1992年进入 SIMS 的乔远生，之前是山西财经学院的副教授。李克克不但在广告业务上对他多有帮助，还为他引荐结识了陈绍华、韩家英、王粤飞、王序、夏一波等活跃在一线的知名设计师（图14），协助他在深圳乃至国内拓展行业与社会关系。这让乔远生也热爱上了广告与营销，完成了从一名大学教师到一名专业广告策划人的身份转变。因此，虽然乔远生比李克克要年长一些，但他一直将李克克视为自己入行的领路人、人生挚友和贵人。[2] 李克克以自己的专业和实践经验得到了同事们的信赖。在许多万科老员工的印象里，李克克总是神采奕奕，开朗健谈，将活力与欢乐带给大家，这无形中为公司整体营造了一个轻松愉悦的工作氛围。（图15）

图12
海南新能源，报纸广告，1993年

图13
深圳福永镇，报纸广告，1993年

图14
李克克与陈绍华、韩家英等设计同行，1994年

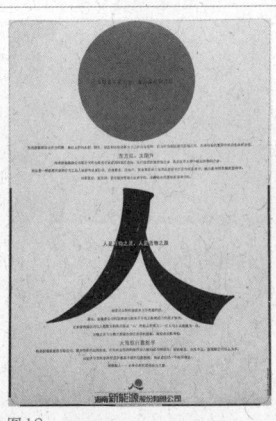

图12 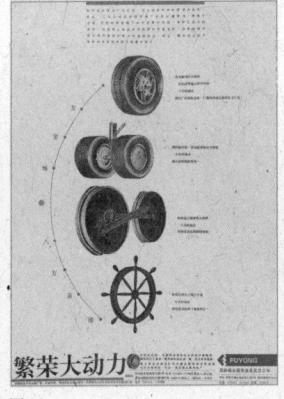　　　　　　图13 　　　　　　图14

199

工作之余，李克克对画漫画一直乐在其中。SIMS 曾有一面肖像漫画墙，其中多半同事的肖像漫画便出自他之手，为大家在工作之暇增添了不少乐趣。有一次他给自己的助理习怡画了一幅漫画肖像，同事们看了后都觉得很像树熊考拉，从此习怡就有了"阿考"的花名，以至于后来公司的新同事一直不知道她的真名。自此，万科的很多同事都来找李克克求"墨宝"，《万科周刊》还专门开了一个漫画专栏，并在1992年第18期的封底给李克克送上生日祝福时，为他冠上了"万科漫画大王""国际漫画大师"的美称。[1]（图16）这些趣味漫画记录了伴随 SIMS 共同成长的同事形象，多年后成为大家难得的珍贵回忆。在 SIMS 这个大家庭，李克克以专业上的平等交流和无间沟通与大家共处，同他有过工作交集的员工除了看到他的专业能力外，也被他眼界开阔、思维活跃、逻辑严密、工作严谨但又不失风趣幽默的处事风格所影响。

[1] 关于这方面的描述，可参阅乔远生先生撰写的《贵人》一文。

随着市场经济的发展，特区的业态越来越丰富，广告需求量也越来越大，加上 SIMS 通过大量的精彩案例在行业内树立了标杆，一些资深员工开始重新思考自身定位和发展问题。部分员工开始朝外看，悄悄"炒更"以获得更多的工作之外的收益。[2] 作为管理者，李克克当然知道有人在"炒更"，但他更关心的是行业的发展动态和形势。他认为 SIMS 在广告界享有盛名是因为拥有一个非常出色的策划与设计团队，而每个项目都是集体智慧的成果反映。面对公司内部员工在工作心态上的变化，李克克没有像有些管理者那样，对"炒更"的员工进行限制或是惩治，而是认识到"炒更"意味着市场需求和设计师业务拓展的转变，这促使他开始寻找设计师与公司之间的利益平衡。最终，他决定对设计团队进行"体制改革"，鼓励那些能力较强和声名渐起的设计师自立门户，再通过设计委托合作的形式让他们完成 SIMS 的业务项目。这种形式显然更能激发设计师们潜在的创作动力和热情，从而与公司达成业务上的共赢。

[2] "炒更"一词来自粤语。简单来说，就是通过利用本职工作之外的时间去做其他事，以获取报酬或增加收入。

图15
SIMS 的文娱活动，1993年

图16
（左）SIMS 的肖像漫画墙，1991年

（右）《万科周刊》，1992年

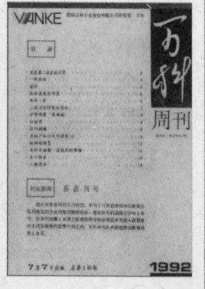

李克克的改革不但降低了公司的管理成本，减少了不稳定的人事因素带来的负面影响，还在一定程度上提升了设计项目的品质，反映了从公司大局出发的一种明智策略。对于一些有才能天赋的设计师，与其加以限制，不如考虑双方需求，以新的方式开展合作并创造市场价值。李克克的用人策略既尊重了人才价值，又考虑了公司发展。正因如此，SIMS 培育和孵化了很多成功的设计师和广告人。（图17）实际上，国际上很多著名设计师都采用过类似的策略。20世纪初，德国极具声望的建筑师彼得·贝伦斯（Peter Behrens）就是这样对待年轻的沃尔特·格罗比乌斯和密斯·凡·德·罗的。虽然格罗比乌斯和密斯都跟随贝伦斯做了很多重要项目，但是贝伦斯并没有限制他们的发展。最终二人都自立门户并与贝伦斯保持着非常良好的互动关系。当1927年密斯主导斯图加特的白院聚落时，他还给贝伦斯留出了非常重要的一席之地。

　　SIMS 几位"资深设计师"离职独立发展后，李克克开始招募一批年轻设计师以充实公司的创意队伍。大约在1994年，由他担任艺术指导创作了一则当时颇有创意的 SIMS 招聘广告。（图18）这件宣传效果独到的平面广告，以"寻找革命同志"的广告语令媒体的广告负责人眼前一亮。虽然经历了一些波折，但是当此则广告在报纸上发布后，很快便吸引了一大批青年才俊前来 SIMS 应聘，其中就包括后来成为知名设计师的黄扬和胡永，以及多位优秀的策划与文案创作人员，为 SIMS 充实了更多的创意新生力量。

　　由此可见，除了招聘广告的另类创意外，李克克还长于对广告市场的研究与创意策略，在文案创作上极为下功夫。虽然李克克始终对平面设计抱着极大的热情，但 SIMS 毕竟是一家标准的广告公司，这让他的事业发展走上了与其他平面设计师不同的道路。在他的办公室中就悬挂着一幅自己为 SIMS 做的宣传广告，画面上是一把布满雕龙画凤图案的老式猎枪，但枪身上却装着一个现代瞄准镜，宣传的广告语

图17
李克克为 SIMS 杂志做的广告形象设计，1990年

图18
李克克为 SIMS 设计的报纸招聘广告，约1994年

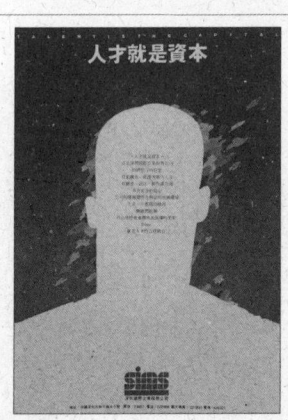

图17　　　　　　图18

201

是"御用火枪手"。在他的理念里客户是"上帝",而 SIMS 就是"上帝"御用的枪手,专门为客户"上帝"策划创意,通过好的设计来精准定位目标市场,产生效益,就如同火枪手般以"三点一线"的方式锁定目标,完成终极任务。(图19)

这幅海报作品反映了身处改革开放浪潮中的李克克关于广告人的角色定位,以及打破传统,对现代广告思维的探索。实际上,这可能也是始终存在于20世纪90年代初那些平面设计先行者心中的一个命题。陈绍华为"平面设计在中国"92展所做的那件主题海报也反映了同样的设计主题。火枪手主题海报的策划与 SIMS 招聘广告中的"寻找革命同志"文案创意,多少与李克克的军人家庭出身有关。艺术从业者的创作灵感与其生活体验有着必然联系,就像不懂帕布罗·毕加索(Pablo Picasso)的人生,就无法读懂他的画作那样。出身于军人家庭的背景往往能让李克克用设计思维直面问题,寻求解决方案的有效性,发掘具有冲击力的视觉画面来表达广告的创意。

广告创意虽然超越了单纯的平面设计范畴,但依然是基于平面设计原理的,需要以图形或形象思维为出发点进行创作。通过多年来在企业管理领域的深耕细作,李克克对 CIS 体系的构建抱有极大兴趣。虽说早在他于西安美术学院读书时,已通过党晟的讲座让他对 CIS 有了初步了解,但受制于当时有限的学习资源,并未能更深入地学习。来到深圳进入 SIMS 后,李克克有意识地通过阅读林磐耸等人撰写的《CIS 现代企业形象策略》等一批设计书籍(图20),不断深化了关于 CIS 的系统认知。在 SIMS 时,李克克带领团队主持设计了许多 CIS 项目,结合实践案例,研发了一整套系统化流程,大大促进了企业形象设计的体系化,在行业内做出了很多创新。李克克思维灵活、反应机敏,在商务谈判上有很强的决断力与业务统筹能力。据乔远生回忆,李克克具备一种迅速打破与客户之间生疏感的能力,与能源公司的商务谈判就是一个典型案例。多年的广告项目实践经验,让他能以专业能力克服各种困难,从而整体把控商务谈判的各个环节。

图19
李克克为 SIMS 设计的报纸招聘广告《御用火枪手》,1992年

图20
林磐耸等人著:《CIS 现代企业形象策略》,中国经济出版社,1994年

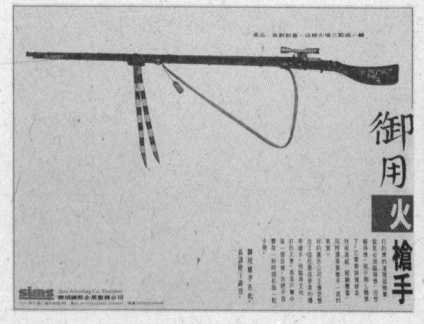

[1] 乔远生先生曾撰写《差点被"枪毙"了的鸟窝创意》一文，谈到他与李克克先生等人攻坚上海万科城市花园一事。该文可见于乔远生个人公众号"体验的力量"：https://mp.weixin.qq.com/s/fD8sDM4A1qdMEyJWTBUFZw，援引时间为2023年5月6日。

三、标志设计塑造品牌的创意策略

在 CIS 领域，李克克尤为喜爱标志设计，诸多实践案例让他能游刃有余地发挥这一专业所长。例如20世纪90年代初，万科在上海浦西开发城市花园项目时，其市场研究、包装推广都是由李克克带团队完成的，城市花园的标志便是他的设计。在设计前，李克克了解到万科高层颇为心仪日本大成建设公司的标志设计，基于这一点他提出了个人的创意设想，核心理念就是围绕上海的国际化定位来设计城市花园的标志。经过思考，李克克认为，这个标志的设计应该是一幅画。相对于文字，绘画表现能够更加明确地传达主题，从而让不同人群迅速理解图像元素所蕴含的文化信息。而世界上最美的地方总是出现在童话里，在孩子们眼中的童话世界往往是最美好的。他构思了一个类似儿童画般的斑斓标志，图形中充满童趣的蝴蝶、太阳、房子和草地，让城市花园看起来就像进入了一个大自然的童话世界。（图21）

上海万科城市花园的成功在今天看起来似乎是历史的必然，然而在当年可谓困难重重。那时候出了深圳并没有多少人知道万科。1992年12月，当李克克、乔远生和媒介部的林琳一起赶赴上海攻坚项目时，当地的出租车司机在言谈中都带着对他们的轻视——司机称深圳是个"小渔村"，而"万科"这个名字更是闻所未闻。实际上，虽然上海万科城市花园是万科当时开发面积最大的项目，但位置根本不在核心地带，而是位于偏僻的七宝镇，就在虹桥机场飞机航道下面，周边除了农田什么配套都没有。[1] 因此，要想让这个楼盘实现热销，只能在设计理念上下功夫。在产品层面，万科请了曾设计规划深圳华侨城的新加坡规划大师孟大强。但酒香还怕巷子深，对于在上海尚未打开名气的万科来说，做好楼盘推广，广告设计与市场策略尤为关键。

图21
万科城市花园标志与品牌形象设计，1993年

图21

在商业层面，设计最重要的就是全方位了解消费需求，做好市场定位。为此，李克克和乔远生带着项目推广与销售的双重压力，在上海做了大量的现场考察。他们的考察绝非在弄堂里走马观花看一圈，拍几张照片了事，而是为了真正了解上海人的居住环境，深入分析上海人的居住需求。乔远生甚至联系到了1976年自己在山西插队当知青时认识的民办教师李爱香，因李老师的先生就是上海人。他们就这样白天走街串巷，晚上回来汇总讨论……终于有一天下午，他们在无数次思想碰撞后确定了"明天我们将住在哪里"这一广告语，它非常符合当时人们对于居住品质提升的需求。很快两人就将方案告知了在上海一线督战的万科地产总经理姚牧民。项目提案是通过"悬念"的形式，在多期报纸上刊登系列平面广告，以好奇心一步步引导并激发消费者的购买欲。起初姚牧民感觉这个方案太"磨叽"，他希望在第一幅广告上就直接强调万科城市花园的优越性。李克克见此笑着解释，只有这样做才能突显万科广告策略的与众不同，如果整个广告系列出来和其他地产公司差不多，那就没有创意的传播价值了。姚牧民也是个很有远见的人，斟酌再三，他同意了这个提案。

即使在今天看，李克克他们的提案也极为大胆。广告的第一张作品根本没提万科城市花园，画面的主视觉只有一个用来比喻住宅的手绘鸟窝，以及那句广告语"明天、我们将住在哪里"。然而上面的文案制造了一连串悬念："寻找一处栖息之地，编织一个理想家园，人人都企盼拥有一所住宅，她不奢华，但却充满温馨，她不昂贵，但却倍感舒适……兼容中西设计之精华，开创华夏居住之文化，让上海万科告诉您——我们将为您明天的居住建造一座……"作为该广告系列的第一件作品，《鸟窝》广告就刊登在1993年1月13日的《文汇报》《解放日报》和《新民晚报》上。当时的上海市民看到这则广告后可能会充满疑惑——这个叫做万科的公司究竟要建造一座什么样的住宅呢？答案在接下来的几期报纸上以《青青芳草地　悠悠怡然情》《妈妈：我在小明家玩》《减轻生活的负荷》等广告主题陆续揭晓。1993年2月1日，三大报纸同时公布了广告最终的答案——"今天我们将住在万科城市花园"。从楼盘一个月卖出2000多套房（总共近6000套房）的销售业绩可以看出，这个系列广告着实打动了上海市民的心。凭借着城市花园项目，万科的口碑打了出去，上海万科地产公司更是被上海房地产协会评为当年的十大房地产公司，成为唯一上榜的外地公司。（图22）

图22
（上排）上海万科城市花园报纸广告，1993年

（下排）上海万科城市花园的广告宣传活动，1993年

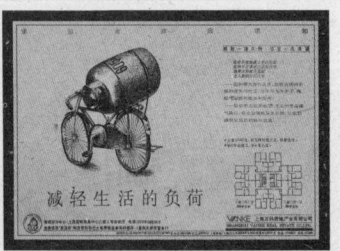

图22

在成功的广告宣传之下，上海万科城市花园取得了颇为亮眼的销售业绩，SIMS团队的销售任务也已经完成，然而李克克并没有就此停步。他在向万科高层汇报时，提出了希望将上海万科城市花园的视觉形象进一步延展至整个系列的品牌构想。这个想法得到了认可，因此，这个首发于上海的标志后续被应用于全国多个城市的万科城市花园。李克克之所以提出这个想法，是因为他认为自己设计的标志是从"城市花园"的项目定义出发的，并不带有具体的地域特征，将其进行系列化应用，不但可以为万科节约日后设计项目标志的成本，还可以通过系统化的视觉设计延续万科城市花园的品质和口碑。由此可以看到李克克在项目上的策划与品牌形象意识，他除了担任艺术指导外，还能完成产品包装、广告创意及标志设计等一系列设计工作，在品牌战略上以个人的独到见解有效地帮助企业提升价值。而这些也为公司未来在地产业全方位拓展业务积累了丰富的经验。

在专业方向上，虽然李克克常说自己"半只脚已经踏出了平面设计圈"，但实际上他一直与平面设计事业保持着深度联系。从1995年参与创建深圳市平面设计协会到2020年深圳市平面设计协会承办的"深圳设计40年"系列活动中，都能看到他的身影。（图23）在李克克心中，平面设计是他的根，也是他专业发展的起点。相比平面设计师，资深广告人李克克更加注重设计为客户带来的实际商业价值。因此，他参赛入选的设计作品都是建立在实际应用的案例之上，而非自立主题的概念性作品。例如，"特立"股票的"特力"企业形象及上市告知广告，就是他为深圳特力机电股份有限公司设计的。在这件入选了"平面设计在中国"96展的作品中，李克克以犀牛为主视觉，巧妙地将股市"熊市"与"牛市"的概念形象化，用独特而有节奏的广告语"嗵……嗵……嗵……"来传递一种无形的力量感，

图23
（左）"平面设计在中国"96展时，李克克与韩国设计师安尚秀合影，1996年

（中）"平面设计在中国"96展的主要发起人与评委，1996年

（右）"深圳设计40年"系列活动由深圳设计周暨环球设计大奖组委会主办，深圳市平面设计协会（SGDA）承办，2020年

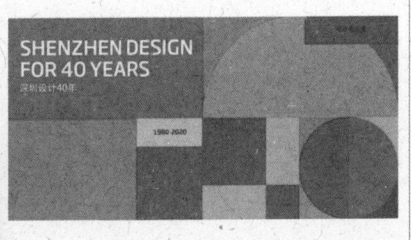

图23

形成了极具张力的视觉画面。(图24)

即便已入设计行业多年,李克克与纯粹的平面设计圈却保持着一定的距离。从资历上看,他进入深圳平面设计界时间较早,并且担任了首届深圳市平面设计协会的副秘书长、常务理事,以及"平面设计在中国"96展的执行委员,但是他后来并没有像自己的师友陈绍华、韩家英、张达利那样持续地活跃在行业协会之中。当然,如果平面设计界有重大活动,他一定是"在场"的,而且无论什么时候提及西安美术学院的师友们,他都会发自内心地表达自己对他们在专业上的尊重与欣赏。(图25)

李克克在平面设计的创作上从来没有懈怠过,无论是SIMS时期还是后来创建自己的公司之后,他都非常热衷于设计标志和相关衍生品。早在1988年,他就获得了中国包装设计协会标志招标设计一等奖。有人给李克克送了一个"标志机器"的雅号。在他的设计生涯中,服务的客户除了中国包装设计协会这样的行业组织外,还包括万科集团、华侨城集团、三九集团、中海集团、上海瑞力资本、"新疆品质"区域公共品牌标志、深圳赛格达声、中国美容美发大赛、天津普旺食品、兰州假日时光、西安康复交易广场、深圳观澜湖乡村俱乐部(网球中心)、甘肃百士特食品、海南华龙旅游等一批企业与品牌。(图26)这些标志分布在城市各处,其中有不少已成为当地具地标性的标志,让大众留下了品牌印象,像位于深圳著名的地标建筑地王大厦68层的地王云顶(Meridian Genting)、69层的高空览胜项目"深港之窗"以及地王大厦对面的金丰城大厦标志,都出自他的设计。(图27)

长年从事广告创意工作让李克克对文字、文案高度敏感,因此这些标志设计的出发点都与文字有关。地王云顶的标志受到地王大厦标志性的避雷针和阿拉丁神灯的启发,以"扶摇直上"为核心表达了成功人士追求上升的一种状态。"深港之窗"的标志则运用了"大观天下"的构思,以繁体汉字"觀"为主体,将图形分解为4个部分进行重构,

图24
李克克入选"平面设计在中国"96展的广告作品,1993年

图25
"平面设计在中国"96展的主要发起人与评委团队,1996年

图26
李克克设计的天津万科中心标志(1994)、深圳观澜湖乡村俱乐部(网球中心)标志(1996)、中国华建企业标志(1999)

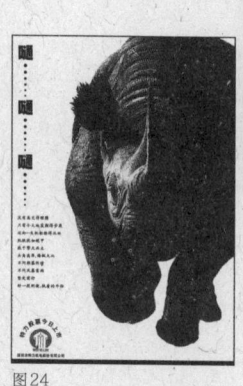

同时赋予鲜艳的色彩，呈现了一个既古朴又现代，且兼具品牌高辨识度的经典图形。金丰城大厦的标志同样由文字出发，为了表达"金"与"丰"的字意，李克克以4个字母"J"（"金"字汉语拼音的首字母，重复堆叠成"丰金"）为元素组合成一个多彩图形，象征着这座大厦的美好前景与未来。然而这个设计在落地时也留下了一些遗憾。（图28）受制于当时的技术水平，原方案中4个"J"字母交集部分的渐变色无法实现，最终不得不将每个完整的字母独立出来，未达到原有的设计预期。[1]

[1] 笔者在和李克克先生聊起金丰城大厦标志时，他也表示有一些设计实施方面的遗憾。

[2] 当年的鼎成广告在位于华强北繁华地带的华联发大厦之中。

1995年的一天，李克克与SIMS的合同到期了，作为常务副总，这对于他而言原本不是问题，他只需要走个续签程序就可以继续做下去。然而出于对专业自由和工作独立的向往，似乎内心里总有一个声音在告诉他——是时候离开SIMS去创建属于自己的公司了。（图29）对于他这个重大抉择，周围的朋友丝毫不感到意外，有些朋友觉得以他的能力早该出来创业了。李克克离职后，万科曾多次找他，希望他回到SIMS继续领导运营。但李克克认为，人的选择是线性的，走出去就不能再回头，就像当年他义无反顾地要离开新疆故土那样。最终，他婉拒了老领导的邀约，在为自己设定的道路上继续前行。李克克创建的深圳市鼎成广告顾问有限公司先后代理了中国联通、移动、电信三大通信企业的相关业务，此外还与英国百安居、香港新世界、金龙鱼、美的、华侨城集团等品牌开展了设计合作，打下了扎实的业务发展基础。[2]

四、跨越平面设计的"边界"

正如前面所提到的，李克克在图形创意和文案设计上有许多独到见解，但他的许多工作与大家惯常思维中的"平面"依然有着一些范畴上的不同。他指导的中航广场报纸广告系列曾获得过法国戛纳国际广告节、美国克里奥国际广告节的奖项，展现了其创意在不同赛道上

图27
"深港之窗"地王云顶观光项目的标志设计

图28
深圳金丰城大厦项目的标志设计，2001年

图29
李克克设计的深圳市百联城服装视觉形象、安科公司宣传册、福食街店徽（作品选自《广东设计年鉴》，岭南美术出版社，1993年）

图27

图28

图29

的卓越表现。（图30）因此，与其称他为平面设计师，不如说平面设计对他而言如同一个原点，虽然他习惯于从图形思维切入问题，但并不是每一次都会将作品落实到平面设计上。

例如，在深圳滨河大道辅道的联合广场门前，就矗立着一座由18只手紧合攥在一起所形成的创意公共雕塑。（图31）李克克是这件作品的创意指导，他希望用雕塑来构建表达来深建设者们团结一致、联合在一起为未来奋斗的图景，这种设计理念也非常符合联合广场当年那"让全世界创业者联合起来"的宣传口号与主题。这件雕塑采用类似于"1"字形的结构，是考虑到联合广场门前并没有宽阔的空间，其广场在建筑内部，限制了雕塑在横向维度上的延展，因此李克克提出在纵向维度上进行造型探索，并以图腾柱为主概念进行设计。此外，这座雕塑之所以呈现出"1"字形结构还源于另外两个因素：其一是由于联合广场处于车水马龙的主干道滨河大道上，而且恰好位于滨河皇岗立交和滨河彩田立交之间的繁华喧嚣地带，做成"1"字形能够让快速通过此地的人们在最短时间内注意到这座雕塑的存在；其二是当年在滨河大道上有且仅有这一座雕塑，包含象征"第一"的视觉意义。

由此可见，虽然这件作品可以归类为雕塑，但李克克却是从空间设计思维与功能上展开构思的。他将功能主义视为第一要素，在传达视觉信息的同时考虑了受众人群的视觉印象。值得注意的是，李克克这种以受众为核心的设计方法并不仅仅体现在设计的视觉层面，还反映在许多项目的实际应用场景之中，并会牵涉对潜在消费者心理层面的研究。位于华强北的建筑"现代之窗"同样由李克克担任设计指导。（图32）李克克不仅为这座建筑设计了标志，还参与了这座大楼的形象设计与推广工作，并就大厦外立面的玻璃、色彩和材料等进行了

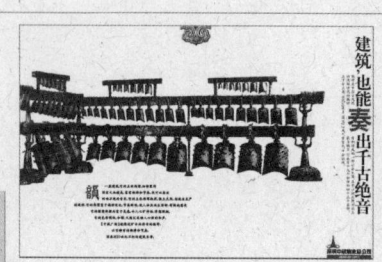

图30
中航广场报纸广告系列，获得第28届法国戛纳国际广告节佳作奖（1996年）、美国纽约克里奥国际广告节佳作奖（1997年）

图30

[1] 本书由李克克先生所提到的部分案例亦在其中。

艺术指导。此外，李克克提出在建筑内部可以将不同公司以"格子"作为单元进行划分，形成类似"创客空间"的布局。更富创见的是，李克克认为，这座位于华强北路与振华路交界处的建筑应该考虑到繁华路段的特征，留空一个角落便于引导人流与功能切换。他认为，如果将建筑最大限度地沿道路边沿建成，所形成的锐利形街角空间就会给路过这个交汇地带的人一种距离感，人们往往会快速通过，而不会驻足停留。但如果将建筑向内切出一个角形空间，那么内收形成的小广场就会吸引一定的人流在此汇聚，可增加商圈人气。这个大胆的设计充分考虑了人与建筑的边界尺度问题。正是由于这一点，现代之窗时至今日依然是华强北众多建筑中颇为别致且人流相对集中的一个代表。而今，这个内切形广场已经成为华强北博物馆的入口。值得注意的是，博物馆入口处的那座彩色雕塑，从色彩上看，与李克克当年为现代之窗设计的标志似乎有着一定的视觉关联。

丰富的人生阅历令李克克对平面设计始终抱着一种非常开放的态度。他认为平面设计赋予了他创作的思维，是他专业的起点，但是在看待平面设计的价值及影响力方面，他有着许多不局限于"平面设计圈"的想法。李克克主张从大时代的角度考虑平面设计的作用及影响力，也期待自己的设计能持续产生社会价值。凭着他对社会变迁的观察与感悟，在他经手的超过400个案例中，虽然每个设计他都倾尽全力，但由于时代的发展，其中相当一部分设计已伴随相关企业的沉浮而消逝。[1] 这其实是许多资深平面设计师都会面对的一个问题。如王序为深圳发展银行设计的品牌视觉，从专业角度上看无可挑剔，但随着"深圳发展银行"这一名称的历史性消失，而今已难以看到这个经典的标志形象。任何平面设计作品都不可能跳脱其所处的时代，这是每一位平面设计师背负的宿命。这种观念令李克克开始注意那些并不受主流平面设计业界关注的设计作品。他认为，主流设计圈的作品是

图31
深圳联合广场雕塑（李克克担任项目创意指导），1998年

图32
位于深圳华强北的建筑"现代之窗"，李克克是"现代之窗"标志的设计者，同时担任视觉设计指导，1998年

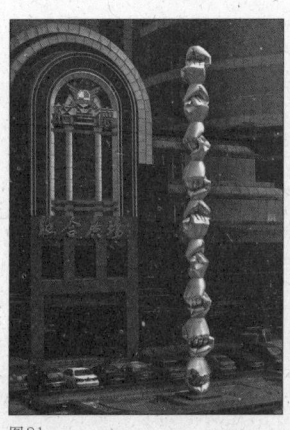

图31   图32

"显性"的，但它们并不能涵盖设计的全部。实际上，人们在日常生活中见到的许多标志也许并非出自很高知名度的设计师之手。虽然这些"隐性"作品相对于"显性"作品，从专业角度看存在这样或那样的问题，但不可否认的是，它们也在持续地发挥着商业价值与社会影响力，是整个大湾区平面设计的一部分。的确如此，知名设计师的作品代表着设计的专业高度，但非知名设计师的作品毕竟占大多数，它们所承载的也许更能反映平面设计多态发展的生命力。

在"平面"的边界之外，对于李克克来说，还有许多值得探索的空间。他更乐于同来自各个专业领域的人交流，用发散性思维探寻新的设计灵感，以贯通的平面设计理念去面对更复杂的专业问题。解决不同项目所面临的各类新问题能带给他更大的成就感。近年来，李克克完成了为其故乡新疆所设计的"新疆品质"区域公共品牌标志。这个作品之所以能够获得认可，除了得益于他多年来积累的设计经验外，还来自他对故乡风土人情的深刻理解。（图33）

如今，游离于设计圈之外的李克克，以文创产业为新的切入口，创办了深圳优泰文创运营发展有限公司，开启了全新的探索实验通道。（图34）从SIMS的平面设计与广告实践到多次独立创业，李克克的个人成长见证了中国广告创意产业、CIS设计的发展历程。在这条路上，他从未懈怠过，始终紧跟着时代步伐，不断调整视角，从设计原点出发，在不同领域寻找着新的切入点。

图33
"新疆品质"区域公共品牌标志，2022年

图34
（左）深圳优泰文创标志设计，2016年

（右）李克克与优泰文创团队

图33

图34

时间 - 1993年
主题 - 深圳福永镇
类别 - 报纸广告

设计 - 20世纪90年代初，报纸广告是企业的主要市场宣传形式，也是李克克当时所在的SIMS的主营广告业务。此系列作品以具有寓意的标志性图像来呈现企业的形象与特质，"领唱最高音""繁荣大动力"的广告主题与改革开放的时代精神相呼应。

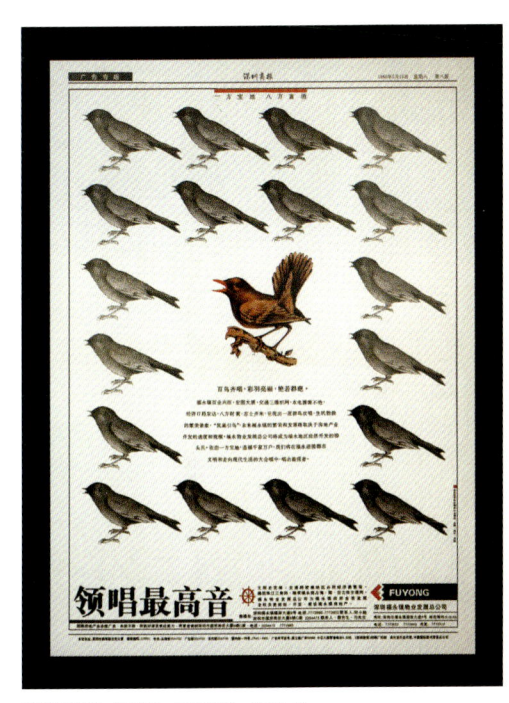

深圳福永镇·领唱篇，报纸广告，1993年 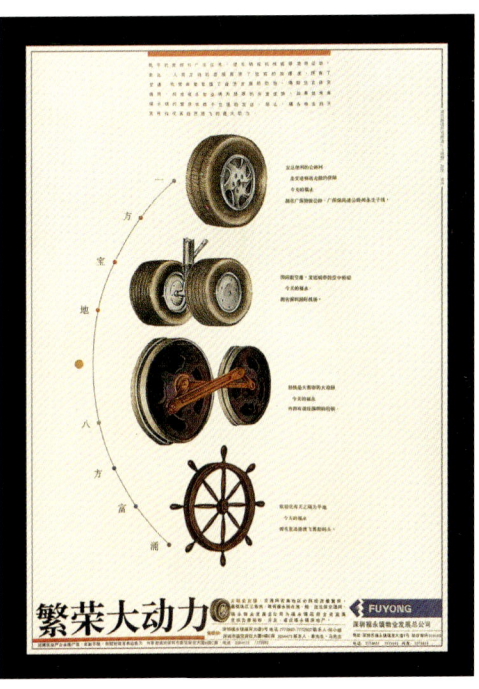　　　　　　深圳福永镇·轮子篇，报纸广告，1993年

211

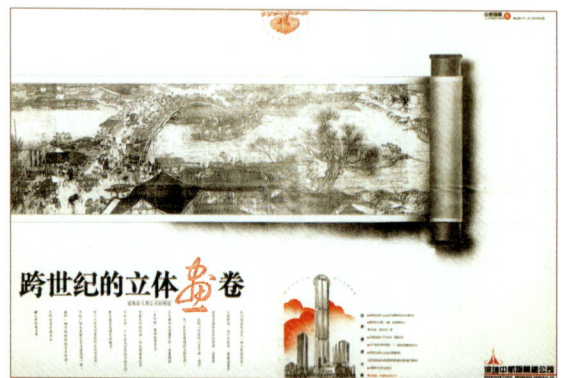

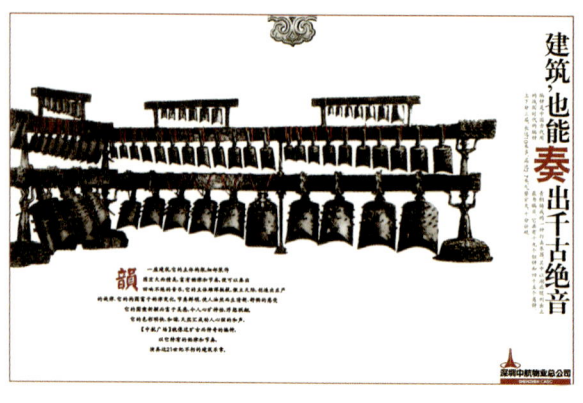

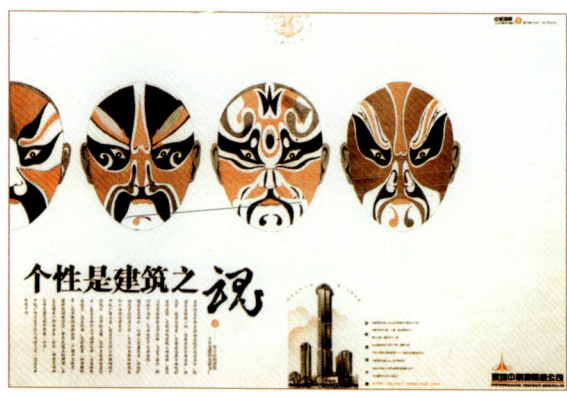

中航广场，报纸广告系列，1992年

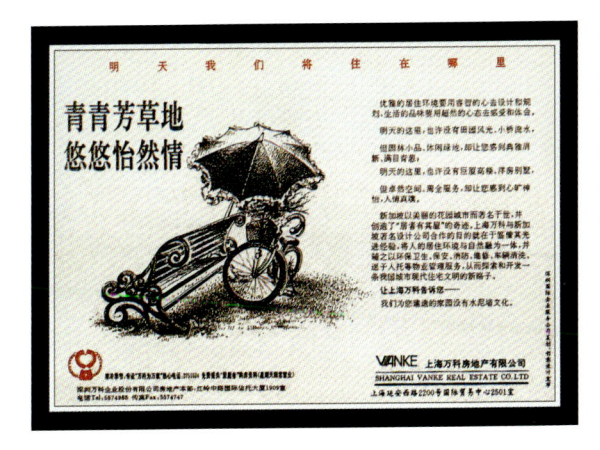

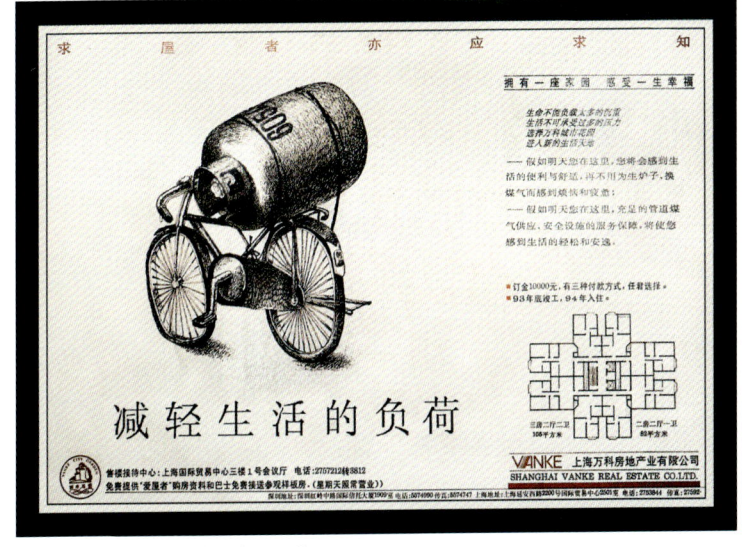

时间 - 1993年
主题 - 上海万科城市花园
类别 - 报纸广告

设计 - 在上海万科城市花园的报纸广告案例中，李克克与团队对上海的城市居住等情况做了大量市场调研，通过深入体验，最终确定了"明天、我们将住在哪里"这一广告语，可说非常符合当时人们对于居住品质提升的需求。

此广告系列包括《明天、我们将住在哪里》《青青芳草地 悠悠怡然情》《妈妈：我在小明家玩》《减轻生活的负荷》，在报纸上分期刊登不同的广告主题。这种宣传模式带动了上海万科城市花园的推广，体现了报纸广告与大众生活的联接。

上海万科城市花园，报纸广告系列，1993年

213

旷世珍奇

来自蓬勃的创造力

经理时间的考验

化腐朽不规觉

在雄厚实的基础上

傲然挺立群雄的前例

特力公司－工业类房地产的巨擎

奠定永不动摇的强势竞争地位

特力股票即将上市

深圳市特力机电股份有限公司

咝……咝……咝……

没有高亢得瞠瞪
只有令人地震颤得步履
迈向一生机勃勃得丛林
肌肤锐如蚬甲
敢干擎天而立
头角高耸，锋锐无比
不问朝暮阴晴
不问风暴雷雨
坚定前行
好一股刚健、执著的牛劲

特力股票今日上市

深圳市特力机电股份有限公司

深圳特立股票，报纸广告系列（2幅），"平面设计在中国"96展参展作品，1993年

时间 - 1993年
主题 - 深圳特立股票上市《犀牛》篇
类别 - 报纸广告

设计 - 此件李克克为"特立"股票上市所设计的报纸广告系列，以犀牛为主视觉，巧妙地应用了股市"熊市"与"牛市"的概念，加上独特的广告语"咝……咝……咝……"，形成了极具张力的视觉画面。

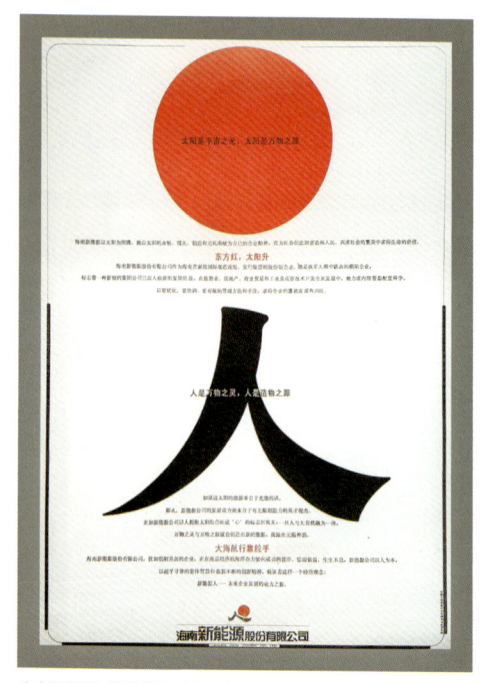

东方红，太阳升

人

人是万物之灵，人为造物之源

大海航行靠舵手

海南新能源股份有限公司

海南新能源，报纸广告，1993年

虎来熊遁

FANGTIAN

沈阳房天股份有限公司
SHENYANG FANG TIAN CO., LTD

沈阳房天，报纸广告，1994年

214

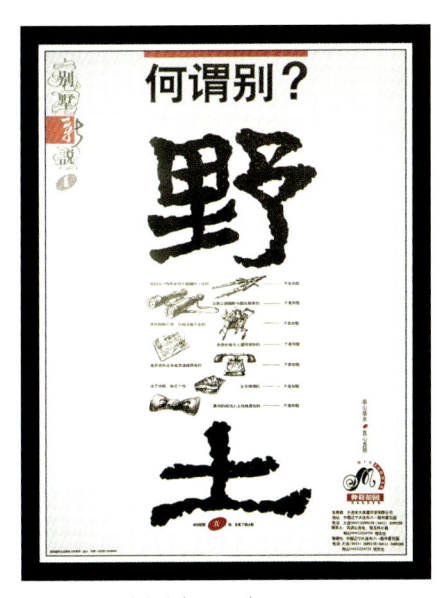

大连仲夏花园，报纸广告，1997年

银都嘉苑·袋鼠篇，报纸广告系列

银都嘉苑·鸵鸟篇，报纸广告系列

时间 - 1993—1997年
主题 - 品牌企业
类别 - 报纸广告

设计 - 报纸广告作为品牌企业的主要宣传途径，在有限的版面信息里如何有效清晰地传达企业的定位与商业诉求，以达到预期的广告效益，是设计师需首要考虑的。广告主题、广告语的标新立异、视觉图形在阅读上的吸引力、版面文案的经营策划等，是报纸广告非常重要的呈现要素。

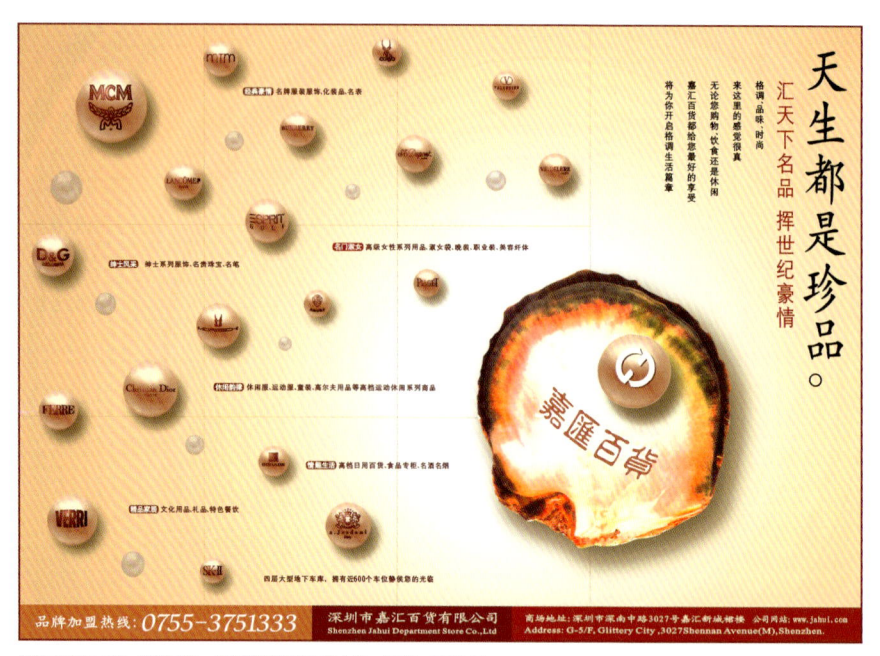

深圳市嘉汇百货，报纸广告，获得深圳媒体广告大赛一等奖，2000年

深圳百仕达花园，报纸广告，2001年

时间 - 1992年
主题 - 歌迷乐
类别 - 唱片封套设计

设计 - 歌迷乐唱片系列精选了广受欢迎的流行金曲，封套的设计采用拼贴图像、手绘抽象图形组合的形式，可感受到卡拉OK通俗而具有生活气息的时代风潮。

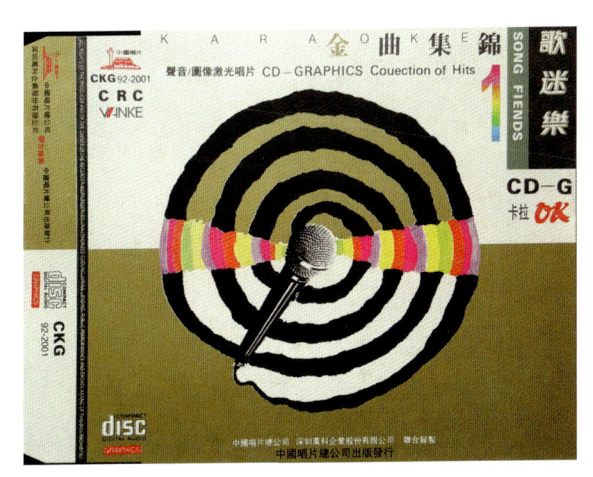

歌迷乐·沙滩柔情，唱片封套设计

歌迷乐·金曲集锦1，唱片封套设计

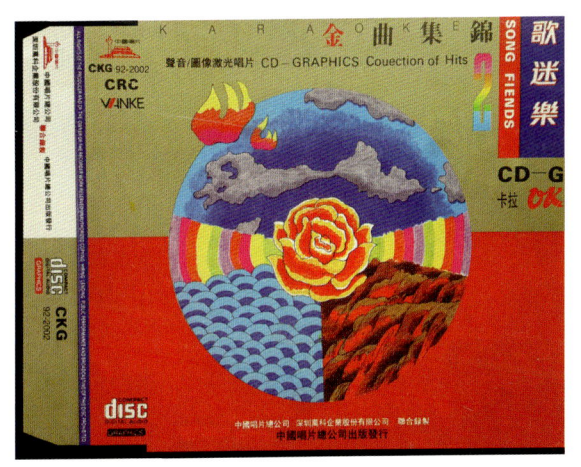

歌迷乐·金曲集锦2，唱片封套设计

217

品牌标志与整体推广

时间 - 1988—2022年
主题 - 品牌
类别 - 标志设计与整体推广

设计 - 李克克一直关注于本土品牌的标志设计，探求创新的设计思维。其间亦有不少趣事，在做西安百尔蒙灯饰企业的标志设计时，让他印象最为深刻的是推介品牌的董事长：这位中年男士有着结实的体格与豁达的个性，除了他经营企业的规划和综合实力外，其为人做事的积极理念和光头造型也很有特点。当这位客户看到李克克设计的这个"电灯泡"标志形象时，会意之外亦颇为惊喜地说："这就是我，我就是要用智慧的脑袋和热诚照亮和装点人们的生活……" 此外，李克克非常重视设计的国际化趋势。1988年他为"中国包装设计协会"设计的标志，取"包"字的象形和含义，结合传统和现代包装的基本形态，以矛盾的概念进行演绎，方形的"包"字以俯视、仰视、里外空间的多角度透视合成新的造型，既有包装设计的属性和审美趣味，也符合标志形式的国际化设计趋向。

地王观光·深港之窗标志设计，1999年

地王云顶标志设计，2000年

万科城市花园标志设计，1993年

时间 - 1993—2000年
主题 - 城市建筑与地产企业
类别 - 品牌与视觉设计

设计 - 李克克曾为一些知名的城市地标建筑、地产企业做过视觉设计与品牌推广。万科城市花园的标志以富有童趣的手绘花园为图形，与万科为现代都市人打造理想居住生活空间的理念相契合。城市地标建筑的标志在传达整体的品牌与设计理念之外，还能展现出城市的文化窗口形象、国际化的都市风貌。李克克设计地王云顶标志时受到地王大厦标志性的避雷针和阿拉丁神灯的启发，以"扶摇直上"为核心以表达成功人士的一种上升状态。"深港之窗"的标志则取"大观天下"的理念，将"观"的繁体字形分解为4个部分进行重构，同时赋予鲜艳的色彩，呈现了一个既古朴又凸显现代活力，兼具高辨识度的品牌图形。

地王观光·深港之窗，1999年

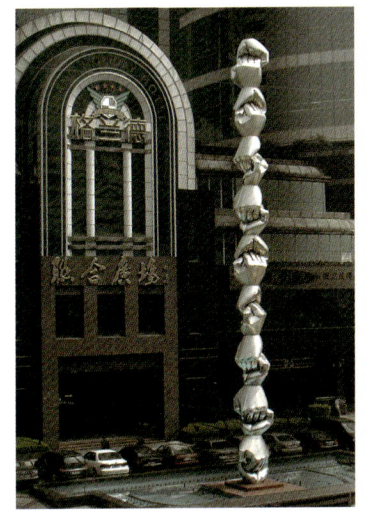

联合广场公共雕塑设计，1998年

现代之窗标志与形象设计，1998年

219

时间 - 2022年
主题 - 九天揽月
类别 - 品牌文创设计

设计 - 创维品牌以高新智能技术开发多元产品线，在数字化现代生活领域进行了大量创新科技探索。此款"九天揽月"品牌文创在科技形象IP上突显出虚构化的科幻想象，注重营造一种具有宇宙氛围、充满未知神秘感的产品体验。

九天揽月，创维科技，文创产品设计

时间 - 2022年
主题 - 城里的月光
类别 - 包装设计

设计 - 在城市里，月光照见生活，黑夜城市角落的温情空间，传递着人与人之间的情感联系。此系列文创一反常规设计，用立体结构纸型构建了别样的城市风景，营造了黑色月影基调下的城市生活风情，便携式的月饼礼盒包装在形式感上更符合现代潮流与趣味化设计。

城里的月光，包装设计

220

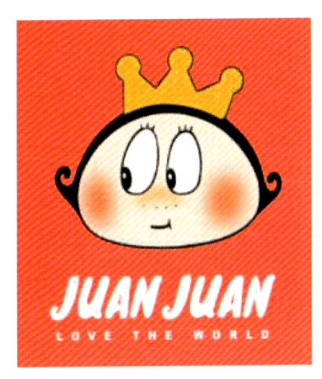

卷卷 IP 形象设计

卷卷飞盘系列设计

卷卷的春夏秋冬，插画主题设计

卷卷插画系列设计

时间 - 2013—2023 年
主题 - 卷卷 IP 形象
类别 - 插画商业设计

设计 - 卷卷动漫品牌经过了十年的 IP 形象孵化，其主要针对年轻人与亲子群体，以不同的漫画情境故事，打造出了一个充满萌趣、奇思妙想的卷卷公主形象，并与延伸开发的其他 IP 形象组合成动漫主题系列，体现了插画在商业设计中的融合与多元风格。

卷卷 IP 形象在商业空间的应用设计

天虹品牌 IP 形象设计

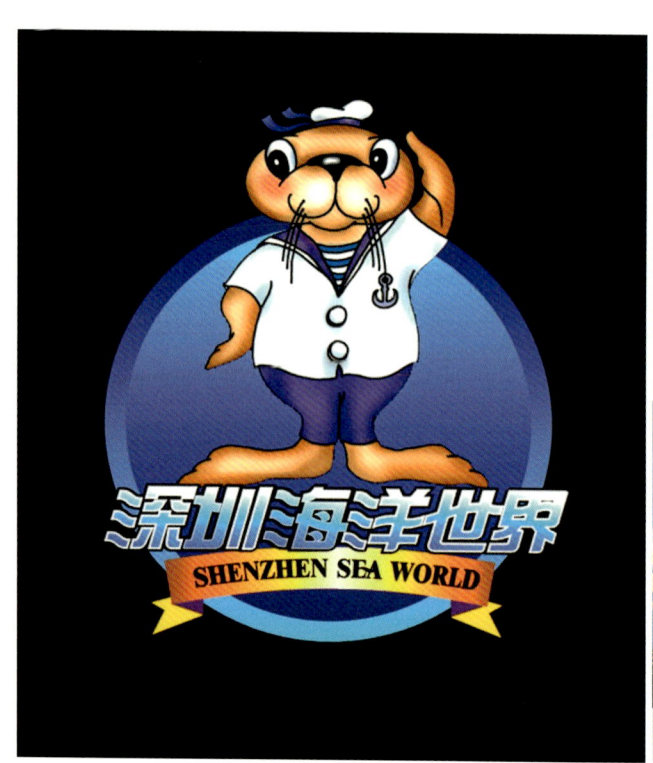

深圳海洋世界标志设计，1999年

麦鲁小城品牌 IP 形象设计，2015 年

223

时间 - 2022 年
主题 - 咖与茶的邂逅
类别 - 文创设计

设计 - 在商业市场中品牌的个性化有助于拓展更广阔的大众消费群体，并且能够通过主题化、情境化、个性化的产品与公众建立互动联接。李克克将优泰文创的发展布局在多点式的资源链接上，让文创成为了同业者的共享平台。对于不同品牌的文创设计，需要从深入了解品牌的经营理念与消费特点出发，进行产品的整体规划。

此设计通过趣味化的手绘插画形象建立起了"咖与茶的邂逅"这一品牌的新形象。它将现代人的调侃式对话情境，融入到产品的设计中，营造了充满萌趣的个性化氛围。

咖与茶的邂逅，文创设计

时间 - 2020 年
主题 - 香港太平洋咖啡
类别 - 文创设计

设计 - 香港人平洋咖啡的品牌文创设计在色调上突显个性化，其生肖形象、具有辨识度的字体与色调，与品牌推行的消费文化相契合。

香港太平洋咖啡文创设计，2020 年

深圳动漫节文创设计，2023年

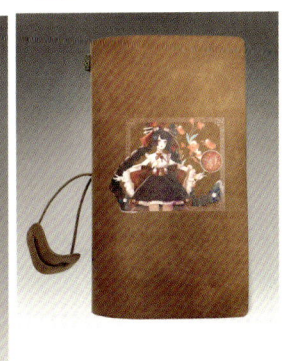

新浪微博文创设计，2022年

225

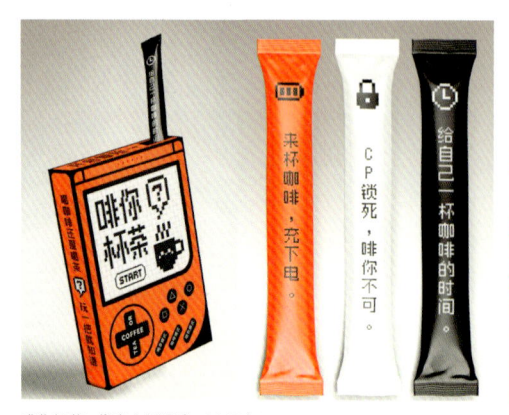

啡你杯茶，优泰文创设计，2022年

家瑞康标志设计与品牌应用，2021年

226

时间 - 2022 年
主题 - 清心堂
类别 - IP 文创设计

设计 - 清心堂为首批国家级非物质文化遗产企业，其悠久的发展历史和凉茶文化令其成为广州百年老字号的优质品牌。在文创设计上，以卷卷 IP 形象围绕神话故事绘成插画，凸显出包装设计浓厚的文化底蕴，独具茶文化的神话故事情境。

清心堂 IP 文创设计

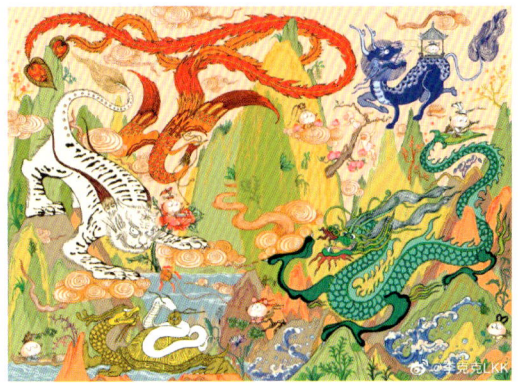

清心堂，文创品插画《山海归月》《龙凤归月》

时间 - 2021 年
主题 - 贝特瑞新能源
类别 - 包装设计

设计 - 此款中秋传统节日礼盒包装设计抓住了品牌的新能源工业属性，用抽象而具强烈秩序感的月形进行多重叠加，产生了色彩的幻变与叠印效果，巧妙地传递了注重材料细节、追求高质工艺的品牌理念。

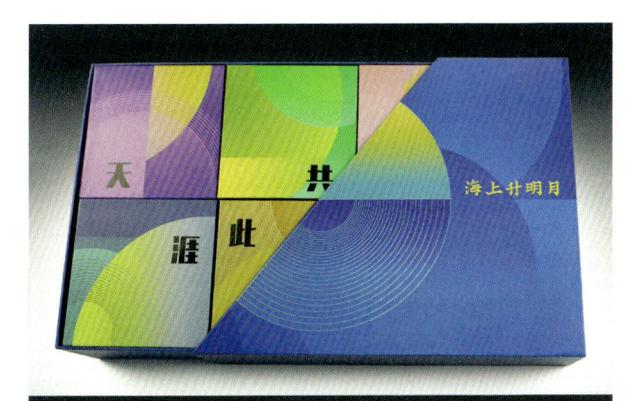

贝特瑞，包装形象设计

访谈·纪事

1. 设计让您形成了哪些职业特点？

李：首先是清晰的设计师身份定义，其次是善于形象化地观察事物，然后是做任何事不想墨守成规。

2. 设计让您感受到快乐吗？有哪些是比较快乐的部分？

李：能够完全按自己的特长与个性及品位来设计，当每次的创新都能得到认可，能够很快就完成自己的想法或客户的委托。

3. 让设计作品与观者产生联接，您觉得哪些方面是比较重要的？

李：视觉审美、意义（内容或内涵）传达和鲜明的个性表达。

4. 结合您在本书中的一件设计作品，谈谈您对设计的见解。

李：一个好的设计在于：首先是能够准确地解读不同设计对象的行业属性、独有的内在要素与象征意义，其次是在直接关联的视觉符号与文化基础上进行创造性的结合，最后是以最合适的且具有独特审美价值的形式表现出来，将设计师的个性隐含其中。

5. 在不同时代的技术发展变革时期，设计师应具备哪些基本的职业素养？

李：首先是掌握先进的设计技术工具、了解制造业科技的发展，可大大提升设计师的想象力和表现手段；第二是了解当下社会的价值观；第三是能够将经典文化与时代审美很好地进行结合；最后是适应互联网时代的传播需求。

6. 从事设计行业的这些年，您觉得哪个阶段是自己最自在或充实的状态？

李：大概从20世纪90年代至2010年年初，从事且完成了大量的设计创作，期间收获了一些创新成果和不同层面的实践经验，有一种饱满而充实的状态。如果说自在，那就是2010年到现在，有了较为深厚的设计功底和丰富的经验，还有更加广博的知识和修养，工作任务也相对没有那么密集和急迫，赢得了来自客户的信任和尊重，设计开始变成一种工作享受。

7. 创业让您改变了什么？您认为大环境的改变对设计职业有哪些影响？

李：我的创业是对自己的职业身份和工作意义、态度与工作方式的阶段性规划，如同对生命意义与生活方式的重新定义，其中包括大环境的改变，给设计师职业带来的挑战，或相应做出的改变。带来最大影响的应是面临行业变革性的进步或升级转化，思考如何能依然保持个人作品所体现的时代性。

8. 您认为设计给予社会的是什么？

李：设计能大大提高社会的综合生产力，服务于社会受众对信息识别、审美情趣和品位。我个人非常注重的是表现和传达设计的本质，能够输出优秀经典的文化内涵与正向的价值观，并始终坚持高品位的审美理念。

9. 从过去至今您一直坚持的设计精神或理念（原则／态度）是什么？

李：设计首先应考虑客户，目标是受众，同时也要体现设计师自己的理念和主张。设计应始终坚持创新，坚守独创或原创，反对任何形式的抄袭和剽窃。

10. 设计之外，您还较为关注哪些方面的事物？

李：喜欢自然科学，比较关注科技和环境保护，还有就是中国在各方面的发展和进步。平时喜欢旅行、看电影、听音乐，偶然会写点杂感小文，热爱健身和养狗。有空会在网上浏览和收集我喜欢的绘画作品图片等。

11. 如果设计是认知生活的一种方式，您会想要怎样去运用它？

李：设计不仅是我的专业，让自己更像是一个具备综合技能的"职业猎手"——一个与众不同的人，它影响了我的认知与思维方式，并渗透在我生活的各个方面，所以，几乎不用专门思考如何去运用它。

12. 个人经历中在当下您依然还会感怀的片断是哪一时刻？

李：1977年，全国恢复高考时我还不到18岁，不知天高地厚的我报考了3所大学，却仅被我们当地一个中专师范学校录取，而我内心不甘，坚持第二年再考。当时我的家境不好，一旦考不上就前途难料，身边的人都劝我别再考算了。父亲问我有何想法和打算，我说："一，国家既然已恢复高考就不会随意取消，我应该还有机会；二，我的绘画水平不在我那个考上大学的画友之下，甚至比他还要高些，考取大学应该没问题；三，如果选择去中专师范学校读中文专业，那不是我喜欢的美术专业，学校的名气也不大，而且只能留在我们家乡本地，毕业后也是分配回到家乡工作。我不想这样，我要去到外面的、更大的地方（城市）学习、见识和发展。"父亲听了我这一番话后平静而简短地说："嗯，那你就按自己想的去做吧！"第二年我就考取了新疆师范大学美术专业，之后又考入了西安美术学院工艺系……至今我还清晰地记得：当时就我与父亲两人坐在小板凳上，在昏暗简陋的厨房里，一边吃饭一边聊的那个场景。

[以上来自2024年3月6日与李克克的访谈内容]

1. 九天揽月，创维科技文创设计图
2. 品牌动漫 IP 插画设计
3. 接受 CCTV 财经频道《文创设计与产业发展》栏目专访，2018 年
4. 接受新浪网《中国品牌发展》栏目专访，2008 年
5. 深圳《投资导报》的专访报道《国企明天住哪里》，1994 年
6. 深圳《投资导报》的专访报道《李克克印象》，1997 年
7. 深圳《法制报》的专访报道：《"海上女巫"传奇与企业品牌塑造——访深圳鼎成广告顾问有限公司董事长李克克》，2001 年

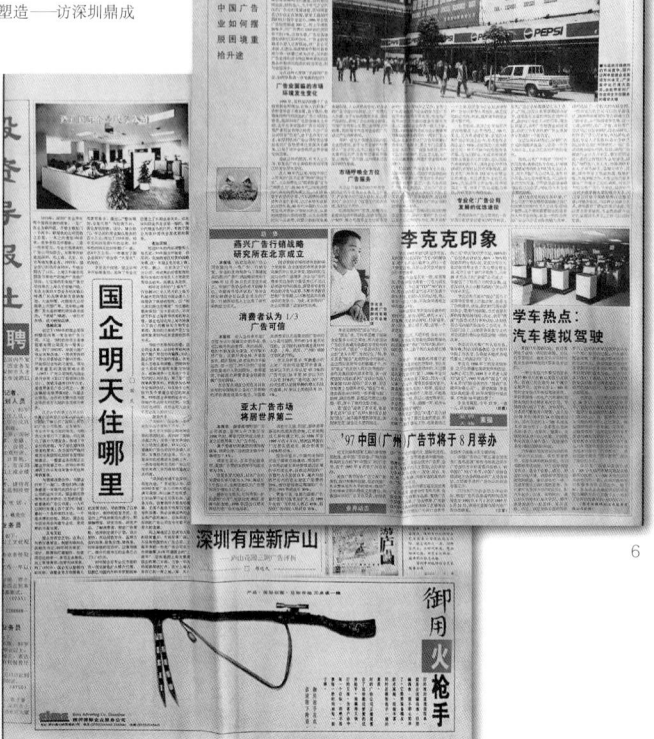

曾 军
ZENG Jun
现代设计样本的记录者

曾 军

1992年本科毕业于中央工艺美术学院装潢设计系，2013年研究生毕业于清华大学美术学院视觉传达设计系。现为同济大学设计创意学院副教授、南方科技大学访问学者。

本科毕业后就职于三九集团九星印刷包装中心，开始设计师职业历程。先后创办了曾军设计顾问公司和半舍文化传播公司。1995年加入深圳市平面设计协会（SGDA），2007—2014年连续四届获选该协会理事会，期间担任第五届副主席，第四、第六届常务副主席。2009年与协会同事共同创办了"GDC SHOW"，并多年担任学术主持，是该协会的重要核心成员之一。

担任多个国际设计竞赛的评审工作：2015GDC、2018台湾国际学生创意设计大赛、2019日本ubisum亚洲创意大赛（导师）、2020白金创意国际大学生平面设计大赛、2021"泰达杯"国际青年创意设计大赛等。

在视觉传达和空间设计领域所获奖项：HKDA香港设计师协会环球设计大奖赛公共空间类别两项评审奖（2019）、第二十五届亚太室内设计大奖赛（APIDA）公共空间类别铜奖（2018）、"GDC13平面设计在中国"新媒体创新与发展类别最佳奖（2013）、2004年美国MOHAWK "Best of the show"大奖（2004）、"平面设计在中国"03展书籍设计类银奖（2003）、"平面设计在中国"96展海报类优异奖及标志入选奖（1996）、中国"中南之星"包装设计金奖（1995）等。

设计师 / 曾 军

访谈·印象

在深圳平面设计界，曾军是非常特别的一位。从中央工艺美术学院的装潢系毕业后，他直接来到深圳，加入了产业一线的设计实战。后来，追随改革开放的浪潮，他在多种设计业态中打拼，练就了作为设计多面手的适应能力。

他对那些往事的讲述如行云流水，透着基于个人修为沉淀后的思考。在设计这个日新月异的行业里，由于变化太多，有些人常会失去方向，但他的坚持始终保留着设计人的倔强。而今的他在历经创业磨砺后回归于教学的课堂，往返于深圳与上海之间，着力于激发和释放学生的创意思维。他的每一步都走得清醒而坚定，把设计与自己的生活紧密地铆合在一起。多年来在内心中积聚的力量让他的处事多了几分淡定自如，无论面对任何挑战，他始终沉稳有加，保持着自己的节奏。

当年加入深圳市平面设计协会时，站在多位前辈身后的曾军还是一个楞青小伙。后来，他积极从事协会工作，在历炼中逐渐成长，始终以在场者的视角用心整理协会的重要纪事和发展节点，像"活化石"那般收集保存下那些真实鲜活的物件，并将这些蜕变发展的轨迹记录在案……

笔者在深圳华侨城
与曾军的出版交流

设计·观点 [节选]

1 在深圳的城市发展进程中，这个城市的设计创意力量越来越成为驱动城市竞争力的重要组成部分，为这个城市带来无限的活力和发展的可能性，而身处其中的平面设计师群体，将这个充满创新活力的城市基因也融入了自身的思考和工作实践中，他们也是这个基因的缔造者。它的发端，恐怕依然要追溯到20世纪90年代随着"平面设计在中国"的横空出世而开始的设计启蒙运动，它以平面设计为先锋，并不断超越平面设计的范畴，成为这个年轻的城市不断创造新的可能性的强大内生驱动力，并且始终"在场"。

（摘自《"中国设计40年：经验与模式"国际学术研讨会论文集》，《在场——1990—2017平面设计在中国的深圳样本》，2018年）

2 设计也是一种世界观、价值观的体现，当你在某个高度上把握了一些本质性的原则，你同样可以渗透和感悟其他的艺术形式，如影像、如文学、如建筑等。我可以在诗歌和书法中体味纯净和结构之美，也可以在影像中体验色彩和不定性的多重语义等。对于当今的设计和艺术，边界已经越来越模糊，相互的融合、渗透、加上新技术的发展，呈现出更加混合的形态。

（摘自中国设计之窗《有品质地呈现——新锐平面设计师曾军先生访谈》韩湛宁对曾军的采访，2004年12月16日，http://www.333cn.com/shejizixun/200628/43499_80174.html）

3 其实现在的设计教育中，跨专业领域的交叉融合趋势越来越明显，因为世界变得越来越复杂，原先设计师多偏于审美与风格的追求，而现在更多的是要解决现实问题甚至未来的问题。……从设计本身来说，就是为城市改造、创造生活空间。人在城市能留得下来，愿意待着，需要有各种各样的支撑，社群的支撑其实是最就近的，它会让你获得一些比较容易获得的幸福感，就在身边的，所以我们的设计需要去感知与社区的共同价值。

（摘自同济大学新闻网《【青春上海】营造"混合现场"，同济这届毕设展首次走出校园》，青年报·青春上海记者刘晶晶，2023年6月19日，https://news.tongji.edu.cn/info/1006/84531.htm）

设计·往事

"GDC 平面设计在中国展 2003—2013"伦敦巡展现场合影,2014年

时间 - 2014 年
场景 - 伦敦
事件 - GDC LONDON 展

作为伦敦设计节300多场活动之一,"GDC LONDON 展"在英国伦敦市中心亚洲之家揭幕。展出的"ＧＤＣ平面设计在中国展 2003—2013"主要获奖作品涵盖平面、广告、交互、产品、空间等多个领域,呈现了中国平面设计行业这十年的发展历程,以及当下中国设计观念的多样性和丰富性。

曾军与当届理事策展组成员共同策划了此次展览并担任学术主持工作。他认为:"中国设计市场逐步呈现一种国际化的趋势,国外设计师与国内设计师的合作日渐频繁。国际设计师希望通过更多更好的渠道了解以及进入中国设计市场,而国内设计师也愿意向海外拓展步伐。伦敦设计节为海内外设计师搭建了很好的交流平台。"

"平面设计在中国"96展获奖作品在日本巡展期间,设计师一行拜访胜井三雄在其工作室门前合影,1997年

"平面设计在中国"96展在法国南部城市展出时,当地市长到访交流,1997年

"平面设计在中国"96展获奖作品在日本巡展时,设计师一行拜访田中一光在其工作室的交流,1997年

参与意大利都灵深圳申办世界大学生运动会代表团工作现场,2007年

"平面设计在中国"96展在欧洲巡展,参展者在比利时拜会国际平面设计协会联合会(ICOGRADA)当值主席一行,1997年

深圳市平面设计协会25周年,曾军荣获GDC"砖头"贡献奖,2020年

曾军与《帐幕》空间的合作设计者建筑师罗琦在完工现场，2016年

曾军首次在"平面设计在中国"展获奖，1996年

曾军参加中央美术学院"中国设计40年——经验与模式"国际学术研讨会活动，发表《在场——1990—2017平面设计在中国的深圳样本》主题演讲，2018年

设计的在场与实验

1995 年，在中国"中南之星"设计大赛上，曾军的设计首秀——一套为深圳三九集团九星印刷包装中心所做的包装实案获得金奖。（图1）因此次获奖，当时才20多岁的曾军得以顺利加入深圳市平面设计协会，成为首批会员。进入协会后，曾军的设计角色变得更加多元化，他担任过协会的常务副主席、副主席和常务理事，几乎参与了协会创办以来的各类重大事务，与协会共同发展成长。甘当"勤务兵"的他，以思维缜密且注重文献收藏的工作个性，被称为协会的"活化石"。（图2）这么多年来，曾军的职业标签一直在作不同的切换：中港合资企业设计师、设计顾问、独立设计公司设计总监、"半舍"杂货美学商店主理人、设计策展人……他主张设计的在场及传播效应，通过商业设计与艺术实践探索个人风格。浸淫产业多年后他选择回归校园，逐渐转型至设计教育，将多年的专业积累反哺教学。在澳门科技大学人文艺术学院执教两年后，他转入同济大学设计创意学院，并成功策划了诸如 2023 年以"混合现场"为主题的同济大学设计创意学院/上海国际设计创新学院毕业设计展等一系列活动。他的设计生涯走过了当前平面设计这一领域所能输出的多向职业维度。往来于深圳和上海两地的这些年，他通过课程实践传授着在行业实践中的真知灼见，以持续的好奇心不断拓展着设计的边界。他一面积极地深入社会实践，另一面则始终致力于对学生设计潜能的开发，不同的生活底色与艺术轨迹令他的设计生涯迸发出了更多元的价值。

一、大院里成长的设计生

曾军的个性与他的家庭成长环境有着非常直接的关系。他出生于北京，家乡对他来说更多的是一种移动式的记忆，童年时因父母工作调动从湖南衡阳到河北石家庄，上的幼儿园和小学都是大院式的子弟学校，而往返于南北多地的生活造就了他适应性强又开朗热情的性

图1
（左）"中南之星"全国设计大赛金奖作品，1995年

（中）在九星印刷包装中心的设计作品，20世纪90年代

图2
曾军参加深圳市平面设计协会成立两周年的海报邀请展（此为曾军收藏的展览海报），1997年

格，令他对新鲜事物有一种天生的敏感与好奇，并且养成了收藏物件的习惯。至今他提到在衡阳的那段生活，还能非常清晰地回忆起父亲曾经工作的办公大楼（现为南华大学教学楼）——那栋欧式建筑的室内外设计细节：立柱与地面衔接的弧度、装饰材料与工艺……（图3）这些幼时经历让他对建筑产生了浓厚兴趣，以至他还一度曾想报考建筑专业。此外，源于对音乐的热爱，他希望自己能够系统地学习一门乐器。但在那个年代，孩子们的梦想也许只是梦想而已，专业乐器高昂的费用不是一般家庭所能承受的。最终曾军选择了美术专业。但直到工作后，他都没有忘记童年时的兴趣。2016年他在《帐幕》空间的设计中便将建筑与音乐融为了一体。

曾军走上美术这条路多少有些偶然。虽然他十分喜欢画画，但那时并未接受过专业训练。初二下学期他家从衡阳搬迁至石家庄后，同班同学发现他在笔记本上画的速写，便拉着他去学校美术组参加招生考试，曾军懵然而幸运地考上了有一定美术基础的甲组，开始了较为正规的训练，就此与绘画结缘。在学校的美术组科班训练下，曾军的画功提高得很快，于是学校出板报的任务就落在了他身上，曾军很乐意干，因为当时别的同学下午要上3节课，而他只需要上1节课就可以去画室练习了。喜欢画画的他文化课成绩也很优异，除了从衡阳搬到石家庄那年排在年级第二外，此前他的成绩一直保持着全年级第一。

1988年，曾军考上了中央工艺美术学院装潢设计系。（图4）由于入学时正值学校教改，曾军在基础部接受了两年的"跨专业"教育，学习了中央工艺美术学院开设的不同设计专业方向的基础课程，内容包括工业产品、室内设计、服装和染织设计等。作为一名专业上好学的新生，曾军对学校这种课程安排当时是不理解的，但在日后自己到

图3 曾军记忆里的大院幼儿园（左）、小学学校（下），以及南华大学教学楼的欧式风格建筑（右）

图4 （左）曾军在中央工艺美术学院时，日本平面设计师田中一光先生上外教课程的合影，1991年

（右）中央工艺美术学院35周年校庆时留影，1991年

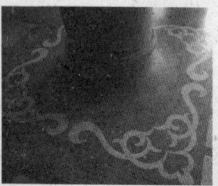

深圳开始打拼后,他深感大学里的这种跨专业训练对职业设计师而言是非常重要的,当时打下的基础令他在面对一些跨专业问题时能够更快地进入状态。其实大学和职业培训班最大的区别就在这里。大学的教育包含通识教育和技能传授等多个面向,它能带给学生更立体全面的专业影响。虽然大家通常都无法确切地说出学校具体哪一门课程给自己带来了重要影响,但是学校的综合教育体系可让学生在无形中获得思想和能力上的重要提升。

从今天的视角看,中央工艺美术学院这种打破专业壁垒的教学设置在理念上是有超前意识的。直到今天,很多学校还在为"交叉学科"的问题进行各种探讨,而这个命题也常常出现在各类层次的课题申报中。对于曾军个人而言,跨专业训练为他带来了更多的职业适应性。他曾经为许多公司担任顾问,还担任过服装公司的品牌总监。此外,在学校的跨专业学习让他建立起了关于建筑和空间设计的整体认识,这对他日后从事的策展工作起到了非常重要的作用。虽然与同期全国的大部分专业院校一样,当时的中央工艺美术学院也是以工艺美术为基础开展设计教育的,但是部分教师已经开始探索现代设计思维下的课程改革。例如,马泉老师的图形想象课和岳昕老师的字体设计课等,都因导入了现代设计的体系而让曾军在专业上获益良多。(图5)

[1] 据曾军先生回忆,其实当年九星印刷包装中心在中央工艺美术学院的招聘有且仅有一个名额。

当年毕业生的工作国家还包分配,通常在每年的5月落实该项工作。1992年3月的一天,读大四的曾军照常去食堂打饭,恰巧遇上了系书记,书记问他关于毕业找工作有没有什么想法,想不想去南方工作。此前曾军只在大三放暑假时去过一次深圳,除此之外对南方城市并无过多了解,因此他如实告诉书记除了深圳他哪都不想去。没想到书记说:"好,中午别走,有人要见你……"随后他便被书记领着进了教师办公室,里面有位陌生人已经在等候了,对方正是来自深圳三九集团九星印刷包装中心的一位负责人(时任该公司的生产部部长),他在了解了曾军的学习情况后,很快从包里掏出几张表让曾军先办理入职前的体检。就这样,曾军在没有任何计划的前提下比全班同学都更早落实了工作,1992年8月1日他便搭乘火车来到了深圳。[1]

图5
曾军在中央工艺美术学院装潢设计系期间的作业

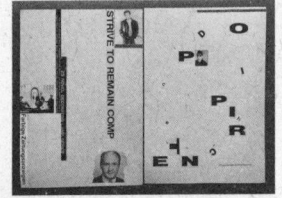

图5

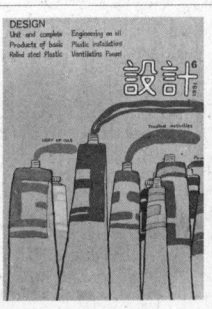

与很多向往投身改革开放前沿的年轻人不同，曾军去深圳似乎是在命运安排下的一次远行，就像他童年随父母工作调动辗转南北读书那样。在此之前，他与中央工艺美术学院的许多同学一样，都希望毕业后能够分配在北京工作。

事实上，曾军对深圳是有一定了解的。大学三年级时他曾经到深圳旅行，当时就喜欢上了这座城市。这里有北方难得一见的繁华。当火车缓缓驶入位于罗湖的深圳站时，在霓虹灯映入眼帘的那个瞬间，他就感受到了这座城市的独特气息。而在接下来的一周里，在电话公司工作的发小带他去了大梅沙、小梅沙等地游览，"干净整洁""阳光灿烂"的深圳有着南方特有的舒爽惬意。正是凭着对深圳的好印象，让他欣然接受了九星印刷包装中心的聘任。毕业后，曾军一个人搭火车来到深圳，当时邮寄的行李还在托运途中，他就穿着一条沙滩短裤"一无所有"地赶去公司报到了。在从罗湖自行打的士去银湖的路上，他感觉在深圳学会自立很重要，这里的人好像大多很忙，不会有特别的接待和关照，出门在外一定要靠自己。就这样，曾军入职了九星印刷包装中心，正式开启了他在深圳的设计生涯。（图6）

二、从包装转型的独立设计师

曾军入职前对公司并没有太多的了解，九星印刷包装中心实际上类似于前面提到的中国包装进出口广东公司和香港嘉年集团在华强北合作创建的印刷公司，也是深圳三九集团与港方合作开设的一个合资公司。（图7）因为具有国企背景，所以员工都是在全国范围内精挑细选出来的。其实在曾军之前，九星印刷包装中心已经招录了两名来自中央工艺美术学院的学生——伊红光和张勇，他的两位师兄。对于平面设计从业者而言，印刷是非常核心的技术支撑。曾军初来乍到，

图6
初来深圳的曾军在小梅沙，1992年

图7
（左、右）深圳九星印刷包装中心的作业车间

他的第一感受是在学校学习的专业知识与在企业的实践场景差异很大，他得踏踏实实地从墨稿、电分等做起，才能逐步走向原创设计。

由于工作上认真负责，思维也比较活跃，曾军在技术和设计应用方面上手很快，在公司年度考核的各项指标中均能名列前茅。他的扎实肯干令他收获了第一个专业设计大奖——"中南之星"的包装金奖。这个奖项也是曾军职业生涯初期全身心投入包装设计的一个侧写，他所付出的实际工作量要远比一个奖项所承载的要多得多。直到今天，他仍深有感触地说最初工作的两三年是非常"痛苦"的，无论你毕业的学校有多么厉害，进入社会后都要经历一个全盘"更新"的过程，产业实战与学校训练之间的差距远比想象中要大得多。的确如此，哈佛大学校园里从来不缺去摸约翰·哈佛（John Harvard）皮鞋的游客，"名校光环"这些虚无的名头还要经得起实践的验证。在中国的大湾区设计行业就像一个"超级工场"，设计的商业需求非常旺盛，但是都得经得起市场考验。

对于20世纪90年代初期来深的设计从业者而言，开放的资讯和较为成熟的市场业态是他们获得成长的关键要素，而这些是同期内地其他城市无法比拟的。对于曾军来说，他很直观地发现来到深圳后能够接触到更多来自香港的信息。王序主编的《设计交流》杂志在这个过程中扮演着非常重要的角色。（图8）而在与设计前辈们的交流中，他确实在认知上获得了许多提升。用他自己的话讲，这叫做"二次更新"。经过十几年的改革开放，当时的深圳充满着蓬勃的气息和海量的机会，很多领域都呈现出一派欣欣向荣的景象。反映到曾军这里，就是总有干不完的设计项目，而他也从中得到了前所未有的锻炼和才能上的发挥。

图8
王序主编的《设计交流》杂志，该杂志1987年创办于香港，前后共11期，延续至1996年。1997—2000年，在国内又出版了新一辑至新四辑。它为当时众多国内设计师直观接触和了解西方杰出的现代平面设计师及其作品，打开了对世界同行的观察窗口（资料及文字由曾军提供）

图8

经历第一次参赛，曾军对包装设计有了新的思考方向，1996年，他为所在企业深圳九星印刷包装中心设计了宣传海报，该作品在参加"平面设计在中国"展后获得了优异奖。（图9）曾军在海报的画面中心绘制了一个巨大的逗号，而在逗号中心则写了一行广告语："我们对完美的追求永无止境……"它既反映了曾军对时代的理解，也展现了他在设计中对计算机等技术手段与时俱进的掌握程度。在海报画面上，广告语与逗号图形之间形成了视觉上的互文效果，令人印象深刻。依常理，获得行业内普遍认可的奖项可说给他的工作开启了一个全新的起点，然而曾军却在此时选择了辞职。他希望改变自己在国企工作的稳定状态，去做一名独立设计师。通常而言，平面设计师受视觉艺术的影响常会让自己显得不那么循规蹈矩，但曾军作为一位青年设计师年年业务考核优秀，明显是很适应工作节奏的，因此他的辞职对于很多同事来说非常意外。

在曾军看来，令自己做出辞职决定的一个重要原因来自包装设计本身。虽然他对未来充满憧憬，也非常努力，但也许正是由于在工作中投入得太多，他对包装设计渐渐产生了创作的"疲劳"感。用他自己的话说，有一段时间"真的是做得要吐了"。此外，曾军认为，包装设计需要时刻考虑结构、材料等许多现实问题，约束性会比较强。在设计时，必须出现的功能性文字（如法规上规定的文字等）绝不能有疏漏、部分字号被控制得非常具体、制作数量也会受到限制等。相比之下，他更倾向于去设计画册、书籍、标志和品牌（图10），因为自由度会更大，更易于实现一些新的创意。[1] 例如做画册时许多企业在要求方面会比较开放，画册的功能大多用于赠送，因此委托方一般不会对设计师过多地干涉。在较少条框约束下，设计师往往能在创意设计和印刷工艺方面有一定的发挥空间，可有更多实验性的探索。曾军认为，许多同行之所以青睐于设计画册也许是出于对自我训练的一

[1] 值得注意的是，王粤飞先生也曾提到自己非常喜欢做画册，这种偏好也许恰恰反映了深受印刷影响的老一辈平面设计师们的共同选择。

图9
（左）深圳九星印刷包装中心，海报设计，1996年

（右）曾军参加"平面设计在中国"96展的海报作品在法国巡展，1997年

图10
（上、下）《8820》画册设计，2012年

图9

图10

种需求。(图11) 简而言之，就是能够在比较宽松的环境中将兴趣与工作结合以获得更多成长。

此外，曾军认为，当时对于各行各业来说都是一个"大时代"，空气中似乎都蔓延着"事业有成"的味道。他非常希望能够在商业设计的领域进行更多探索，考虑是否可以跳脱原有的专业领地寻找新的突破。何况他还一直保持着在童年成长经历中所形成的敢闯敢拼、勇于探索世界的好奇心。当在九星印刷包装中心整整工作了4年后，曾军认为是时候出来闯一闯了。在第二次收到他提交的辞职申请时，总经理沉吟片刻，跟他说："如果这次想好了，我就不拦你了，但有个条件，就是每个月能完成公司的一个包装项目，公司可按以往惯例支付当月薪资。"表面上看总经理似在提要求，实则在帮他渡过创业初期的困难。多年以后，曾军说起此事依然感慨，这样的领导并不多见，令他至为感激。多年共事以来，他与公司的老领导和师兄们始终保持着超越工作关系的友情。人与人之间的温情与联络帮助他解决了诸多问题，让他学会了在逆境中生存。

从1996年离职到2000年创建自己的公司期间，曾军都是以独立设计师的状态开展设计的。虽然离职非常果断，但这不代表曾军自己不迷茫。当谈起那4年的往事时，曾军笑谈："江湖不是那么好混的。"这应该是大多数创业者的心声。的确，当一个人失去了稳定的收入来源后，首先必须考虑的就是如何生存下去。房租、水电、吃饭、社交等开销都是非常现实的基本问题。在那个阶段，曾军做过很多工作，他与广告公司和品牌推广公司都合作过，甚至还为时装公司担任过设计顾问和总监。好在当时各个行业都在高歌猛进，因此对于设计创业者而言收入还是有一定保障的。在一些公司担任设计顾问时，曾军每周只需工作两个下午就可以拿到万元以上的年薪。虽然表面上看

图11
应用数码提花技术设计的书籍，2013年

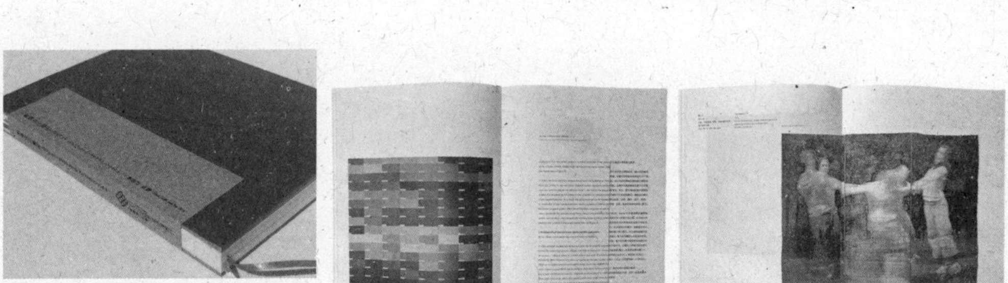

图11

这种工作状态比较松散,但是曾军一如既往地保持着与人的友善和热情,在设计上认真负责、兢兢业业,很快就拥有了一批稳定的客户。由于服务的业务比较多元,一些跨领域的行业也向他抛来了橄榄枝,当时刚刚建立不久的服装品牌歌力思创始人夏总就曾找过他,希望他来公司担任品牌总监。但是曾军一直有个人创业的冲动,便没有答应任何企业的邀约。他心里明白,在这个充满各种机会的城市里,还是要坚守创业初心,否则自己根本不需要从九星印刷包装中心的稳定状态中跳脱出来。既然命运安排自己来到深圳,就要不断迎接挑战,在创意上寻找"颠覆性"的突破。

2000年,曾军得偿所愿,正式注册了自己的设计公司。公司位于深圳福田红岭中路与笋岗路交汇处的南国大厦。也许是受到很多国外设计公司和工作室的影响,曾军一直将自己的公司保持在3~4人的规模。虽然员工不多,但业务量还是比较大的。当时各行各业都处于上升期,曾军的公司业务较为稳定,甚至有部分广告公司接单后因为忙不过来,还会通过业务外包的形式交付给他们来做。2007年,曾军将公司搬到了南山区的华侨城创意文化园并一直运行到2018年。(图12)

公司运营期间,除基本的商业项目外,曾军还参与了许多具有行业前瞻性的设计活动。由于平面设计与印刷业关联紧密,因此设计师们通常与纸行、印刷厂保持着频繁互动。纸行在推广上需要设计师为他们的新纸品设计各式纸样,借此展现纸品的多种应用效果,以增强纸样产品对客户的吸引力。2004年,大德竹尾纸行曾找到曾军、梁小武、韩湛宁、黄扬、王文亮、黑一烊6位设计师共同参与设计和推广艺术纸样。当时的计划是,6位设计师每人负责完成6个页面的设计,由梁小武负责收集作品。曾军将这个联合项目命名为"6×6"计划。整个工作完成后,形成了一本大画册,并获得了美国MOHAWK SHOW设计大赛奖项。(图13)

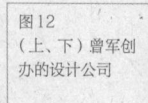

图12
(上、下)曾军创办的设计公司

图13
(上、下)"6×6"计划第一回画册封面与内页,2004年

(右)6位设计师合作完成的"6×6"计划第一回画册,并获得美国MOHAWK SHOW设计大赛的奖项,2004年

图12

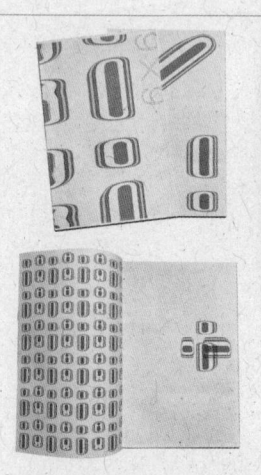

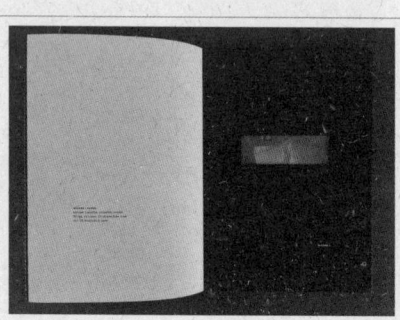

图13

[1] 例如黄扬先生就在"6×6"计划第一回的设计中采用了当时并不多见的三维视效，以全方位地挑战纸张性能的极限，相关作品可以参考黄扬设计官方网站：https://www.huangyangdesign.com/6×6-1st，援引时间为2023年8月11日。

2006年，大家又发起了"6×6"计划第二回。这次是为康戴里纸行设计推广宣传册，由韩湛宁负责收集作品。"6×6"计划第二回中每位设计师又加入了更新的设计元素和创意，让纸张的呈现更有一种先锋意味，在行业内颇受好评。在这次纸样设计项目中，设计师有了更大的发挥余地，大家可以竭尽所能地用不同纸张充分测试印刷工艺的极限，而且在风格和表现手法上都不尽相同。[1] 在"6×6"计划第一回中，曾军尝试以塑料袋等形式探讨非典疫情主题的表达，"6×6"计划第二回中他则以《片断》为题，重点呈现了不同视角的城市景象。（图14）虽然在各类纸样效果落地时，印刷厂傅非常作难，面临着各种技术工艺上的极限挑战，但大家都尽力配合，通过纸行技术人员的现场跟进，很多技术问题都迎刃而解。如果用一句话来形容，就是纸样的项目令曾军他们做得非常"过瘾"。对丁平面设计师而言，与纸行的合作就像是吉尔·维伦纽夫（Gilles Villeneuve）与法拉利汽车的合作——后者制作产品，前者通过极限实验不断刷新后者的认知界限，从而激发出更精彩的产品。对于至今尚未完全脱离纸媒的平面设计而言，纸张的设计与工艺显然能大大促进行业发展的攻关和突破。

回想起创业的整个过程，曾军认为对他而言最大的挑战不是设计，而是经营。人事、行政、税务等各种各样的问题纷至沓来，让他常常是连轴转。难能可贵的是，他没有为繁杂的事务所羁绊，而是始终保持着对生活的热情和好奇心。在公司搬到华侨城稳定运行了几年后，他选择回到母校清华大学美术学院（前中央工艺美术学院）攻读研究生，并于2013年获得了艺术硕士（MFA）专业学位。（图15）来自学业和事业的双重压力有时候会压得他喘不过气来，因此在拿到硕士学位后，有一阵子他甚至感到对既定的生活产生了"厌倦"感，更想依循内心做些更有新鲜感的事情，更新一下自己的生活方式。另外，之前他在深圳市平面设计协会所从事的大量工作，主要是针对设计师群体进行的设计交流，而在此阶段他更希望将专业领域的理念与价值在大众和日常生活层面传播，并通过设计师的职业沉淀与思考，去影响更多人的日常生活方式与审美，为推广和普及设计价值发挥作用。

图14
"6×6"计划第二回画册（曾军作品《片断》系列），2006年

2014年，出于对工艺、设计与生活方式的研究兴趣，经过慎重考虑，曾军决定将自己的公司分出一半，以"半舍"为名开设了一家生活杂货店，售卖自己从全世界各地淘来的日常用品，用以传递他对杂货生活美学的认知。（图16）"半舍"售卖的都是曾军在全球各地旅行中挑选出来的生活用品。由于"选品"这一行为本身就带有强烈的艺术气息和个人风格，因此曾军的生活杂货店很快就吸引了许多顾客，有些人甚至想要将店里的商品全部打包带走。在华侨城创意园，"半舍"成了一间主打生活杂货的特色店。回过头来看，曾军开店这件事也折射了当时的社会发展环境，在改革开放多年后，深圳这座城市逐渐进入了更加注重生活品质的阶段，而不仅是追求物质上的消费。曾军开设的这家"半舍"生活杂货店采选的都是那些基于本土文化遗产所制造的商品，有着沉静与优雅的气质，为城市带来了不一样的文化与生活体验，体现了曾军多年从事设计师工作的职业敏锐度。

　　对于曾军来说，开店并不在意赚更多的钱，从开店的第一天起他就将这种尝试和体验当作个人"爱好"而非"事业"。对于他来说，生活杂货让他切换了设计的视角，以另一种工作方式重新建立起了更多的新鲜感知。这种出发点也是在践行设计本身的一个重要价值——服务好人们的日常生活。"设计选品"这种潜在的能力或许与曾军在中央工艺美术学院的本科基础学习相关，那时他们可以通过课程全方位地接触不同设计领域的知识，无形中让他具备了多维度的艺术感知力，激发了他对不同专业的好奇心。器物是人们日常不可或缺的生活用品，其造型、尺度、工艺、空间、组合等都有不同的讲究，曾军用"半舍"连接了设计师与大众生活，打造出了一个交流生活美学的设计空间。此后，曾军常常行走在异国的不同卖场，他说自己已经练就了一种"职业买手"般的敏锐嗅觉，每到一处都可以很快发现搜索的目的地，收罗那些藏匿在街头巷尾的各类特色选品。这种对物品审美

图15
曾军在清华大学美术学院硕士研究生毕业作品展的视觉设计新媒体动态视频设计（4分41秒，视频截图共5幅），2013年

图15

图16
（左、右）"半舍"生活杂货店空间

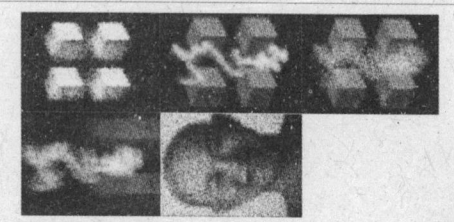

图16

[1][2] 展览情况详见华侨城创意文化园官方网站：https://www.octloft.cn/actdetail?contentId=44，援引时间为2023年8月12日。

的直觉，以曾军的话说，应该是源于在多年艺术训练中形成的一种潜意识和审美判断力。

然而运营一家商店需要精力上的全心投入和大量的时间成本。当时像曾军这样致力于生活品质提升的售卖店并不多见，因此曾军店里的商品通常两周左右就会销售一空，需要高频率地采买货品。由于店里的商品无法实现自产自供，而是主要靠"寻找"来开辟货源，因此光选品、运输两项就需要耗费非常多的精力。此外，由于当时类似的业态还没有广泛建立起来，"半舍"成为华侨城的潮店地标，一些画报、杂志经常会登门采访，曾军有时得花费一整天接待前来采访的媒体。（图17）2018年，由于要去澳门科技大学教书，没有过多时间打理，他就将商店的业务停掉了。如今回想起开店的往事，曾军仍然有很多感慨，他认为完整的商业模式非常重要。这种判断是正确的，在今天已经日趋饱和的市场上，即使是开办一家规模不大的商店也要建立起充分的商业资源以作支撑，仅仅凭着兴趣是无法维持长远发展的。

对于设计师来说，实验也是一种好的积累和学习。开店这件事不但符合曾军从小形成的敢想敢做、游历四方的开放性格，也满足了他关于生活与物品之间的探索欲。这些特质在他后续的许多创作中都能够得到充分的展现。2020年秋，朱德才在华侨城创意文化园策划了一场"余物　新秩序——2020 OCT-LOFT 公共艺术展"，旨在邀请十几位艺术家以被遗忘和闲置的余物为载体进行艺术创作。[1] 当时曾军的参展作品体现了他对生活与物质的关系思考。他提交的作品就是以3把回收的同款椅子为主体来创作的，他对椅子进行了解构，并以其为材料重建了三者之间的关系。他的创作灵感来源于"每个人生命中都可能会经历的各种偶然与错位，以及因此带来的不同结果和解读"。[2] 曾军之

图17
（左）"半舍"生活杂货店

（中、右）《外滩画报》《周末画报》对"半舍"生活杂货店的专版报道

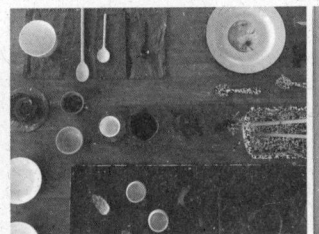

图17

所以将这个作品命名为《错位》，多少与"半舍"的开店经历有一定关系。（图18）体验全球选品的过程有着一定的"偶然"性，在世界各地的时空交汇中，本身就会产生一种"错位"感。对曾军来说，无论是开店还是创作，都是他关于人、自然、生活、物质的独立思考。

正因如此，专业维度对他来说并不是那么重要。他可以做平面设计，同样也可以驾驭空间设计。2016年，他就和建筑师罗琦共同设计了一件"网红"空间设计作品——《帐幕》。（图19、图20）虽然许多人总是习惯于将《帐幕》空间当作一座教堂，但是实际上这里并不举行宗教仪式，甚至没有十字架。在功能上，它所呈现的状态是一处伴有音乐的安然之所。《帐幕》所在的原始空间是一间位于蛇口，曾被用作仓库的旧厂房。空间的租用者是彭光华和严曲东，他们希望改建这座旧厂房，做成一个能够让人的内心获得安宁的静谧空间。这种想法本身就带有浓厚的"乌托邦"色彩，因为在深圳这样朝夕繁忙的一线城市中，与己独处、享受宁静简直是一种奢侈。

曾军是在上海接到彭光华委托的，当时他曾问过彭光华"这个空间内人与人的关系是怎样的"，对方表示"不希望进入空间之后，人与人彼此之间，与现场乐队之间，产生相互的干扰，而是更多通过音乐这个第三方媒介，实现与信仰和内心的交流"。[1] 这一独特的诉求让曾军思考了很多，并决定将少年时热爱的建筑和音乐融入自己的设计中，打造一个与人心灵相契的空间。为了将设想落地，他在纽约和朋友一同去感受教堂里的音乐氛围，寻找精神依托的实景体验。虽然《帐幕》的名称及一些设计构想（如入口窄门的设计）都受到了西方宗教文化的影响，但是曾军和罗琦最终将它设计成了一个无法被准确定义的自由空间。因为它虽然在精神上与教堂保持着延续性，却又与传统意义上的教堂存在一定的差异。

[1] 曾军先生提到过他曾应深圳客之邀撰写了一篇关于《帐幕》空间的文章，详见深圳客微信公众号《帐幕谢幕：一个深圳非典型网红建筑的消失》：https://mp.weixin.qq.com/s/NRHs4fEq1pjrfkORVsWuKw，援引时间为2023年8月13日。

图18
艺术装置《错位》，"余物 新秩序——2020 OCT-LOFT 公共艺术展"，2020年

图19
（上、下）《帐幕》空间与视觉设计

图20
《帐幕》空间设计手绘图

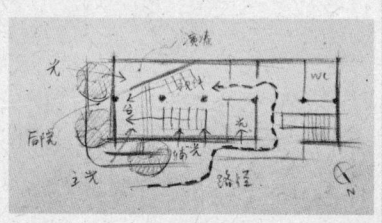

在设计史上，无论是勒·柯布西耶（Le Corbusier）在法国设计的朗香教堂，还是安藤忠雄（Tadao Ando）在日本设计的光之教堂、水之教堂等，都在实质上行使着教堂的职能。所有人在进入这些空间时都必须严格遵守教堂的规则（例如光之教堂通常需要预约方可进入，水之教堂仅在特定时段向普通游客开放等），但是《帐幕》空间却是24小时不间断面向公众开放（图21）。任何人都可以进入这个空间，并在此体验通往心灵深处的旅程。由于空间的隔断设计，人们步入空间时往往只能听到音乐的旋律，而看不到演奏者，大有"转轴拨弦三两声，未成曲调先有情"之意。贴心的是，如果有人省思时有所共鸣而落泪，长椅上还会适时提供备用的纸巾。这些极具温情的细节设计，使《帐幕》一经落成即受到了各类媒体的报道和关注，成为许多游客来到深圳的一个必经"打卡地"。

当谈起《帐幕》空间的设计理念时，曾军认为，在当下一线城市中人们往往背负着很大压力，而释放压力的方式有很多种，有的人选择去酒吧，但也有的人会选择找一个地方安静地待着。《帐幕》所面对的受众就是后者。其实早在创业初期曾军就已经开始注重设计与自然、人性之间的关系探讨了。他认为，设计师需要控制好设计与周边环境之间的协调关系。《帐幕》就是这样的作品，它虽已不再局限于"平面设计"的范畴，但在设计理念上是完全贯通的。在商业层面，即使不考虑精神层面的设计价值和意义，《帐幕》空间的成本控制也显示了其功能价值，曾军与罗琦的方案为甲方节省了20%的预算经费，并且在2019年还荣获了香港设计师协会环球设计大奖赛公共空间类的两项评审奖。（图22）《帐幕》对曾军来说如同一种精神层面的设计实验，在实现商业功能的同时，还传递了更多有关社会价值的全新思考。

图21
（上）《帐幕》空间设计

（下）24小时向公众开放的《帐幕》空间

图22
香港设计师协会环球设计大奖赛画册中的《帐幕》作品评审奖评语页，2019年

图21

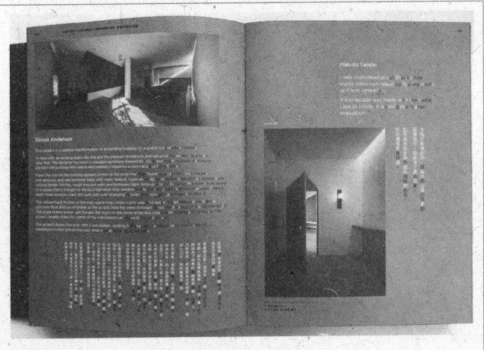

图22

253

三、深圳市平面设计协会的"活化石"

除在设计专业上有所创见外，加入深圳市平面设计协会对曾军的职业生涯也有着至关重要的意义。虽然曾军比王粤飞、陈绍华等第一代平面设计师年纪轻，但是早在"协会"初创的概念酝酿时曾军就在场。1992年的圣诞节，还在九星印刷包装中心工作的曾军就和师兄伊红光一起参加了由嘉美设计组织，在罗湖区中国银行大厦楼上举办的那场同行聚会。正是在当晚的聚会上，曾军认识了王粤飞、陈绍华、韩家英、龙兆曙等设计前辈。当时王粤飞听说曾军他们来自中央工艺美术学院后，开玩笑称他们是"中央军"，而他自己则是"地方军"。在向往平面设计的星火刚刚借由'92展点燃不久的冬夜里，大家抱团取暖，找到了专业上的同道人。在"酒过三巡"的热聊之后，大家萌发了正式建立一个设计组织的想法。

此后的1995年8月26日，深圳市平面设计协会宣告成立。从成立之初协会便在准入门槛上设定了高标准、严要求，入会者必须如期呈递设计作品，经过专业评审后方可入会。当时首批会员招募分两次审核，曾军凭借着"中南之星"包装金奖等作品成为第一批会员。[1]入会后，由于一直热心参与相关事务，他很快就成了协会中不可或缺的组织者和核心成员。曾军依然保留着儿时在多地辗转经历中养成的收藏习惯，在工作中也形成了一种"档案"保存意识，从1992年圣诞节的那场聚会开始他就非常注重收集一些有特殊意义的小物件。例如每次平面设计行业聚会时有纪念意义的小型卡片、票券等（图23、图24），他都会认真细致地整理后收集存放在自己的工作室中。遗憾的是，继"平面设计在中国"96展之后，由于协会内部的一些问题，协会工作在1998年实际上进入了停滞状态。[2]原本计划两年一届的双年展也沉寂多年。直到2003年，深圳市经过调

[1] 据曾军先生回忆，当时他报上材料后还被通知需要补充资料，可见从一开始深圳市平面设计协会的入会审核就非常严格。

[2] 在深圳市平面设计协会的"大事记"中，明确写到"1998 深圳市平面设计协会工作中止"，详见深圳市平面设计协会官方网站：http://www.sgda.cc/about.aspx?id=3，援引时间为2023年7月31日。

图23
深圳市平面设计协会举办圣诞聚会的会员胸牌（曾军收集），1996年

图24
"首届德中平面设计双年展"的宣传物料（曾军收集），2010年

图23

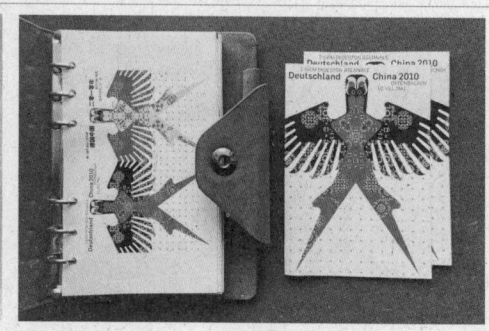

图24

[1] 据陈绍华先生回忆，"两城一都"意指"图书馆之城""钢琴之城"和"设计之都"。

[2] 由于1998年协会没有按照国家发布的《社会团体登记管理条例》按时完成注册，'03展发起时协会尚未能重新注册，因此展览无法使用协会之名。

[3] 详见深圳市平面设计协会官方网站：http://www.sgda.cc/about.aspx?id=3，援引时间为2023年7月31日。

研，确定了"两城一都"的发展计划。[1]在这样的背景下，协会第一批核心成员响应政府号召，集中优势资源在深圳关山月美术馆举办了"深圳设计03展"（简称'03展）。需指出的是，这次展览虽未使用"平面设计在中国"展的名称，也未以深圳市平面设计协会的名义发起，但实际上它就是第三届"平面设计在中国"展，而在其中发挥重要作用的也依然是深圳市平面设计协会的原班人马。[2]（图25）也正是在这次展览之后，深圳市平面设计协会重新启动了新的筹备工作。这一次，大家更加注重制度体系的建设，对两年一届的协会制度进行了强化。除毕学锋连任1次，担任了4年的协会主席外，重新启动的深圳市平面设计协会主席任期都是2年。2004年4月4日，深圳市平面设计协会召开了新一届筹备会议预备会议，2005年5月24日，筹备会议正式召开并在同年12月2日举办了"平面设计在中国"05展。[3]

因此，从设计史的角度看，'03展的意义是非常重大的，它不仅在实质上重启了协会的工作，还重新凝聚了那些心怀梦想的先行者，延续了自1992年协会筹建之初的设计精神。30岁出头的曾军和韩湛宁在'03展中承担了许多具体工作，当时曾军为了这场展览全身心投入，以至于整整3个月他的公司都没有开展设计业务。为了记录这次展览的相关资料，当时颇有"档案"意识的曾军还用摄影机拍摄了一部纪录片——他随机采访了十几位路人，问他们知不知道什么是"平面设计"。然而令人失望的是，居然没有一个人能够给出准确答案，甚至一位在深圳大学学习工业设计的学生也未能答上来。由此可见，即便在专业领域"平面设计"这一概念已经得到了普遍认同，但是直至千禧年之后整个社会依然没有建立起关于这一学科的普遍认识。事实上，关于设计学科认知的问题在今天依然存在，而且不仅仅限于平面设计领域。甚至在很多人看来，设计都是可有可无的，为之花费大量资金并没有什么必要。这多少有些像在使用电脑软件缺少版权意识的年代里，大多数人对计算机的投入通常只考虑硬件部分的成本那样。设计的重要性与观念要被大众接受，依然有很长一段路要走。

图25
曾军参加"深圳设计03展"的作品 *NO SARS*，海报设计系列，2003年

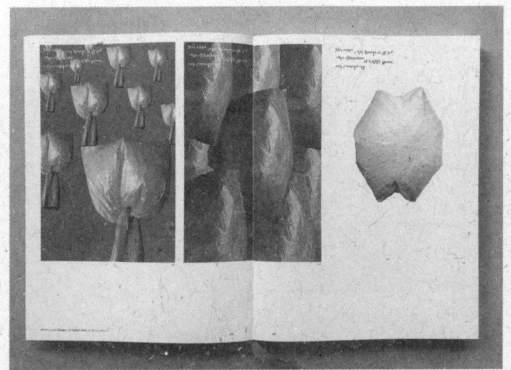

图25

255

正因如此，深圳市平面设计协会在设计的普及与推广方面付出了诸多努力。2005年，协会恢复正常运行后，曾军承担了大量工作，他分别担任了第三届理事会常务理事（2007—2009）、第四届理事会常务副主席（2009—2011）、第五届理事会副主席（2011—2013）、第六届理事会常务副主席（2013—2015），在协会整整承担了8年基础建设的实务工作，此后他在协会担任顾问至今，是协会中公认的"承上启下"（上可与王粤飞等第一代设计师相接，下则与张涛等活跃的青年设计师相联）、发挥中流砥柱作用的角色。[1] 有一年协会办活动，为了表彰和纪念那些为协会发展做出重要贡献的成员，颁发了一个特殊的纪念奖品——一块嵌有铜板的砖头。而曾军一次性获得了4块，可见他在协会的付出与贡献。（图26）

在协会的建设工作中，曾军尽心尽责，也非常注重团结成员，关照年轻的设计新人。他认为，协会是一个不讲究门第出身，纯粹以学术与实践进行专业交流的地方，大家在工作中相识相知才是最重要的。从这个角度来看，深圳市平面设计协会发起的每一场活动其实都是成员们共同价值观的一种集体展现。（图27）2009年，作为协会的核心成员之一，曾军与当届理事共同提出并发起了"GDC SHOW"活动，（图28）它其实是"平面设计在中国"（GDC）展的延续，通过在全国各地的线下活动传递"GDC"的价值及信息，让更广泛的人群参与其中。"GDC SHOW"极大地拓展了"GDC"的"在地性"，产生了重要的宣传效应。

现今，深圳市平面设计协会还陆续推出了更多专业主题性的活动，如"China TDC——文字设计在中国"、粤港澳大湾区系列设计活动等。这种与时俱进也反映了现代设计及产业资源互为融合的发展和变化。20世纪八九十年代，深圳作为经济特区在国家政策的支持

[1] 曾军先生在协会发挥着持久的影响力，现任深圳市平面设计协会主席张涛先生认为曾军在协会中有着不可替代的重要作用。

图26
曾军获得深圳市平面设计协会颁发的4块铜板"砖头"奖，以表彰其为协会所做的工作贡献

图27
（左）"平面设计在中国"96展获奖作品在日本大阪DDD画廊展出时一众设计师的合影，1997年

（右）"平面设计在中国"96展在法国巡展，1997年

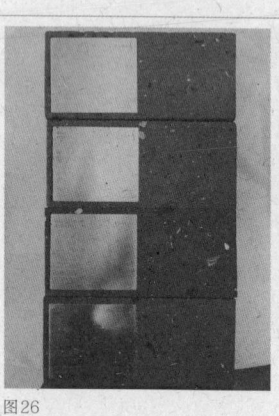

下享有着香港带来的信息、技术和资源便利,这些优势使得深圳的平面设计和印刷、包装等行业在全国"一览众山小"。然而时代在发展,随着全国经济水平的普遍提升和地区差异的日渐缩小,深圳在全国的优势地位已不再如改革开放之初那么明显。从设计的行业背景看,深圳虽然是中国第一个"设计之都",但是如今上海、北京、武汉也都拿到了这个称号。设计发展水平与经济增长息息相关,当随着各大城市经济实力不断增强,深圳要想持续地保持在行业里的领先地位并不容易。行业协会同样如此,与王粤飞、陈绍华、韩家英等先行者摇旗呐喊的时代不同,如今的深圳,或者说在粤港澳大湾区内,要想持续在平面设计的观念、专业水平上领先于全国,以作示范是有难度的,也面临着诸多挑战。尤其是在这块产业高地的设计教育资源并没有多少优势(例如与中国美术学院、中央美术学院、清华大学、同济大学、江南大学等高校相比),本地设计人才"造血"功能严重不足,人才需要大量引进。因此协会必须先行一步,做出更多具有引领性的工作,才能够持续地将自身优势保持下去。

曾军认为在深圳市平面设计协会的工作在他的人生中是一个全面提升自我的重要阶段,在这期间不仅拓展了自己的专业视野,大量实践也让他对设计有了更多维的理解,提升了个人的专业标准。另外,在协会工作期间,曾军的沟通与逻辑表达能力也得到了全方位的提升,这也为他后续担任教职工作打下了重要基础。此外,他还克服了许多曾经不擅长的问题,令自己能够以更开阔的视野去看待世界。的确如此,在深圳市平面设计协会的经历在曾军的设计生涯中起到了能力激发的作用,他以设计师的专业身份进入,但通过在协会大平台的历炼,如今的他已能全面胜任教师、策展人等多个方面的工作。(图29)

图28
(左)在中央美术学院举办的"GDC SHOW"展览上,曾军担任学术主持,2013年

(中)在"GDC15展"上,曾军担任评审工作,2015年

图28

(右)曾军在"GDC设计大会"上主持评审对谈环节,2023年

正是由于在长期的协会工作中所表现出的综合组织力和号召力，令曾军在卸任协会常务副主席后，于2016年担任了深圳清华大学美术学院校友会的常务副会长，以及在2018年担任了深圳清华大学校友会的理事。在校友会的工作中，曾军充分吸取了在深圳市平面设计协会工作中的经验，提出凡事以规则为先，并为之做了一系列规范化工作，以促成校友会形成相应的运作制度。此外，曾军认为，美院的校友会应不同于其他学院，因此还作为主要成员策划并发起了一场校友展览，展现了深圳清华大学美术学院校友会成员们最新的专业成果。

四、让设计实务走向社会课堂

2018年6月1日，在母校老师、时任澳门科技大学人文艺术学院副院长马泉的邀请下，曾军到澳门科技大学人文艺术学院担任了高级讲师，这对他来说是一个重要的人生转折。教育关乎人才培养，曾军极为看重这一点，为此投入了大量精力。经过权衡与思考，曾军决定关闭自己在深圳的设计公司和"半舍"商店，整合自己数十年来在设计一线的实践经验，全力以赴投入其中。

在来到澳门科技大学执教前，曾军其实对高校工作一直存在着某种程度上的抗拒，他经历过校园里的设计教育与产业发展的差异化，怕自己无法适应设计教学的传统模式。但是到了澳门科技大学后，他发现学校给予了每一位教师很大的自由度，这让他可以根据自己的想法规划和组织课程，将他多年来的行业经验融入本科和研究生的教学之中。教学工作在这里是一件非常纯粹的事情，即便因初来乍到在各个环节会遇到许多具体问题，但是通过与学院行政人员的沟通往往可以很快获得解决，没有太多庞杂琐碎的工作。

图29
（左）日本的《IDEA》设计杂志刊登"平面设计在中国"96展的专版报道，对曾军作品的介绍，1997年

（中）曾军担任"GDC LONDON展"论坛活动主持，2014年

（右）在"GDC09展"颁奖典礼活动上，曾军担任主持，2009年

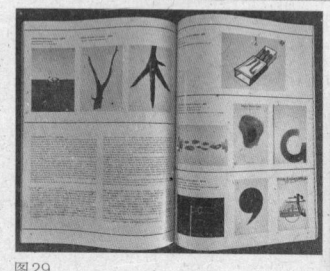

图29

可能有些人误以为教师在课堂上讲完课就可以"全身而退"去做自己的事情了，殊不知为了完成既定的教学计划，每一位教师都需要在课下进行大量的准备工作，除整理编辑 PPT 等课件之外，他们还要将自己的专业经验转化为文本，预先规划并撰写出设计标准、大纲、教学进度表、教案等各类文件。因此，虽然在行业里早已是经验丰富的设计师，但是教学工作对于曾军而言并不轻松。作为一位新入职教师，他需要花费大量时间去撰写教案等课程文件，再加上他白天为平面设计方向的本科生上图形、包装、书籍设计课，晚上还要为空间和产品设计方向的研究生讲授跨专业课程，这令他几乎没有多少休息时间。但是种种辛苦都是值得的，除学院的优秀毕业设计奖外（图30），他指导的学生还获得了许多此前从未有过的奖项。例如，陈需沙的作品 RED 获得了 SGDA 奖学金、刘一颖的作品《〈一日三岁〉诗集设计》获得了第四届"Y 设计展"创新创业大奖等。

曾军自行建构了他的教学计划，还经常根据具体情况对课案进行动态调整，为了让课程能够适应不同班级学生的特点，他常常修改教案，极力避免教学的套路化，每个班学生的特点他会预先熟知，根据他们专业上的需求来制定各班不同的教学计划，鼓励学生们尽可能在课堂上深入探讨专业方面的问题。虽然这种授课思维会让教师自己比较辛苦，但其间的交流和互动能够有效启发学生的发散性思维，获得意想不到的教学效果。课程项目结束后，曾军会邀请全班同学一起合照，记录一种在现场的仪式感。此外，由于此前做过许多商业实践，因此曾军在传授设计知识和技能的同时，还会结合实例提醒学生们一旦涉足真正的商业，一定要首先将商业模式想清楚，做出合理规划。

除了常规教学，曾军还对学院的许多工作非常热心。在执教的第二年，他就负责了学院的毕业展画册及主视觉设计。此外，他还为自

图30
（左）曾军在澳门科技大学人文艺术学院执教的第一批本科毕业生获得第四届"Y 设计展"创新创业大奖（丽景湾艺术酒店赞助奖），2019年

（中、右）澳门科技大学人文艺术学院2019届毕业设计作品展主题海报《跨越》与视觉设计，2019年

图30

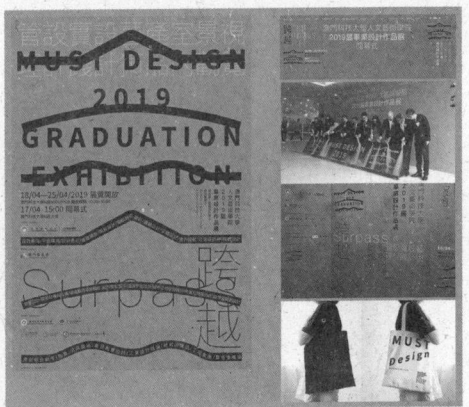

己的老师马泉在深圳关山月美术馆举办的个展"叠加态——马泉"作品展设计了视觉系统、画册及导览手册（图31），并参加了中央美术学院举办的"中国设计40年：经验与模式"国际学术研讨会。为了撰写《在场——1990—2017平面设计在中国的深圳样本》一文（图32），这是他花费了整个寒假的时间进行研究的成果（该文收录于中央美术学院教授刘波主编的《"中国设计40年：经验与模式"国际学术研讨会论文集》），[1]回顾梳理了平面设计在中国发展的深圳样本及设计实践的重要价值。

[1] 在与曾军先生的交流中，他提到撰写这篇文章的最初契机来自王粤飞先生的邀约。在研讨会上，曾军准备了一份超过100页的PPT文档，但是每位学者只有15分钟发言时间，他超时了七八分钟。之所以超时，是因为他认为研讨会上提及的这些内容非常重要，必须完整呈现。

在澳门科技大学密集有序的教学工作为曾军打下了坚实的执教基础。2020年，在同济大学设计创意学院院长娄永琪的邀请下，他担任了同济大学设计创意学院副教授以及同济大学深圳 NEEDS Lab 副主理。曾军非常认同同济大学关于跨学科的设计教育理念。毕业设计展是他会重点跟进的课程。2023年他策划的同济大学设计创意学院/上海国际设计创新学院毕业设计展便是以"混合现场"为主题的，而其中的团队成员都是首次参与策展的毕业生。（图33）一直以来，曾军所主张的设计"现场"意识与他在同济大学关于"跨学科"的教育理念有着内在的一致性，也只有当教师的个体理想与目标与学校的办学理念和发展方向相一致时，才能产生教学实效，"混合现场"就是两者融合的一种教学探索。由于该届毕业生经历了三年新冠疫情防控的特殊时期，平时的布展经验较少，又是学院第一次在校外复杂的公共空间举办展览，加上毕业设计的压力导致的紧张焦虑，需要学院和策展团队付出更多的努力，以协助学生完成布展的整体工作，在大家的齐心协力下，最终顺利完成了一个有多元化体验、形式多样的毕业设计展。学生在此过程中也锻炼和提升了布展和应对现场复杂情况的能力，学院首次以策展人制规划并在公共空间举办的毕业设计展也获得了社会各界的良好反响，实现了学院让毕业展走出去的教学理念。

曾军认为并不是所有的设计师都适合执教，因为执教需要有很强的责任心，要因材施教，同时应具备思维上的逻辑性和表达能力。例

图31
（左、右）"叠加态——马泉作品展"海报与场刊设计，2019年

图32
曾军撰写的文章《在场——1990—2017平面设计在中国的深圳样本》，2018年

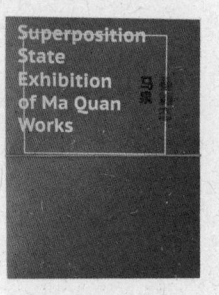

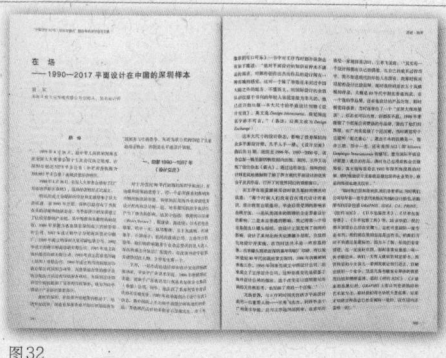

图31

图32

260

如，在做学校的"混合现场"策展项目时，他就发现这一届的毕业生们在展览策划与执行方面缺乏经验。但他也意识到这并非学生自身的主观问题，而是在平时没有得到充分的实践训练。为了鼓励学生们做好这个校外展览，曾军一方面通过学校支持给予学生最大限度的展览资源，另一方面则要求他们从自己的作品出发，认真落实好展览的每一环节，并且强调展览是作品的一部分，在成绩中占有一定权重。此外，答辩也在展览现场公开进行，因为设计的问题从来都不在课堂，而是在现场。由此可见，曾军在教学实践上，无论是单元教学还是机制探讨，都是以学生为中心进行的。转型设计教育后，他对学生的实操也十分关注，即便有学生在展览物料加工完成后发现一些细节上的缺漏，曾军也都会独自担当起所有责任，希望通过实际行动让学生感受到一种团队协作的精神。

曾军从企业一线转行教师，虽然教学经历并不长，但是由于没有过多地受到观念上"包袱"的约束，反而使他能够始终坚持以学生为本（在澳门和上海时都是这样），并且将教学的过程看得比结果更重要，这些也是高等院校体制内的管理者值得思考的问题。其实类似问题笔者也曾经问过即将回中国美术学院执教的毕学锋老师，当时他特别提到不希望让学生们过多地参与到商业项目中去，而是应该让他们保持一种在学校学习的纯粹。在"产教融合""校企合作"的教育模式中，有些院校可能并未真正了解学生们的真实所需，以及企业的人才需求。实际上，唯有扎扎实实地整合和匹配资源，实现校企共赢，才能真正帮助学生融入社会，成为素质全面的人才。这些实质性工作也许比那些程式化的教学表格更为重要。

除在高校执教外，曾军还一如既往地积极参加各类社会活动，将他的设计、教育、审美和专业理念以各种形式进行传播。他为戴耘雕

图33
"混合现场"，同济大学设计创意学院/上海国际设计创新学院毕业设计展海报及学生作品，2023年

图33

261

塑展设计了《砖系列——戴耘作品集》(图34)，还积极参与了"1/100《回南天》群体海报创作邀请展"(电影《回南天》导演：高鸣，策展人：杜峰松)(图35)。2023年3月，为了配合同济大学的招生工作，他先后在深圳实验中学和深圳红岭中学做了招生先导讲座"设计与你，设计与我"，为非专业学生全面介绍了设计专业的内涵与价值。关于未来，曾军认为，在当今社会要面临各种压力，个体需要适应大环境的发展，而在这种情况下，前瞻性就变得特别重要，因为它往往能让人摆脱现实的危机。

从产业一线到回归教育行业，曾军历经了设计的多向职业维度。难能可贵的是，他至今依然保持着对事物的好奇心，在课堂上向学生们传播着设计理念。与1992年初来深圳的自己对照，如今的曾军身上明显多了几许淡然和游刃有余的成熟。提及过往，他的记忆非常清晰，上个十年，上两个十年……青春如同似水年华。转型教育后，在新时代的设计浪潮中，他始终保持着自己的节奏，以在场者的身份默默地观察并记录着……

图34
曾军为戴耘雕塑展设计的《砖系列——戴耘作品集》画册，2006年

图35
参与"1/100《回南天》群体海报创作邀请展"曾军设计的海报，2023年

时间 -2016年
作品 -《帐幕》
类别 - 空间设计

设计 -《帐幕》是曾军与建筑师罗琦共同设计的一个"网红"空间设计作品。创作所在空间是一间位于蛇口、曾被用作仓库的旧厂房，设计委托方希望将其改建成一个能够让人的内心获得安宁的静谧空间，带有浓厚的"乌托邦"色彩。这里并不举行宗教仪式，甚至没有十字架。在功能上，它所呈现的状态是一处伴随着音乐旋律的安然之所。在深圳，来到《帐幕》空间，与己独处、享受宁静更像是一种奢侈的心灵之旅。

通过对《帐幕》空间的建筑外观、室内主厅、外立面及入口等细节的设计处理，营造了城市的一方温暖与静寂

《帐幕》空间标牌、外墙设计

《帐幕》空间的水槽设计与无名访客

《帐幕》空间礼拜堂演奏区窗台设计

《帐幕》空间的主厅设计

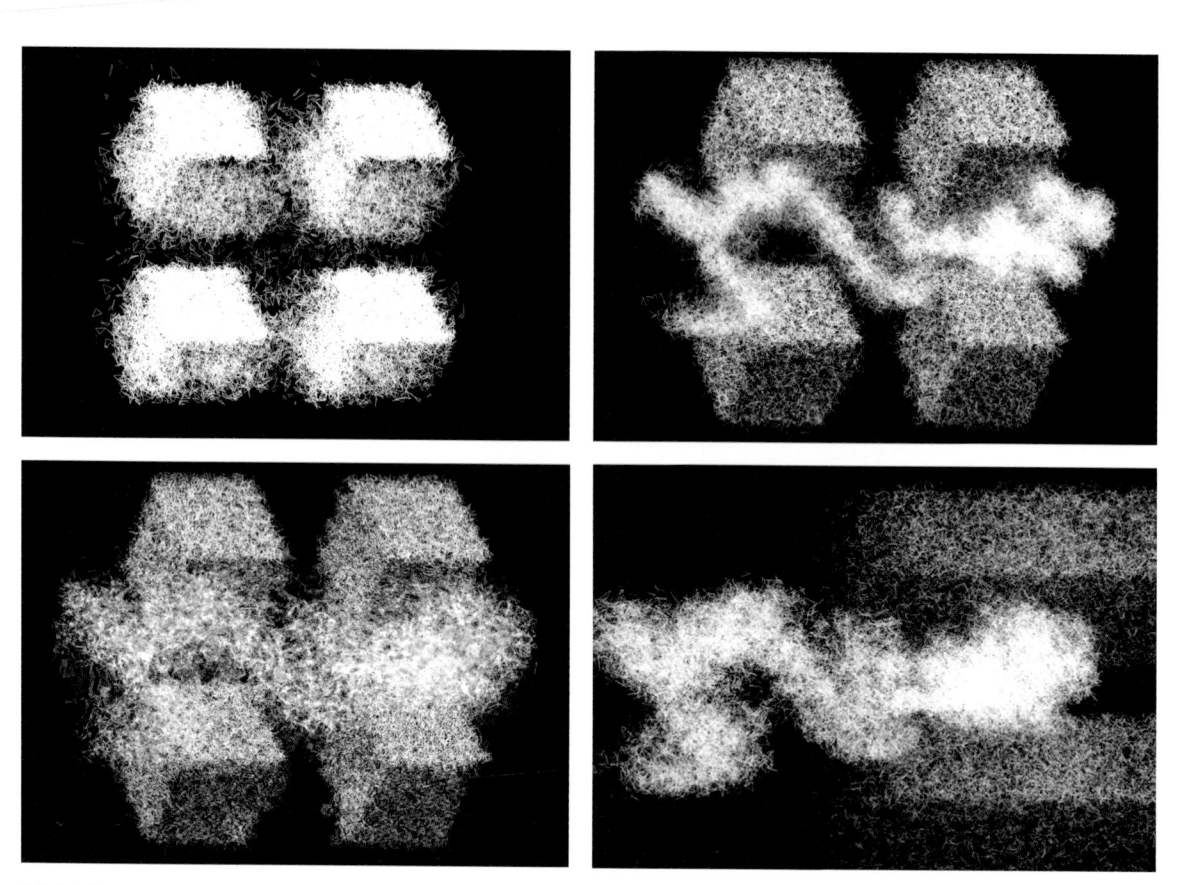

清华大学美术学院硕士研究生毕业作品展的视觉设计新媒体动态视频设计（4分41秒，视频截图共5幅），获得GDC13新媒体创新与发展类别最佳奖，2013年

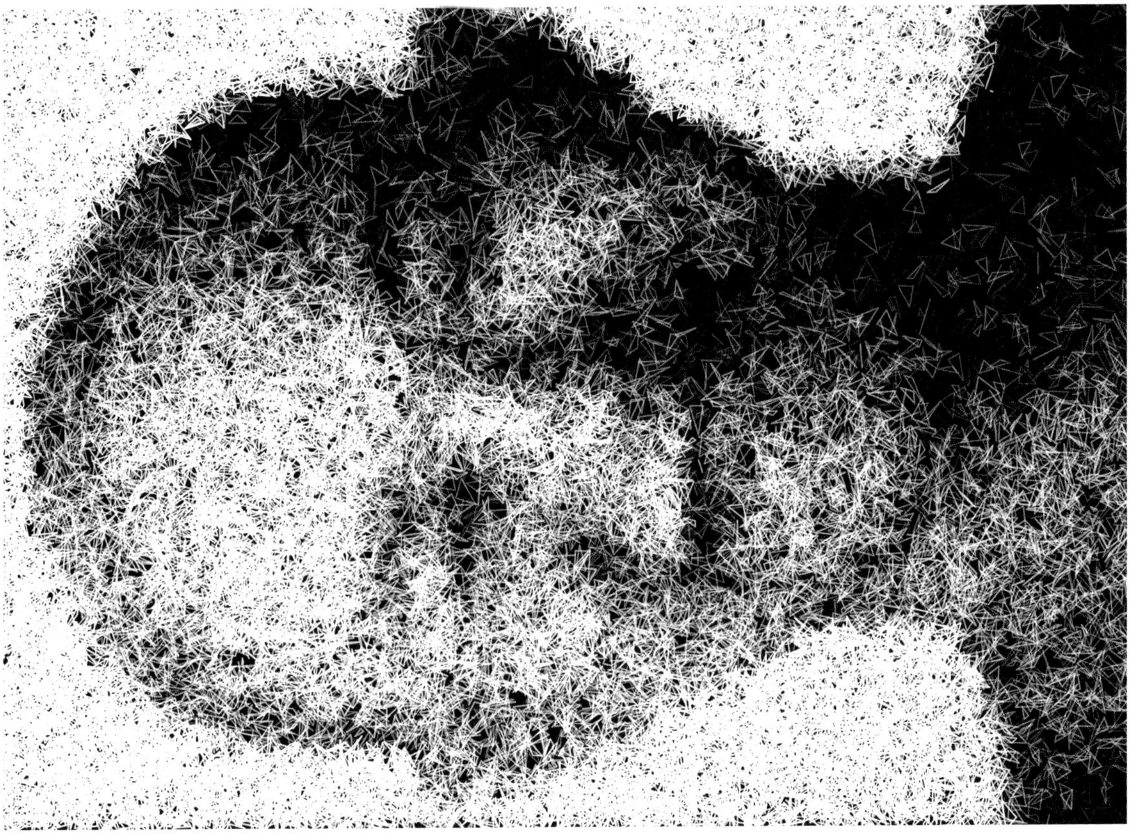

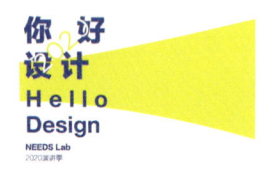

1. "帐幕"标志设计，2016年
2. 洛杉矶石墨艺术中心标志设计，2016年
3. 同济大学深圳校友会成立40周年标志设计，2024年
4. "你好，设计"标志设计，2021年
5. 澳门科技大学毕业设计展标志设计，2019年
6. 新群众音乐共兴行动标志设计，1997年
7. 七星湾航海运动俱乐部标志设计，2014年
8. 长城汇理标志设计，2012年
9. 绿色基金会标志设计，2018年

博纳影业标志与银幕动态设计，2005年

时间 - 2013年
主题 - 香港华创海洋会（HTRIP）
类别 - VI 设计

设计 - 华创海洋会是香港一家致力推广航海文化、提供航海运动高端服务的航海俱乐部。品牌 VI 视觉系统在设计更新升级后，突显出航海的动感与字体、色彩的高辨识度。

混合现场，同济大学设计创意学院 / 上海国际设计创新学院毕业设计展视觉设计，2023年

271

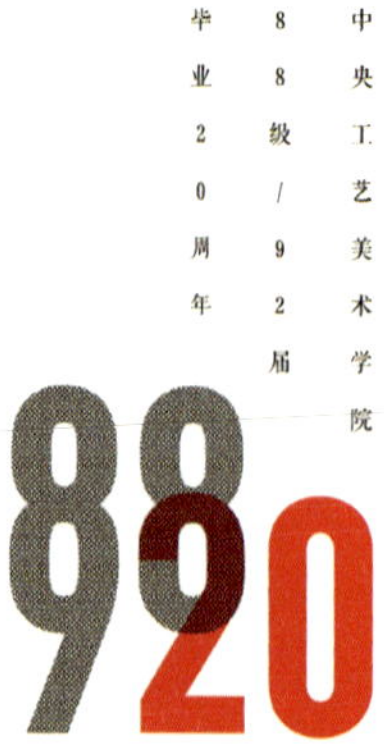

中央工艺美术学院 88级/92届 毕业20周年

88
9 20

"8820"中央工艺美术学院同学毕业20周年纪念聚会的标志与视觉设计，2012年

272

POP UP STORE 游击概念店 VI 设计，2012年

NO SARS，深圳设计'03展，系列海报设计，2003年

跨越，澳门科技大学人文艺术学院2019届毕业设计作品展，海报设计，2019年

混合现场，同济大学设计创意学院／上海国际设计创新学院毕业设计展，海报设计，2023年

"叠加态——马泉"作品展海报设计，2019年

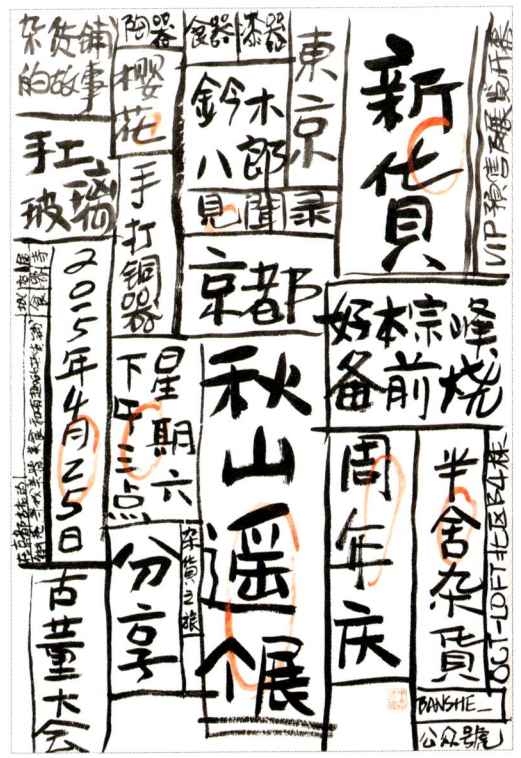

"半舍"杂货店一周年海报设计，2015年

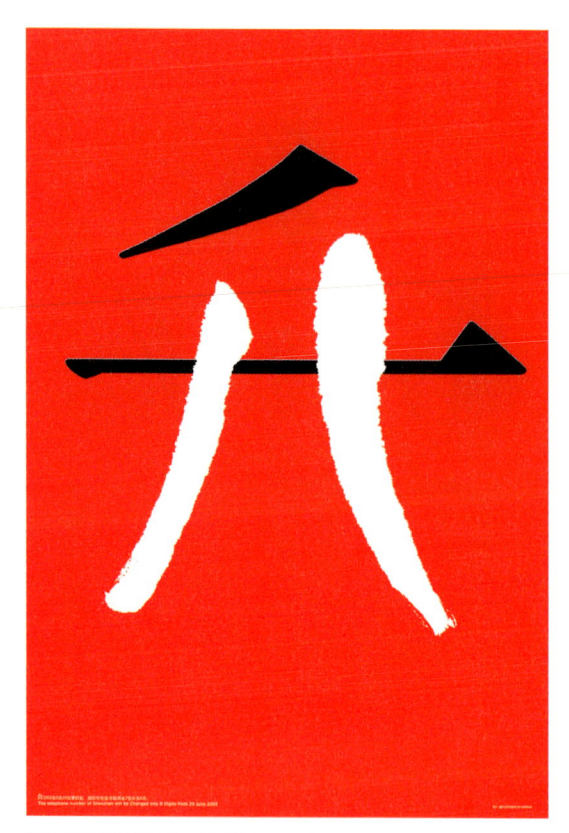

深圳电话号码升至八位，海报设计，2002 年

深圳九星印刷包装中心，海报设计，1996 年

时间 - 1996 年
作品 -《沟通》
类别 - 海报设计

设计 - "沟通"是"平面设计在中国"96 展中的一个主题海报展。曾军采用黑白两色，以极简的钥匙图形为主形象，既是一个带有问号的引申，亦有交流的寓意，体现了海报言简意赅的信息所产生的视觉效果。

沟通，"平面设计在中国"96 展，海报设计，1996 年

梁文道"书读完了"讲座海报设计，2006年

《回南天》电影主题海报设计，2023年

时间 - 2023年
主题 - 《回南天》电影
类别 - 海报设计

设计 - 《回南天》是高鸣执导的一部电影，邀请了100位设计师共同参与了这部电影"一分钟片断"的海报创作。电影的剧情着重讲述在春夏之交的南方，以回南天为线索发生的男女情感故事。曾军为此部电影设计海报的同时创作了一段文字：

爱情
交替的白昼与黑夜
你站在我的白昼
我穿过你的黑夜
从此
生生不息

爱情
是一道时间与空间合谋的谜语
你猜对了时间
我来错了空间
就此
各奔东西

钧天坊古琴讲习班招募海报设计，2009年

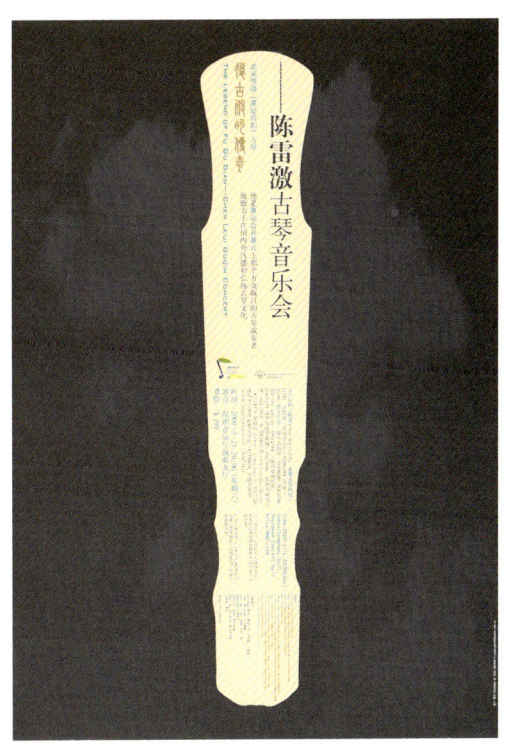

陈雷激古琴音乐会海报设计，2009年

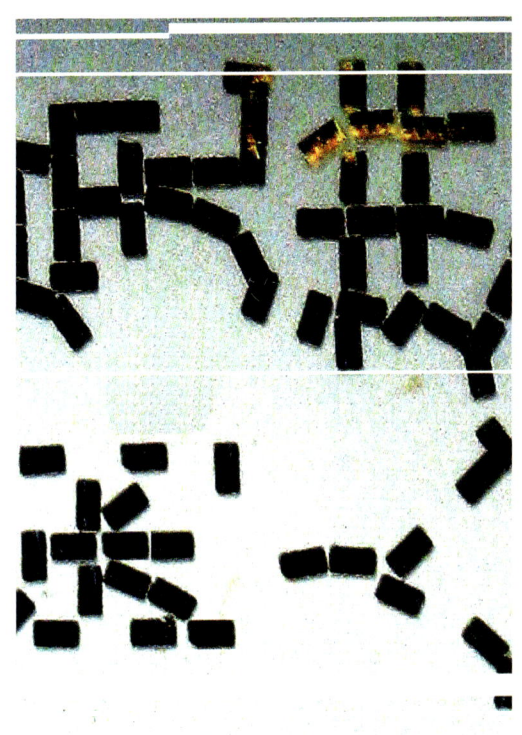

闲人免进，海报设计，2003年

游泳，"字运动"展览海报设计，2008年

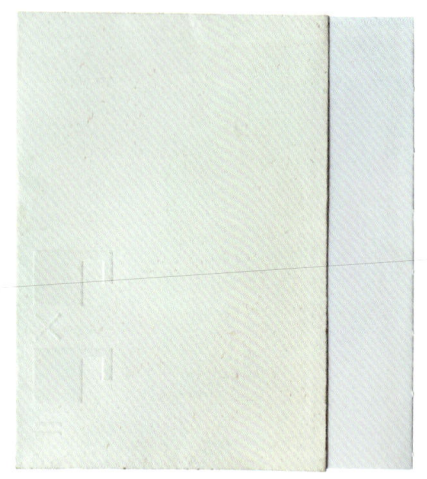

"6×6"计划第二回封面与内页设计（曾军作品《片断》系列），2006年

《砖系列——戴耘作品集》，画册设计，2011年

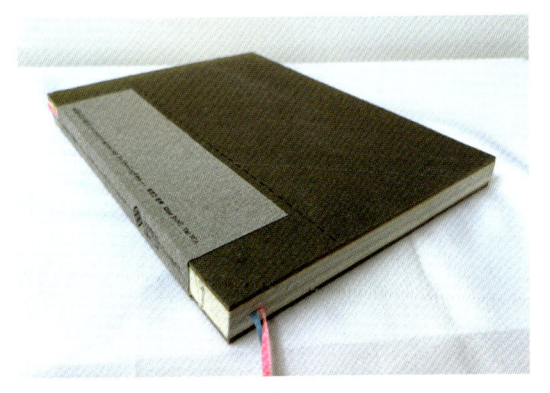

应用数码提花技术设计的书籍，2013年

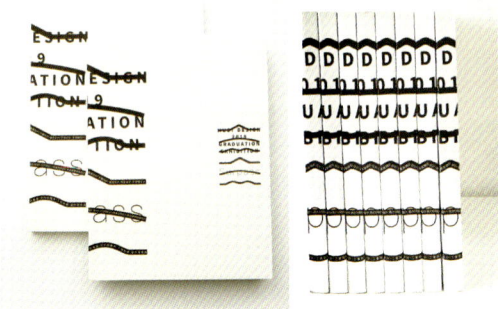

澳门科技大学人文艺术学院毕业设计作品集，2019年

281

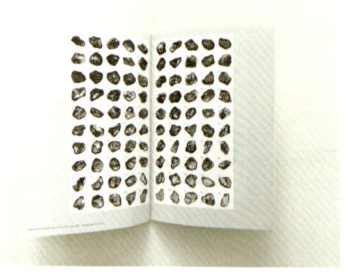

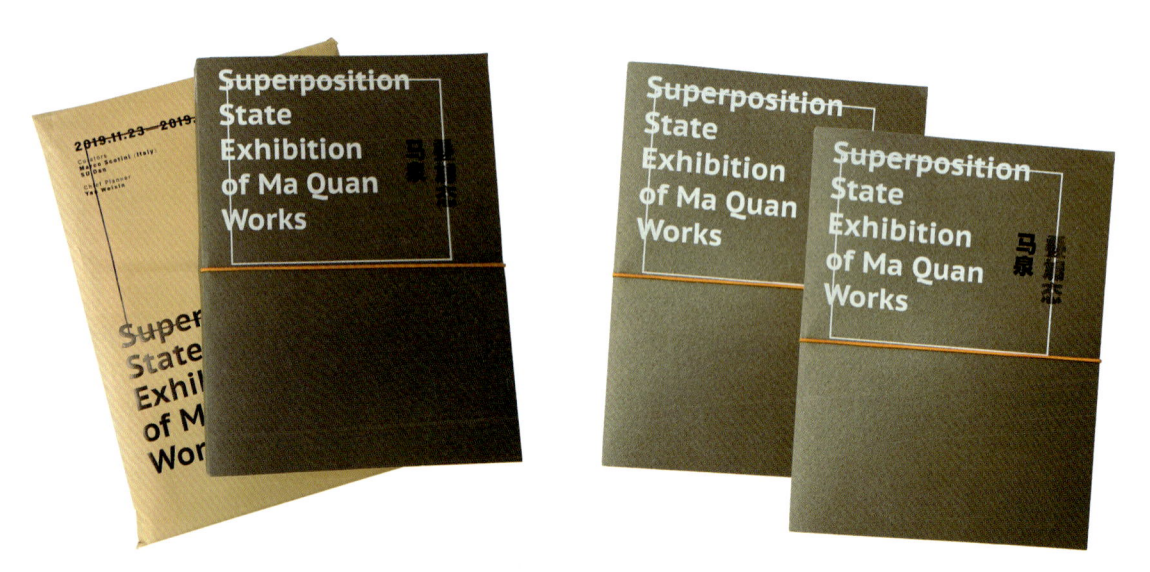

"叠加态——马泉"作品展,场刊设计,2019年

错位,余物　新秩序——2020 OCT-LOFT 公共艺术展,艺术装置,2020年

访谈·纪事

1. 结合您在本书中的一件设计作品，谈谈您对设计的见解。

曾：2011年至2013年，我短暂脱离了一线的设计实践工作回到母校读研，期间对图形语言的生成方式产生了兴趣，并作为个人在研究生阶段的专业课题。通过对数学、分形学和生物学的了解和观察，我将图形的建构方式与之结合，完成了毕业设计，创作了4分多钟的一个动态视频作品。在这件作品中，我试图在图形建构与细胞生长，以及在分形学中复杂图形的建构逻辑之间建立关联。我找到当时在广州的设计师詹火德协助，运用数字化技术将其视觉化呈现，这件探索性的作品后来获得GDC13新媒体创新与发展类别最佳奖，而彼时动态图形的创作尚处在萌芽阶段，数字技术也没有今天这么成熟和普及。回想起来，它似乎还与今天方兴未艾的人工智能之间存在某种关联。这件事使我意识到设计师的工作基于对创造性的追求，可以在设计语言和方法上做出许多探索，这些探索源自设计师对自身的挖掘和颠覆，也来自长期从事设计职业所带来的对外部世界与未来趋势的敏感性。事实上，这项研究仍可持续下去，在AI与数字化技术不断提升和进化的今天，或许会有新的进展与可能性。

2. 在不同时代的技术发展变革时期，设计师应具备哪些基本的职业素养？

曾：从近现代设计发展的历史来看，设计师所应具备的个体基本素养其实在底层逻辑上并没有多大的改变，技术的发展与变革从来没有停止过，设计观念的转变会随着社会、经济与科技的发展而变化，设计师对真实世界的深度体验和对未来趋势的敏锐判断，会不断提升设计手段、工具与思维的表达，即使目前人工智能等领域的飞速发展给设计从业者带来了巨大冲击，但设计师的创造性工作并不会随之减弱，相反，创造力的价值会更加凸显和放大。

3. 从事设计行业的这些年，您觉得哪个阶段是自己最自在或充实的状态？

曾：对我个人来说，每个阶段都充满挑战和机遇，只要外部环境能够让自己心无旁骛地从事所热爱的工作，同时又能为自己、他人和社会创造价值，无论哪个阶段，都令人鼓舞。

4. 您认为设计给予社会的是什么？

曾：如果把设计作为一个动词来看，它所追求的是对人类社会进步的积极推动，是一个持续不间断的过程。作为设计从业者，个体的价值如果能通过其工作，让我们所处的世界变得更加丰富和多元，拓展人类的想象和认知，就会为我们所处的世界创造更大的价值。好的设计，是对人性的回应，也是对真实世界深刻的体察。在我做《帐幕》这个项目的时候，这一理念一直贯穿在设计进程的每一个环节，人与人、人与自然、人与外部世界，人与自身精神世界的关系……是设计师始终考量的核心问题和前提条件。

5. 设计之外，您还较为关注哪些方面的事物？

曾：对于一个以设计为职业的人来说，对真实世界的观察和体验从来没有缺席过，这种体察，对于我个人来说，常常是通过旅居与在地工作来达成的。特别是近七八年来，由于工作关系，我穿梭于不同城市，居住、工作和生活，不同的人文历史、风土人情给我带来了不同地域的日常生活体验。记录、观察和介入这些城市的文化与经济、市井与日常，思考形成它们的背景与成因等，这些体验，构成了我从事设计和设计教育等相关工作的私人版图以及由此而生的多元文化思考。

[以上来自2024年3月12日与曾军的访谈内容]

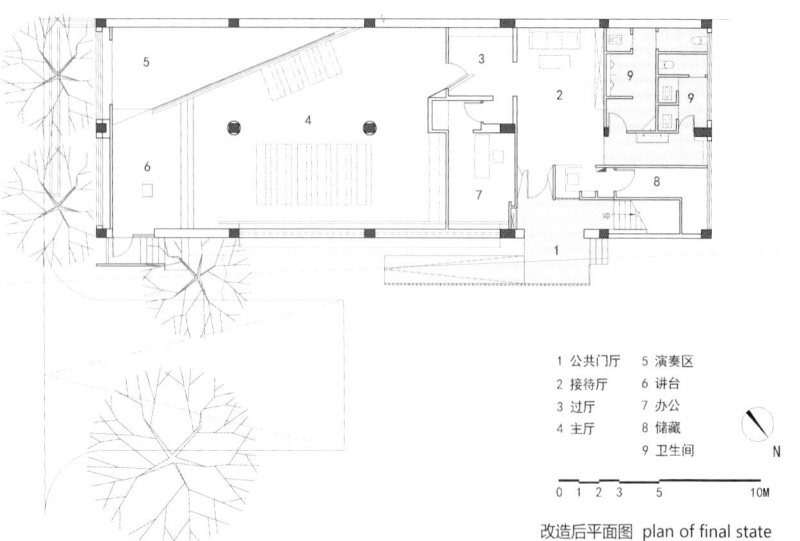

1. 《帐幕》空间改造后的平面图
2. 法国设计杂志的"中国设计师"专栏报道，2004年
3. 《广告大观》杂志的"设计新锐榜"专栏报道《曾军：包容与审视》
4. Loft 杂志的专版报道《半舍：日常器物的需要》，2014年
5. 在《设计之都深圳》杂志"设计教育"专栏发表的文章《未来需求实验室（NEEDS Lab）的在地实践》，2022年

1 公共门厅	5 演奏区
2 接待厅	6 讲台
3 过厅	7 办公
4 主厅	8 储藏
	9 卫生间

0 1 2 3 5 10M

改造后平面图　plan of final state

286

黄 扬
HUANG Yang
设计的艺术情怀实践者

黄 扬

平面设计师，艺术指导。2000年创办黄扬设计；2013年合作成立明天见艺术组合。2007年由TASCHEN出版的《当代平面设计》作专版介绍；2013年曾担任"平面设计在中国"展（GDC设计奖2013）评审。近年参加的设计展览：深圳设计周"S超级符号"主题设计邀请展、深业上城（2021）；第四届中国设计大展及公共艺术专题展、关山月美术馆（2022）；深圳—波兹南友好城市30周年"5+5"设计连线展、关山月美术馆/波兹南之门遗产文化中心（2023）。

其创办的黄扬设计主要从事Logo/Poster/Book/Art等方面的创意设计和艺术指导。服务的品牌与机构包括：艺术深圳组委会、都市实践建筑事务所、深圳市红树林基金会（MCF）、深圳市绿色建筑协会、万科集团、招商局集团、华侨城集团、华润集团、何香凝美术馆、华侨城当代艺术中心、关山月美术馆、今日美术馆、坪山美术馆等。与丹尼尔·克诺尔工作室、山乐思工作室、肖全工作室、刘庆元工作室、左靖工作室、周力工作室、薛峰工作室、大乾文化、艺术深圳组委会、盈众集团、彩泽（深圳）食品科技有限公司、哈尔滨工业大学（深圳）、乐聚机器人技术有限公司等进行艺术合作。

设计师 / 黄扬

访谈·印象

　　与黄扬的采访距离非常近，他多年一直以深圳华侨城为圆心，在全国辗转他多态的艺术之旅。

　　"明天见"是一个在地艺术实验组合，三位成员在设计、音乐、装置、影像视觉等领域进行跨界创作，明天见组合黄扬在与伙伴的默契合作中，一直以松弛的状态游离于不同的设计边界，不断更新他个人的艺术标签。

　　时光似乎没有给他留下太多痕迹，他在艺术自留地里享受着一路晃荡的自足感，同时很好地保护着那个可以自在创作的壳，接纳着不同的艺术来访者，收获共同完成设计的实感体验。他为自己选择合适的艺术调性，从生活的碎屑、大众文化中寻找独特的切片，以到达他向往的艺术彼岸。

在黄扬设计工作室的出版采访与交流

设计 · 观点 [节选]

　　我的设计观在工作室成立不久就确立了。那时我偶然看到一个国外企业的年度报告主题是"Refresh",中文是"更新、刷新"的意思,这个词语突然击中了我,我感觉它就像是一个类似禅语的表达,令我联想到我们的生活、工作,包括对于自我和世界的认知,都是一种不断刷新的存在。

　　自2002年左右开始,我就将"Refresh"作为我的设计观念,即尽可能随时随地保持好奇心、认真观察和感知事物细微的流变、吸纳不同的观点与方法,设计出与设计对象相互映照的视觉形式以达成良好的信息传达和交流。

　　在此基础上,我不再执着于某种设计观点或方法论,而是不断地更新我的设计认知与实践。

　　（以上观点来自黄扬于2023年12月21日的表述）

设计·往事

时间 - 2013年
场景 - 深圳
事件 - 创立"明天见"组合

"明天见"是滕斐、黄扬、梁荣三人组成的艺术组合,他们各自从事于当代艺术、音乐策划、平面设计、摄影影像、视觉艺术等领域,以多元跨文化的视角观察艺术与当下社会及生活周边的相互关系和影响,创作出了许多在地的艺术实验作品。明天见组合近年参与的艺术项目:坪山美术馆"嗰啾——艺术扎营";深圳(坪山)公共艺术季(2019);"打开的窗户",OCT-LOFT 公共艺术展(2021);"艺术生成艺术"ONE ART 湾汇艺术季(2022);第十届艺术深圳户外公共艺术项目(2023)。

时间 -2004 年
场景 - 深圳
事件 -SIMS 公司成立二十周年庆

在改革开放时期起步发展的万科集团，是中国最早的上市公司之一。1995 年正式进入万科集团旗下 SIMS 的黄扬，见证了企业多年来在设计领域的拓展与转型。此为 SIMS 公司成立二十周年庆合影。

设计彼岸的那片海

黄扬，一位常年生活在海边的"70后"设计师，20世纪90年代初"下海"来到深圳时，不少"40后""50后"和"60后"设计先行者已在深圳立足创业，他凭借自身在设计上的努力实践，很快就进入了主流的平面设计圈。他的作品带着新鲜生猛的气息，颇得一些设计前辈的好评。来深圳不久后他的一幅《这也是我们的世界》(*IT IS OUR WORLD TOO*)在"平面设计在中国"96展上斩获金奖（图1），让他站在了新锐设计师的前列。千禧年黄扬创办设计公司后，一直坚持着独立的艺术风格，他的工作室模式与商业设计始终保持着一定距离，尽可能地坚守着设计的艺术原则，其大多数作品与美术馆的艺术项目有交集，无论在主题还是形式上都呈现出其多面向的思维特点。（图2）黄扬对设计的表达犀利且有棱角，或观察社会焦点问题，或游离于城市的街角，它们像海岸边自然的流沙，渗入喧嚣的城市、时间的缝隙中，又如滩涂上海沙留下的贝壳，呈现出光芒独特的模样……

一、"我们的世界"：首次设计夺金

"平面设计在中国"展作为一个标杆性符号，开启了一个属于中国现代平面设计师的全新时代，宣告着"这是我们的世界"。以今天的视角回溯1992年在深圳举办的"平面设计在中国"展，它的意义与价值都是开创性的。

第一，'92展从本质上促进了全国关于"平面设计"这一概念的理解与界定，而不是简单地将其视作"工艺美术"的一部分。由于'92展以作品为线索建构逻辑，因此非常直观地解释了"平面设计"的产业价值和社会意义。伴随改革开放潮起涌动，人们开始接受这一新的专业概念。

图1
《这也是我们的世界》，"平面设计在中国"96展金奖作品，1996年

图2
"6×6"计划第一回画册（黄扬作品 *image* 系列），2003年

图1

图2

第二，客观上形成了以深圳经济特区为中心的设计产业集聚效应，令更多怀揣同一梦想的从业者汇聚于此，客观上形成了中国现代设计发展的"南方效应"。如果用今天的话语去讲，那就是已经开始形成以粤港澳大湾区为核心的设计凝聚力。

第三，'92展通过跨地区的平面设计作品集中呈现了文化、商业的和合效应，展现了改革开放背景下多元发展的可能性，为未来中国设计产业的全面发展建立了一个可供参照的发展样本。

当然，'92展最直接的成果是催生了1995年成立的深圳市平面设计协会，以及1996年的第二次"平面设计在中国"展。这两大事件为日后将"平面设计在中国"展发展为"GDC"双年展品牌打下了关键的前期基础。客观地讲，4年之后的第二次"平面设计在中国"展相比第一次有了更多维度上的突破。诚如'96展画册所言："'平面设计在中国'96展是继92平面设计在中国展后的又一次大汇展。所不同的是，这次展览首次集合了祖国大陆、台湾、香港、澳门两岸四地设计师的设计作品，形成了中国设计界大交流的格局。这在中国现代设计史上，写下光辉的一页。"[1] 在前面的篇章中已经提到过，与'92展的评委主要由中国人担任不同，'96展的评委呈现出非常国际化的阵容。[2] 展览评审团由澳洲的靳·祈岛、法国的米雪·布维、日本的松井桂三和韩国的安尚秀4位外国专家组成，由王序担任评审团事务及联络人。（图3）

与'92展评委尤惠励将展览报道以专题发表于《传艺》杂志（*Communication Arts*）的意义相同，1997年3月1日发行的日本 *IDEA* 杂志第261期上也刊登了'96展评委松井桂三撰写的专题文章《Graphic Design in China '96——平面设计在中国》。[3]

[1] 平面设计在中国'96展执行委员会. 平面设计在中国'96展[M]. 广州：岭南美术出版社，1996. 序.

[2] '96展评委除加拿大的尤惠励（Wei Yew）外，王建柱、余秉楠、靳埭强、陈幼坚为中国专家，而石汉瑞虽然是外国专家，但他在'92展时的评委身份是来自中国香港。

[3] 关山月美术馆的黄治成先生为笔者提供了上述信息及日本 *IDEA* 杂志第261期原刊。

图3
（左）"平面设计在中国"96展评审现场，1996年（照片由王粤飞提供）

（右）日本 *IDEA* 杂志第261期刊载的"平面设计在中国"96展专栏报道，1997年

图3

[1] 韩家英. 镜像——韩家英设计 [M]. 长沙：湖南人民出版社，2012. P10.

这篇文章长达6页，与同期刊登的关于1997年东京TDC的报道文章体量相当，足见'96展的国际影响力。当然，不排除此间存在"猎奇"成分——毕竟对于1964年东京奥运会视觉形象设计令日本平面设计登上世界舞台而言，中国的平面设计不仅出现了年轻的面孔，且令人好奇。实际上，不止日本，西方世界同样关注于20世纪90年代中国的平面设计。曾任法国肖蒙国际海报双年展主席的阿兰·魏尔甚至明确指出："中国平面设计从九十年代开始诞生。"[1]

1971年出生，时年25岁的黄扬一举夺得了'96展的金奖。他获奖的海报作品《这也是我们的世界》，是自然环境保护协会的委托项目。即使以今天的视角去看，这也是一件非常抢眼的设计作品，它展现了中国青年设计师关于图形独特且深刻的思考。事实上，若干年之后黄扬本人提到这次获奖也是感慨万千，他自己也没有想到第一次参加如此高规格的赛事就能获得金奖。的确，相比其他3位金奖获得者——王序、韩家英、毕学锋，当时的黄扬真可谓是初出茅庐。黄扬夺金的意义并不仅仅在于个人层面，还体现了由王粤飞、王序、陈绍华等前辈在'92展期间倾注心血建立起来的展评公平竞争机制。这也是"平面设计在中国"展延续至今依然具有全国影响力的主要原因——无论你是谁，来自哪里，能够证明能力的唯有作品本身。那么，是什么样的经历促成了黄扬的这件设计金奖作品呢？

二、向南到大海：自学设计

1993年，黄扬从四川美术学院毕业。（图4）原本他可以回到自己的家乡进入有编制的体制内单位工作，但凭着对艺术的敏感和兴趣，他连报到都没去，便在当年10月毅然来到了深圳，希望在这里追逐自己的艺术梦想。在20世纪90年代初主动放弃"铁饭碗"工作，

图4
黄扬在大学毕业时创作的油画《星期天的一个下午》，1993年

图4

选择未知前程着实需要一定的勇气。也许是受到家庭成长的影响，造就了黄扬骨子里的闯劲。由于父母支边的工作原因，他出生于四川古蔺并在那里成长到13岁。此后，他跟随父母返回内江，家住在内江师院。有趣的是，无论古蔺还是内江，都与水有着不解之缘。古蔺河与沱江让他对大海非常向往，正是这种源自童年记忆深处的情感驱使他来到了深圳。用他自己的话说，"就好像是经过溪流与大江后汇入了大海的感觉"。出于对水的特殊情感，令他小学二年级时就在和小伙伴们嬉戏时学会了游泳。童年时好动又比较调皮的黄扬曾经三次受伤，或许正是童年的新奇探险经历，造就了他果敢勇毅的性格。（图5）

作为改革开放的前沿，20世纪90年代初的深圳对于许多新鲜事物都有着很高的接受度。然而与前面所描述的前辈们不同，黄扬的第一份工作并不在专业性很强的设计公司，而是落在了罗湖宾馆。虽然听起来宾馆好像与设计没什么直接关系，但是宾馆的老板是一位非常热爱文化、思维敏捷的潮州人。他让黄扬等几位设计师组建起一个设计部，为宾馆内部提供包括店面、包装在内的设计服务。这种以设计来提升企业附加值的做法在当时是极富创见的。由于老板本人对新鲜事物兴趣很大，当年深圳刚好也刮起了一阵电脑学习热，因此在1993年年底，黄扬和他的同事们就逐渐开始从手绘稿转向以386型电脑学习用CorelDRAW软件来绘制图形。据黄扬回忆，他正是使用FreeHand软件设计绘制了《这也是我们的世界》。

设计从业者大都知道软件本身并不能带来多少创意，虽然在20世纪90年代初，电脑对大多数人来说还带着一股神秘感，但它本质上仅仅是一种辅助工具而已。做设计若没有一定程度的知识积累和视觉转化能力，是很难做出优秀作品的。黄扬对这一点非常清晰，因此在工作时他非常注重对新鲜知识的摄入，只有尽快建立自己的知识体系和关于现代设计的整体认知，才能探索出新的专业发展方向。然而，因行业原因，宾馆在设计的总体氛围上肯定比不上专业设计公司。但黄扬对此并没有特别在意，因为他能够在工作中持续获得新鲜感，同时慢慢增进自己的专业认知。

图5
黄扬创作的童年故乡主题海报《小城之春》（共8幅），坪山美术馆，2023年

图5

回忆当年初学设计的这段历程时，黄扬谈到正是在这里，他第一次接触到了《广东设计年鉴》。（图6）经历过那个年代的设计从业者都知道，这本出版于1993年4月的年鉴在当年是尤为稀缺的专业学习资料。前文已经多次谈及在20世纪90年代初，中国内地的现代设计学科教育体系尚未完全建立起来，很多学生都是在工艺美术的背景下学习设计的。处于改革开放前沿地带的深圳，其行业发展水平已经先于高校并呈现出与国际接轨的趋势。当市场出现越来越多现代设计的岗位需求时，那些新近入行的设计师都要在工作中持续学习才跟得上行业变化。因此这本年鉴就成为年轻设计师参阅学习和专业提升的重要利器。时隔多年后黄扬提到这本书，还能对其中的内容和装帧设计如数家珍，尤其是封面的设计让他印象尤为深刻。《广东设计年鉴》收录了当年最新、最潮的设计案例。包括广州新境界设计的"太阳神"CI系列包装，白马广告设计的乐百氏、蓝带啤酒广告等一众作品。在那个信息资讯不甚发达的年代，这本书为年轻的设计师群体带来的视觉冲击力是非常大的。

除了《广东设计年鉴》，另一本对黄扬产生了重要影响的图书就是"平面设计在中国"92展的画册。在这本画册收录的展览作品中，他终于找到了自己一直以来内心想要追求的东西。黄扬在四川美术学院读书时，从专业层面上看其实一直是比较"孤独"的。因其所在的美术教育系（此前的师范系）专业学习涉及的领域非常广，从国油版雕到广告几乎无所不包。然而黄扬始终对写实风格的造型艺术并不是很感兴趣，他发现自己对"装潢"的兴趣更大，因此常常和工艺美术系的同学"混"在一起。也正是在这一阶段，他了解到了龟仓雄策、田中一光等著名设计大师及其作品，这在他心中埋下了日后从事平面设计的种子，也有意识地提升自己对优秀平面设计作品的鉴识能力。当时这本"平面设计在中国"92展画册是由王粤飞设计的封面，它

图6
《广东设计年鉴》，
岭南美术出版社，
1993年

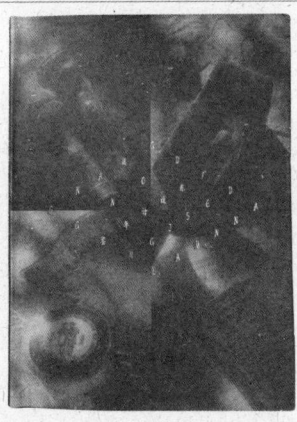

图6

给黄扬的第一感觉是形式上的新奇和独特，在视觉呈现上也做到了当时的极致，为了在封面黑底上实现黑金烫印的效果，王粤飞还专程去香港完成了印制，以更好地体现画册设计的创意风格。

　　正是这两本书打开了黄扬对设计新的认知。此后他通过孜孜不倦的阅读更多地了解了由王序、王粤飞、陈绍华、韩家英、李克克等不同风格的设计作品，包括新境界、白马、黑马、旗天广告等与平面设计密切相关的企业。尤其是在进一步阅读了王序主编的《设计交流》杂志后，了解到了香港的设计师石汉瑞、靳埭强、陈幼坚等，以及很多国际知名平面设计师的设计历程（事实上，很多年之后，黄扬依然认为王序主编的《设计交流》带给他的影响是非常大的，包括后来他主导的"平面设计师之设计历程"系列丛书）。(图7) 这让黄扬笃定了将平面设计作为自己未来发展方向的想法，并下定决心一定要尽快融入到行业之中。经过了解，他发现陈绍华、李克克都曾在万科下属的 SIMS 担任过设计工作，而 SIMS 设计的许多广告（如太太口服液、润迅传呼等）在当时都是"爆款"，并时常见诸各类报刊。这些信息让黄扬对 SIMS 尤为关注，但在当时他从未想过自己可以进入这样的顶尖企业工作，只是会特别留意它的发展动向。

　　当时，旗天广告的余朝东办了一个电脑应用软件培训班。黄扬就在这个班里学习软件应用技术，由于他上手得很快，引起了机场广告公司一位经理的注意。当时机场广告公司正在集中攻坚机场集团的 VI 设计项目，(图8) 他们邀请黄扬加入项目合作。这个项目对黄扬来说至关重要，要知道机场在当年那可算是"高大上"的存在，能够有这样的合作机会着实难得。经过反复权衡和思考，黄扬决定辞去罗湖宾馆的设计工作，转而全身心投入机场的设计项目中。虽然黄扬认为自己当时在项目中最重要的作用是采用计算机软件对方案进行深化

图7
(左) 王序主编的《设计交流》杂志

(右) "平面设计师之设计历程" 系列丛书，王序著：中国青年出版社，1996—1999年

图7

执行，还没有到设计的程度，但这个为期3个月的设计项目在其职业生涯中起到了重要作用，不仅为黄扬带来了可观的经济回报，还为他累积了专业实践方面的经验。

其实对于黄扬来说，挣多少钱根本不是他考虑的重点，他更希望的是获得持续成长的学习机会。在合作期间，黄扬还与同样在机场集团VI设计项目中有合作关系的王文亮成了朋友。王文亮在创立自己的摄影工作室之前曾在嘉美设计工作过，他向黄扬提到了嘉美设计的许多代表案例，这让黄扬下定决心向业界"天花板级"的设计公司迈进。机场项目结束后，黄扬就向王粤飞主导的嘉美设计和韩家英的设计公司分别投递了简历。而进入最好的设计企业也意味着要面临更多的困难和挑战。果不其然，嘉美设计虽然非常看重他在机场集团VI设计项目中的工作经历，但是因为已经拥有了人数可观的设计团队（时任设计部主任为毕学锋），加上手上的设计任务都在有条不紊地进行，能让黄扬参与的设计机会并不多。最终，黄扬选择到韩家英的公司工作，主要跟进攻坚康佳集团的VI设计。在这个项目推进过程中，黄扬发现苹果电脑在设计公司中十分重要，这让他很快意识到要进一步提升自己，以适应从PC机到苹果机应用的转变。

此外，黄扬发现韩家英的设计公司非常注重图形设计的纵深挖掘，团队总是将设计的功能性放在首位，而不仅仅注重计算机软件的渲染技术和表现效果。事实上，黄扬始终对系统性的设计抱有强烈的兴趣，在四川美术学院时他就以虚拟课题的形式在工艺课程中完成过一套重庆房地产企业的VI设计。从这个角度去看，他在机场广告项目和韩家英设计公司的工作经历并不仅仅出于偶然。在那个许多人追崇用计算机辅助软件创造神奇效果的时代，通过不同的工作体验，黄扬已经超越技术层面，转而开始思考设计的本质问题。当时他认为设

图8
机场集团VI设计
手册，1994年

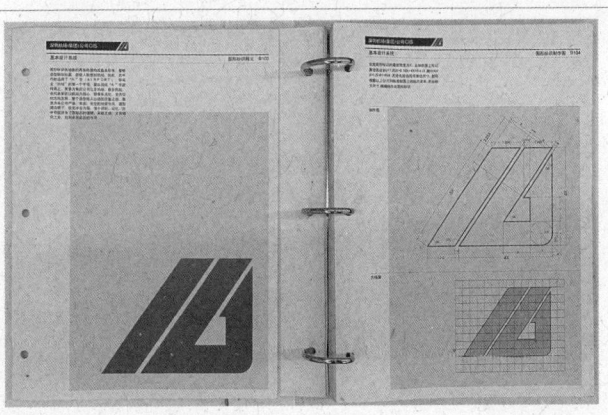

图8

计与艺术的最大区别是设计需要建立系统化原则，并以功能性需求为考量，这些要素决定着设计师的思维，让他们从纯粹追求视觉表现的世界中跳脱出来。简而言之，就是设计在某种程度上是非常理性的，应着重于对实际问题的解决。

这种认识虽然在今天的设计学院中已经比较普遍，但在20世纪90年代初中国现代设计学科体系还没有完全建立起来时尤为难能可贵，相信很多一线设计师都是靠着不断摸索才意识到这一点的。要知道，直到1998年，教育部才在学科目录中以"艺术设计"替代了"工艺美术"（这一举措也引起了学界的争议，这里暂且不做深入讨论）。正是因为获得了设计思维本质上的提升，黄扬至今都对在韩家英指导下的那段学习和工作经历非常感恩，他钦佩于韩家英一直以来的敬业精神，并认为韩家英的设计直到今天依然是行业的标杆。

三、从万科 SIMS 起步

1995年，黄扬终于进入了两年前只能默默关注的万科 SIMS。至今，他回忆起当时 SIMS 的报纸招聘广告，还能绘声绘色地谈起曾令他印象深刻的那句广告语——"寻找革命同志"[1]。（见第201页图18）这句广告语深深吸引了他，让他意识到广告文案对一件设计作品产生宣传效果的重要作用。实际上，SIMS 在此之前已经很久没有发布过招聘信息了，因为一直以来也并不缺有才干的设计师。果不其然，当招聘信息一经发布，前来应聘的人简直要挤破了大门，设计师的聘用名额却只有2个，被选中的概率可谓微乎其微。然而，机会总是留给有准备的人的。经历过罗湖宾馆、机场广告公司和韩家英设计公司3个阶段的成长后，黄扬这次也是有备而来，最终，他与一位名叫胡永的设计师获得了 SIMS 的垂青。

[1] 如前文所述，这幅招聘广告的创意和宣发都出自李克克先生。

此次应聘中有件事让黄扬印象非常深刻——不仅是设计部，几乎所有部门的应聘者都具备良好的学习背景。例如，在客服部门的应聘者中就不乏北京大学、南开大学的高才生。后来这些人中有一些在离开SIMS后去了联通、华为等大型企业，有的还担任了高管。当时应聘者中竞争异常激烈，后来李克克告诉黄扬，他竞聘最大的优势就是曾参与过机场集团和康佳集团的VI设计。李克克是标志设计专家，对这两个设计项目的重要性很了解，也知道黄扬曾在韩家英的设计公司工作过，参与过一些较为重要的设计项目，积累了一定的实践经验。黄扬则一直秉持着扎实做事的风格，他希望通过自己的设计实践与作品在业内形成信用与口碑，同时更好地拓展专业能力。

↳

　　SIMS当年作为优势企业在用人方面拥有很大的自主权。当时的总经理是蒋本奕。入职前，蒋本奕找黄扬谈话，聊到月薪时，他告知黄扬入职后需要试用3个月，其间每月只有500元工资。黄扬一听顿时有些惊讶——这种规模的大公司薪资居然这么低！他是个直性子，当即表示不能接受。黄扬的反应当然是可以理解的，要知道，1993年他初到深圳，在罗湖宾馆做的第一份工作月薪就已经过千了。而过了两年，工作经验增进后工资反倒比之前还低，这种差距换谁都会感到不大平衡。蒋本奕为了留住黄扬，向他解释说这是SIMS为了考验新人的承压能力所设立的一个规矩——对于经过千挑万选才进来的年轻设计师来说，为了要在SIMS留下来，就是喝矿泉水、吃面包也要挺过这前面3个月，之后一定会大有收获。好在黄扬为自己确立了一个端正的工作心态，他认为只要能学到东西，薪资并不是最重要的考量因素。

　　事实上，蒋本奕的谈话也许本身就是一种考验。因为后来据黄扬本人回忆，SIMS为员工提供住宿，而且加上一些补助，实际上试用期每个月的到手薪资都会过千，并没有像入职前谈话那样真的按照每个月500元发放。由此可见，SIMS在用人方面真的有一套自己的方式和方法。此外，SIMS对员工工作上的宽容度也远超出入职前黄扬的想象。入职后不久他就遭遇了一起严重的"生产事故"。在当时，项目进来后，一般由3位同事共同完成。黄扬负责设计，另一位和他同期入职的 AE 负责文案和校对，作品完成后再交由电脑技术部门的同事输出。然而，在做华强三洋的项目时他们小组犯了错，因为这个项目的工期特别赶，他们只能晚上加班完成，但3位成员其实还处于入职不久的磨合期状态，因此赶工时他们在某个环节弄错了甲方的电话号码，而在检查菲林片时偏偏这个差错没能被及时发现，致使广告上报刊发后引发了一系列问题，不但因信息错误损失了十几万元的广告费，还因为误写了另一家公司的号码导致其电话几乎被打爆了。当时黄扬与同事都着急得不行，他们以为这下完了，出了这么大的问题肯定要被集体开除（事实上换到其他一些企业这几乎是必然结果）。然而，事情做错了就是做错了，绝不能逃避责任，他们也已经做好了承担一切后果的准备。令人出乎意料的是，公司只是发了一条通报批评，以扣除3个月工资作为惩罚。面对这个结果，黄扬他们感到非常意外。

据黄扬回忆，实际上后来公司也没有真的扣除他们这些年轻人的工资。这次经历让黄扬真正认识到了 SIMS 在人才管理上的厉害之处，以及公司决策上的魄力，同时也为自己的选择而庆幸。在当时正处于广告发展的黄金时代，他在这里通过项目实践获得了快速的成长。

黄扬在 SIMS 的这些经历并不是个案，许多 SIMS 的老员工提到公司，都会怀念曾经像家人一样的同事。[1] 时任 SIMS 总经理助理，后来创建了 SIMS 空间设计部的耿莉娟女士谈到 SIMS 的那些峥嵘岁月，回顾过往老员工旧照时她非常动容地感慨道："这张照片有70多人……看着一个个满面笑容，记忆犹新……万科这所'黄埔军校'，造就了多少人才精英。"[2] 她的描述毫不夸张，黄扬在工作中也体验到了 SIMS 员工这个大家庭的融洽与和谐。（图9）

若以"产值""总量""市值"等标准去评判一个企业，就会流于产业价值或市场价值的单一导向，从而忽略企业的文化氛围与员工的归属感。SIMS 打破了这种单一导向，从1985年末创始至1995年，SIMS 用10年时间证明了自己的企业价值。从平面设计的先行

[1] 关于这一点，笔者起初也只是道听途说，但前些年王受之老师来深圳时，笔者曾在深圳华侨城 OCT 参与过一次 SIMS 老员工的小规模聚会，现场祥和欢乐的气氛给笔者留下了深刻印象。

[2] 笔者曾经就 SIMS 的发展历程请教耿莉娟女士，此为她拿给笔者看一张 SIMS 员工合影老照片时的动情讲述。

图9
深圳国际企业服务公司成立十周年庆合影（照片由耿莉娟女士提供），1994年

者陈绍华、李克克到新锐设计师黄扬，他们都与 SIMS 产生了交集，而 SIMS 则见证了这些设计人的历练与成长过程。（图10）

黄扬进入 SIMS 时，策划与设计业务的实际负责人是公司副总经理李克克（负责统领设计部与策划部），设计部经理是曾经在广西工作并于"平面设计在中国"92展上获得金奖的董毅。当时 SIMS 的主营业务是广告代理，虽然有一些企业已经预先准备好了广告，只需要 SIMS 重点提供投放业务，但也有一些情况需要 SIMS 参加竞稿。众所周知，要在竞争中胜出就必须拿出较其他对手更优秀的广告方案并制定好相关计划。因此广告设计的品质必须要做上去，这就需要从创意设计和文案策划上双管齐下。由于李克克是做设计出身，因此在陈绍华离开后，作为副总经理的他实际上接手了"创意总监"的工作，对设计也尤为重视（有些广告公司的创意总监由策划部负责人升任，因此在创意的导向思路上会有些不同）。黄扬入职不久后，原万科文化传播公司（韩家英在成立自己的设计公司前，曾在此担任设计总监）被并入 SIMS，这使得公司的设计力量得以进一步充实。

经过此次合并，SIMS 设计部的设计师总共有5名。虽然相比公司的整体规模（当时深圳公司人数30～40人），设计师的总体人数并不庞大，但正是靠着这些有限的人手创造了可观的业绩。当时 SIMS 在设计业务方面做了激励与改革，除了维持公司正常运作的设计师外，还鼓励一些有创业想法的设计师自立门户，在业务上形成互动合作，达到共赢。这种机制显然为青年设计师的成长提供了更多的可能。此外，SIMS 在广告公司业务上与国外亦有较多合作，所以黄扬在很早就具备了同外国设计师共同工作的经验。事实上，从"SIMS"的全名"深圳国际企业服务公司"就可以看出，它的定位本身就是国际化的。在1985年建立之初，SIMS 就与美国的智威汤逊

图10
SIMS 公司成立二十周年庆，设计师们的合影，2004年

图10

合作，开辟了中国在中外合资广告业务方面的发展领地。[1] 理性地看，SIMS 与文化传播公司的内部合并也体现了万科对未来发展的一些结构性考虑——集团上层已经开始着手对一些广泛的业务线进行整合，从而使资源尽可能更有效地集中化（在此之前，万科甚至还投资了《过年》等电影，并发行过一些唱片，而唱片封面则由韩家英设计）。在 SIMS 中，核心业务转为主要集中在设计、策划、客户主管（AE）、媒体 4 个部门。

进入 SIMS 后，黄扬从经手各种大型广告项目的设计工作中积累了丰富的经验，而且由于公司资料室存有海量的进口设计杂志（如德国的 ARCHIVE、日本的 IDEA 等）及书籍，他能够通过阅读这些文献了解到更多的国际设计动态，以不断提升自己的创作能力。另外，还有一点非常重要，黄扬通过 SIMS 这个大平台的工作，平日接触的人也越发广泛，让他逐渐累积了更多的社会经验。实际上，我们都知道平面设计师的工作表面上看是与各类物件（如电脑、打印机、照相机等）打交道，然而实际上其服务的对象永远都是人，设计师对外物和人性的观察与理解也自然会反映在其作品诠释与表达的深度上。如果不具备与人打交道的能力，也就意味着很难独立创业与发展。总之，在 SIMS，黄扬在整体能力上有了更全面的成长。

SIMS 时期是创业前黄扬专业发展最稳定的阶段，他在这里干了整整 5 年，并有了原创设计《这也是我们的世界》。（图 11）如果认真分析这张海报，会发现它的图形设计、文案创意等每个元素都与黄扬 1993 年来到深圳后的成长经历紧密相连。在某种意义上，它就是黄扬在深圳 3 年设计生涯的专业总结。然而，也许与黄扬一向只注重埋头苦干、为人低调的风格有关，直到今天他本人都很少谈及这次获奖经历，甚至在他的公司官方网站上也没有放出这张作品。他觉得这

[1] 据国家企业信用信息公示系统（https://www.gsxt.gov.cn/index）查询显示，深圳市国际企业服务有限公司的成立日期是 1985 年 12 月 14 日。通过"天眼查""爱企查"等网站多方查询可知，公司曾用名为"深圳国际企业服务公司"。

图 11
黄扬的海报设计作品《这也是我们的世界》参加"平面设计在中国"96 展巡展，日本大阪 DDD 画廊，1997 年

图 11

段经历已成往事，但是对于'96展的获奖，他始终感恩于展览对年轻设计师的激励，让他从中收获了很多在专业起步上的支持。

从今天流行话语的"圈层"角度看，'96展的获奖让黄扬成功跻身于深圳平面设计业界最炙手可热的核心地带（董毅正是因为'92展金奖的经历担任了SIMS的设计部经理）。而从他专业成长方面看，黄扬通过此次参展而有了1997年与诸多设计专家（当时深圳市平面设计协会的核心成员几乎都参与了此次活动）组团共赴日本、法国考察的机会（在20世纪90年代，这种出国机会在中国内地是非常难得的），'96展的作品也在此次交流活动中在国外巡展。（图12）出国的专业交流让黄扬大开眼界，他们在此次行程中首次拜访了田中一光、胜井三雄（Mitsuo Katsui）、米雪·布维等知名国际设计大师的工作室，他发现这些世界顶级的设计工作室规模其实都不是很大。在田中一光的工作室，空间比较狭小，设计师也只有7~8人。胜井三雄的工作室虽然设在一座郊外别墅中，但人员也并不多。米雪·布维的工作室连他和2位助手在内一共仅有3位设计师。这给黄扬带来了很大的震撼，因为出国前他一直以为国际设计大师的工作室应该是规模非常大的。这次国际旅行的见闻和感受深深影响了黄扬，为后来他开设独立设计工作室奠定了非常重要的创业理念——设计工作室的人员规模不一定要很大，但一定要发展出属于自己的独特个性与作品风格。

此次交流中还有一个插曲让黄扬印象也极为深刻。那就是在最初的日本行程计划中并没有前往田中一光的工作室这项行程。但是田中一光主动去观看了'96展的中国同行作品，考察团便以此为契机与其相约，拜访了他在东京的工作室。这件事让黄扬很受触动。在当时，中国的平面设计无论从概念，还是产业的系统化发展上都可以说是刚

图12
（左）"平面设计在中国"96展在法国巡展时，与国际平面设计协会联合会（ICOGRADA）时任主席合影，1997年（照片由黄扬提供）

（右）"平面设计在中国"96展在日本大阪巡展时，设计师们与国际评委安尚秀、松井桂三在展厅合影，1997年（照片由黄扬提供）

图12

刚起步，而田中一光当时已是世界公认的平面设计大师。这位平日里只能在书刊中了解到的大师来到了他们的展览现场，全程认真观看了中国设计师的作品。那一年田中一光已过耳顺之年，他的到访显示了对中国文化的尊重与关注，欣然接受考察团到其东京工作室交流则反映了他对中国设计同行的热情与友好。虽然有些人总是将田中一光的专业成就归功于他精湛入微的图形设计，但黄扬认为其实最打动人心的是其设计作品中所承载的社会价值。田中一光曾用极简的图形元素解读了日本文化的独特内涵，完成了《日本舞蹈》系列海报，并使之在专业领域人尽皆知，成为世界平面设计史上的经典图像。（图13）1980年，他更是出于社会责任，联合友人在日本发起了"无印良品"这个平价质优、至为简约的生活品牌并担任艺术指导，在消费欲望膨胀的日本社会，希望品牌能让人们返璞归真，体会生活本来的真意。

在日本和法国的考察让26岁的黄扬非常兴奋，他用SIMS配备给他的一台索尼摄像机记录了许多精彩片段，包括考察团成员与田中一光会面时的珍贵场景照。当时由于拍摄太过投入，田中一光还招手示意他休息一下。然而非常可惜的是，拍回来交给公司资料室存档的视频不知因何缘故遗失了，这也成了黄扬内心的一大遗憾。此次国际考察让黄扬发现了许多涉及自己未来发展的核心问题。他冷静思考了自己在SIMS的工作状态，认为SIMS毕竟是一家广告公司，而广告是一项综合了诸多要素的创意类工作，它需要结合策划、AE等多种手段综合实施，设计的作用则主要发生在后端，其工作内容总是会受制于前端的各种要求与牵绊。简而言之，就是相比国际大师的设计工作室，自己在SIMS广告项目中所做的设计并不是那么纯粹。但是此时黄扬并没有考虑离开，而是继续努力做好公司交付的每一个项目。正是在黄扬获得'96展金奖的同年，SIMS迎来

图13
田中一光设计的
《日本舞蹈》系列海报

图13

308

了"终极"掌门人冯佳。之所以说"终极"，是因为1998年冯佳全面接过了万科对SIMS的管控权。而万科之所以会放权SIMS业务的独立发展，是因为当时的万科已经开始专注于发展房地产业。在冯佳管理下的SIMS也紧跟万科发展的风向，从一家广告公司转型为房地产全程策划公司。所谓"全程策划"，就是不光要做广告设计与策划，还要做整套经营策划、概念设计、建筑风格设计、项目包装设计、样板间设计以及销售等全方位的工作。冯佳是西南财经大学毕业的硕士研究生，20世纪80年代在万科进行股份制改造时进入公司，深受万科高层的信任。[1] 由于他长得一表人才，常会发表一些"反向"意见而显得特立独行，曾被人称为万科的"军师"。冯佳还热衷于创业，曾经在蛇口与人合伙开过饭店，来SIMS之前，他就已从万科两次离开（两次又都被万科请了回去）。实际上，最初在执掌SIMS时，冯佳并没有想直接接手公司，而是计划另开一家广告公司。后来经过深思熟虑，他才决定全面接手SIMS。从此事的变动可以看到，万科高层在面对企业转型时决策非常果断，一方面对冯佳表现出了充分的尊重，另一方面也考虑到万科走向房地产的专业化道路后，也许无法专注于广告等在多元化发展时期建立起来的业务线。因此，从今天的视角看，由冯佳接管SIMS似乎是当时有利于万科更长远发展的选择。本书之所以在这里谈到万科和SIMS的转型，是因为这些变化都对黄扬当时的设计业务方向产生了一定的影响。

1996年冯佳执掌SIMS后，对设计非常重视，他很快就发现了黄扬的天赋，并提拔他担任设计部经理（1998年，SIMS进入全程策划时期后任设计总监）。与此同时，冯佳也看准了走房地产全程策划的发展道路，因此大刀阔斧地对SIMS进行了部门重组，招聘了一大批建筑设计师、规划和市场经济分析人员，以及后来紧跟各地项目的销售人员。由于公司改组幅度很大，一些老员工难以适应这种变化，

[1] 关于冯佳的背景资料，详见：王石.万科的人才观[J].中国物业管理，2015（03）.P18-19.

只能离开 SIMS。冯佳之所以下定决心要将 SIMS 转型为一家房地产全程策划公司，源自一个契机——深圳罗湖的万科海神广场改造。之所以称其为"改造"，是因为这个楼盘最早是作为高层写字楼和商场进行开发的，当年万科计划将办公室搬进这座高度仅次于地王大厦的大楼之中，优化企业办公场景。然而计划赶不上变化，1995年动工的海神广场遇到了当时的市场低潮及滞销问题，公司遂将其转为住宅型产品全力推广。SIMS 在这个项目上投入了很多精力，当时冯佳邀请了美国加州帕萨迪纳艺术中心设计学院的终身教授王受之以顾问身份参与了这个项目的改造。最终，海神广场的规划被改为定位高端的万科俊园，至今它依然是罗湖爱国路与文锦路交汇处的一座地标建筑。SIMS 转型的决策既顺应了万科当时的市场优化需求，又赶上了后续房地产业发展的契机。而此后万科也在市场定位上专注做中等收入家庭的理想住宅，形成了企业的专精板块。在转型中，万科还十分重视企业品牌内涵的建设及产品的文化属性，海神广场的改造便是首次将设计领域有影响力的学者与万科的文化理念联系起来的代表性案例，它以前沿性的城市设计创新主题提升了万科的文化形象。

王受之是一位非常注重将理论应用于设计实践的文化学者，他积极参与各类城市设计项目的研讨与调研，如万科第五园、十七英里等楼盘都在他的参与下成为了中国地产界非常有名的设计案例。位于龙岗坂田的第五园在命名上延续自广东四大名园，至今已经开发了9期，形成了一个集居住、商业等配套于一体的大型社区。同时，王受之还为万科的城市设计项目撰写了《骨子里的中国情结》（图14）和《水晶城：历史中建构未来》两部著作，从设计实践者的视角发掘与建构了城市的历史与现代视觉化体系。2004年，王石曾与王受之一同在深圳文博会上签售《骨子里的中国情结》，可

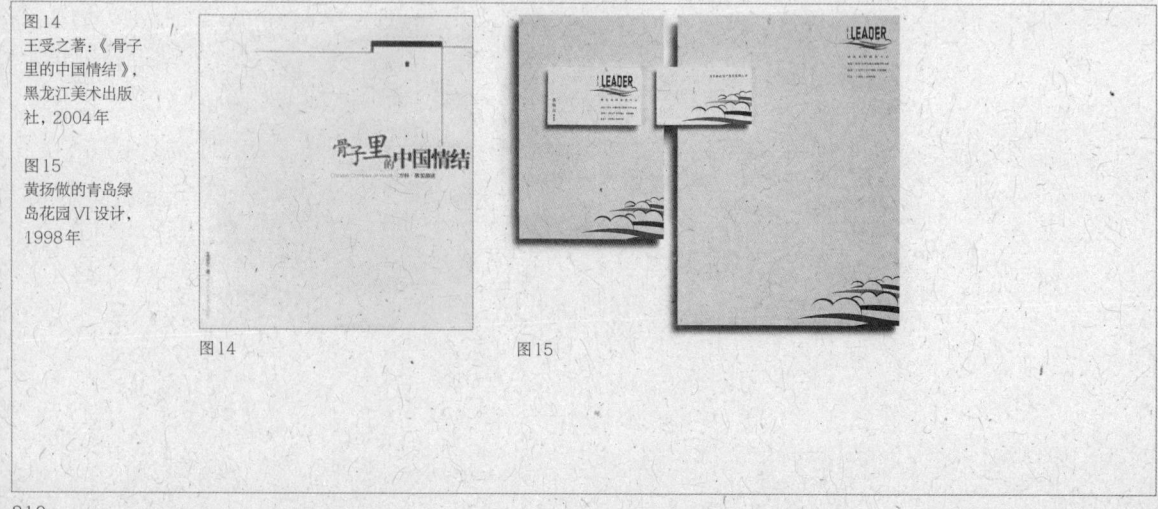

图14
王受之著：《骨子里的中国情结》，黑龙江美术出版社，2004年

图15
黄扬做的青岛绿岛花园VI设计，1998年

见万科在企业文化上的格局与追求。文化介入可为城市居住提供更多元化的消费可能,并通过更细化的产品线激发了现代人对生活与居住方式的审美追求。

对于 SIMS 来说,万科拥有非常重要的项目资源优势。在转型为全程策划公司后,SIMS 所做的第一个大型项目便来自万科,那便是成都的万科银都花园。银都花园体现了万科在地产设计方面的专业标准,黄扬也因 SIMS 的业务转型接触到了大量地产 VI 设计,项目遍布全国多地,如深圳的逸翠园、青岛的绿岛花园(图15)、天津的新世纪花园、昆明的世界花苑等。在万科的整体设计系统下,黄扬在一定程度上实现了他对不同地产品牌的设计主张。由于长年在万科那种策略灵活多变、强调文化价值的大环境下工作,黄扬早已能够胜任各类综合性的设计统筹工作,许多超出了一般意义上平面设计师范畴的工作在无形中锻炼了他的思考和应变能力。(图16)

四、"不安分"的艺术情怀

至2000年,经过5年的设计师职业历练,已届而立之年的黄扬想要有专业上的进一步拓展,他决定离开 SIMS,创立自己的公司,寻求多向维度的职业发展。冯佳是位非常惜才的老板,在得知此事后很想留住黄扬,并给出了极为丰厚的条件,令黄扬甚为感激。但回顾在 SIMS 的这5年,在经历个人人生和事业的基础打拼后,对黄扬来说,更重要的是在专业领域的自我提升,以实现更上一层的长远规划。这5年里,黄扬目睹了许多同事离开 SIMS 后,他们另辟蹊径成功创建了属于自己的广告公司:李克克创建了鼎成广告,和他同期入门的胡永创建了图登广告,夏天健创建了尽致广告,郑迎九创建了博思堂……这些从 SIMS 走出去的创意人,无论曾经在设计部还是策划

图16
由建筑结构形式延伸的万科土楼标志设计,2008 年

图16

部工作，都在广告界做得风生水起，闯出了属于自己的一片新天地。黄扬结合个人的专业所长，考虑再三，还是决定以平面设计而非广告为主业，当作自己公司的事业发展方向。简而言之，他希望做更纯粹的平面视觉设计。

黄扬的创业并不盲目，除了平面设计本身，他还对与设计发展形势密切相关的印刷产业有着深入细致的观察。（图17）他非常了解20世纪八九十年代深圳印刷公司发展的基本情况（例如有中日合资背景的公司精于凸版印刷、美光印刷等技术），并认为正是产业的积淀造就了深圳平面设计行业的发展优势。当时行业的状态是，深圳的印刷业有着诸多合资背景，常能接到深圳以外的全国业务订单。而平面设计当时最主要的载体就是海报、折页、书册等各类印刷品，其发展必然具有同样的先行效应。实际上，深圳的印刷企业与设计行业的发展的确息息相关，王粤飞管理的嘉美设计就依托于印刷公司。后来创建了雅昌的万捷曾是美光印刷的员工，并多次被派往日本学习先进技术和管理经验，陈绍华也曾为雅昌设计过标志。此外，黄扬还认为，与香港的距离优势促使很多先进技术可以通过专业培训抢先传到深圳。实际上这种优势不单单存在于技术培训领域，从1979年开始，王无邪、靳埭强等香港平面设计师通过与广州美术学院的交流，就传递了现代设计的教育理念及构想。综合来看，黄扬对深圳的平面设计市场非常有信心，而且从'92展至今，他发现大量的设计人才从全国各地汇聚到深圳，让这里具有非常显著的平面设计人才优势，并且已形成了一股行业凝聚力。

离开SIMS后，黄扬一直与SIMS的老同事们保持着很好的关系。许多年之后，耿莉娟在提到与黄扬共事时都非常开心，甚至在黄扬离职后来到SIMS与她一起成立空间设计部的甄启东都与黄扬成

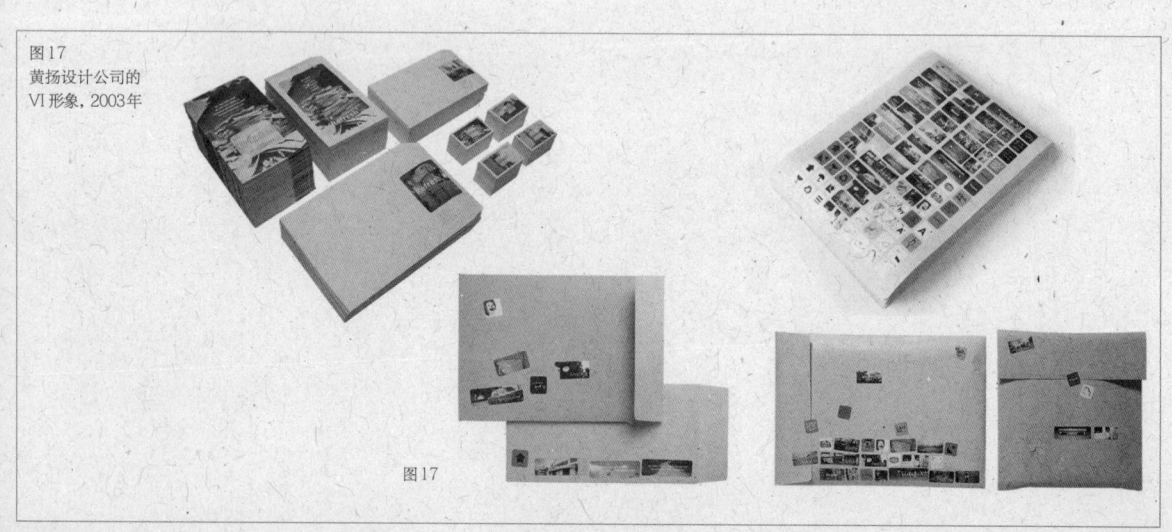

图17
黄扬设计公司的
VI形象，2003年

图17

[1] 这段专访现今可在中国设计之窗官方网站上查阅，详见：http://www.333cn.com/graphic/llwz/81596.html，援引时间为2023年9月2日。

为很聊得来的好朋友。与在深圳遇到的设计前辈们一样，黄扬也选择以自己的名字来命名公司。（图18）独自创业对他来说是人生的重大转折。当一个人在公司打工时，他的角色更像水手，主要精力会放在工作本身，关注的多为技术层面的问题。但在创业后自己的角色就成了船长，要考虑的问题不单是局部和技术性的，还要为公司的方向性问题做决策，一旦失误就可能导致触礁沉船，造成非常惨烈的后果。虽然黄扬非常乐观，他常常表示深圳这样的大环境给予了平面设计从业者充分的专业发展条件，然而他也不得不面对从员工到老板的身份转变的一系列问题。在创业打拼阶段，他思考了很多，包括"平面设计"自身的存在价值，以及他迈出创业实践这一步的专业目标等问题。

黄扬创业几年后，韩湛宁曾经在一次访谈中问他："做（作）为一个有影响力的青年设计师，你认为平面设计是什么呢？"[1] 对这个带有行业定位的问题，黄扬当时给出的回答是："平面设计师所做的工作应该发生改变，可以和其他领域的东西更多地结合起来，使设计发挥更大的作用……"可见他从"平面设计在中国"96展获奖时就已经开始思考"平面设计"的行业定位，对于设计展览及竞赛也形成了明确独立的观点。他认为获奖是一个专业阶段中需要面对的问题，设计师可以从中获得专业经验与视野上的拓展，但比赛也会存在一定的偶然性，对于大多数设计师或企业来说，获奖可以相应地提升商业价值，同时获得宝贵的参赛经验。黄扬认为任何比赛都有一定的规则与评选标准，而设计师的成长并不一定局限于这种单一标准，也可以从自己的兴趣出发，进行更多向的探索。这就解释了为什么最近十年来（尤其是他应邀担任"GDC 设计奖2013"的评审后），他开始将更多时间投入多元化的艺术领域，并尝试在艺术媒介上进行一些跨界探索。

图18
黄扬设计公司的整体空间与形象，2006年

图18

相比传统意义上的平面设计，今天的黄扬更关注的是如何将自己的设计与当代艺术结合以创作出更具视觉思考及深度的作品。他热衷于研读马塞尔·杜尚（Marcel Duchamp）的访谈录，并且非常赞同杜尚那种将自己的生活变成艺术的行为方式。事实上，黄扬并不只是把自己定位为一位平面设计师。他曾多次谈到他在2005年参加"in CHINA——中国平面设计师20人邀请展"时设计的主视觉元素——一个红黄色相间的"爆炸"形符号。（图19）"in CHINA——中国平面设计师20人邀请展"，当时作为在关山月美术馆举办的"平面设计在中国"05展的平行展，在深圳市民中心展览时取得了较大的社会反响。黄扬在作品中强调了自己对当下时代、对艺术和设计的独特理解，包括展览中"in"的主题概念也是由他提出的。他与韩家英对"in"所包含的潮流指向性也有过相关的讨论，这一设计理念得到了大家的一致认同。2006年，黄扬受邀参加中国设计师在德国汉堡的展览，这一具有中国特色、映照时代印记的视觉符号同样受到了好评。

也许正是对这个"爆炸"符号有特别的情结，2021年（正值牛年）黄扬与明天见组合为参加这次深圳OCT-LOFT公共艺术展设计创作了一件公共艺术作品——《牛星高照》，黄扬希望在华侨城创意文化园中，人们打开窗户便能邂逅这样一个具有高饱和度色彩、充满趣味的标志性景观，以此启发公众的想象空间。（图20）这件作品是明天见组合的集体创作，从黄色十二角星的设计结构上不难看出它与"in CHINA"系列图形之间的延伸关系。这件融入创新视觉元素的公共艺术作品，在城市的角落里让人感受到一种与艺术连接的互动与美好。

图19
"in CHINA——中国平面设计师20人邀请展"视觉设计，深圳市民中心、深圳市平面设计协会策划，2005年

图20
《牛星高照》，深圳OCT-LOFT公共艺术展——"打开的窗户"，公共艺术，明天见组合创作，2021年

在深圳这座城市，伴随公共艺术的勃兴，城市空间可以承载越来越多的创意与想象，这令黄扬感受到了平面设计之外更为自由开阔的视野，他与滕斐（斐叔）、梁荣三人便在这种机缘下形成明天见组合，游走于城市间层中寻找艺术的切入点。三人中年龄最长的是滕斐，他的父亲是著名的雕塑家滕文金，也是深圳莲花山公园中《邓小平》塑像的创作者。滕斐曾在德国留学，是一位先锋艺术家，但也正因如此，大家很难定义他的具体身份，因为他既擅长视觉艺术，又精通音乐（滕斐与旧天堂书店的阿飞联合发起的"B10音乐现场"在业界有很大影响力）。黄扬认为，他就像杜尚那样，将生活过成了艺术。明天见组合中梁荣年龄最小，他毕业于北京电影学院，主攻摄影。他们从各自的专长出发，将当代艺术、音乐策划、平面设计、影像、视觉艺术等融合起来，以多元跨文化的视角不断观察艺术与当下社会及生活周边的相互关系和影响，在10年时间里形成了一种稳定的专业协作。他们创作的作品并不一定要传达固有的艺术风格或观念，更多的是想通过一些艺术的创意趣味来促进与公众的交流与互动，由此形成风格上不同程度的突破。明天见组合通过多元触角的艺术连接，逐渐在深圳艺术界活跃起来。他们既会以组合名义参加深圳当代艺术双年展，以及在坪山美术馆参与国际性的公共艺术项目，也会为红树林画廊这样的艺术机构提供咨询和设计服务。

明天见组合的创作，有些是成体系性的长期艺术项目，能够体现出他们在思考路径与表达形式上的独立性。例如，他们在与国际观念艺术家丹尼尔·克诺尔（Daniel Knorr）的合作中就形成了许多创作上的共识。（图21）自2018年参与丹尼尔·克诺尔摄影个展的视觉设计时起（图22），黄扬就一直尝试在设计中转译丹尼尔·克诺尔建立在当代媒介体系上的艺术价值观。在2021年丹尼尔·克诺尔的"物化"大型展览中，黄扬对其作品的理解也尤为独特："具有钻石般的品质：珍贵、尖锐而闪耀"。为了契合这些特质，黄扬做视觉设计时采用字体叠印的手法模拟丹尼尔·克诺尔作品中的镜面映像效果，同时呈现出新型材料的质感属性。通过对称式、秩序感的斜向变化，黄扬将中英文字体在交替中化为流动的视觉线，并组合成不同的取景框，使得变化的场景与画面能够突显出"物化"的多重叙事表达。而在字体选择上黄扬也有自己的考量——经典字体有一种尖锐感，且有一定的社会内涵指向，在材料、形体、物化符号的设计表达上可以进一步

图21
明天见组合×丹尼尔·克诺尔共同创作的《大众是谁？》（深圳版本，多组系列影像），2018年

图22
Ahhahahahaha表情套盘，丹尼尔·克诺尔×明天见组合，艺术衍生品设计，2018年

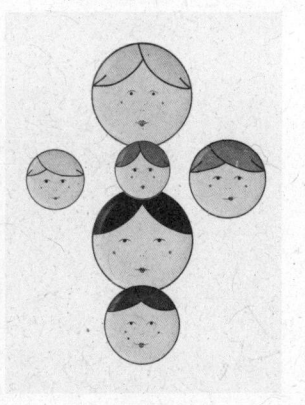

强化与作品的整体合一感。他提炼出丹尼尔·克诺尔作品中的交互性与新媒介化信息，用设计串联起时间、环境和文化等不同元素，来诠释艺术家的流动性观念，强化了媒介叠加的体量感。（见第319页）

此外，他们与丹尼尔·克诺尔共同创作的影像作品《大众是谁？》在公共艺术媒介与互动方面也做了不少突破性的尝试。明天见组合介入的公共艺术项目还常有一些出位而有趣的媒介体验：在《眼前一亮×SEE YOU TOMORROW》中嵌入了充满生活气息的广场文化元素，夸张的变形文字与综合材料组合成城市风景的一角，为城市注入了新奇时尚的活力。（图23）《美好的一天》也是都市人的一种生活写照，明天见组合将气球放飞飘浮在城市意想不到的一角时，它们将会为那些从白天忙碌到夜晚的你我增添一份放松与惬意。（图24）

从黄扬的角度看，明天见组合的创作打破了他一直以来由"平面设计师"所固化的身份边界，策划了多重艺术角色与问题探寻的实践。他们不裹足于当下，总是"不安分"地探寻深圳本土的城市空间，让更多的人加入他们的艺术活动之中，在不同界域里迎接着新奇的冒险与挑战。

黄扬早在2007年就开始与深圳本土美术馆建立合作并一直保持着良好的专业交流与探讨，在长期的平面设计实践中他形成了一套探求自我意识的视觉经验。2007年他在"何香凝艺术的地·图·志：何香凝美术馆建馆十周年"中，以古雅国画之风的当代艺术图志式表达，为艺术文献做了脉络上的视觉体系规划。2010年在"徐冰——木林森计划"项目设计中，他更多地突出了艺术家与绘画的互动循环主题，在视觉元素中融入了自然文化遗产的核心理念。在这个设计方案中，绿色就像是一种艺术的接力，在公共艺术群体中传递着内在的能量与影响。2008年在设计华·美术馆的开馆展"移花接木——中国当代艺术中的后现代方式"时，黄扬以鲜明的色彩对比、寓意性的场景化来转译隐性的艺术话题，与展览主体内容的颠覆、移植、重构等形成呼应，体现了当代艺术的后现代表现实验。（图25）

图23（上、下）《眼前一亮×SEE YOU TOMORROW》，高少康、明天见组合共同创作，ONE ART湾汇艺术季，2022年

图24《美好的一天》，明天见组合，"艺术扎营"展览作品（3件），坪山美术馆，2019年

图23

图24

黄扬对设计的体系化与脉络性十分重视。他为"都市实践建造展"(2007)、"都市实践档案展"设计了展览视觉识别系统、书籍与海报主题。这样的工作一直持续至今。深圳坪山美术馆开馆后，黄扬为该馆设计了《新生与共振：坪山美术馆年鉴 2019—2020》、"坪山美术馆第一届理事会第二次会议"视觉形象，帮助确立了坪山美术馆的品牌特色与学术定位。(图26) 还有像"李燎：老婆去创业了"这类引入社会话题的展览视觉设计，(见第338页) 都为他与深圳本土当代艺术机构的合作积累了非常好的设计声誉。

2020年，邓彬彬的红树林画廊在深圳湾1号广场开幕后，黄扬担当着画廊艺展幕后的平面视觉设计工作。相比直接牵涉市场销售的商业产品，文化艺术机构所需要的设计更注重于表达文化内涵和艺术态度。这一点让黄扬找到了自己的设计定位，他更喜欢这些直接与艺术打交道的工作，相比要考虑销售、流程复杂的商业设计，面向当代艺术的设计工作显然更纯粹。但纯粹并不意味着简单，黄扬认为其中也蕴含着许多创意元素，如何表现艺术的主题特点与氛围等都是非常值得探索的。除了有关当代艺术的设计实践，黄扬在工作中也一直非常注重标志设计系统的理念。他认为，标志等视觉形象的设计属于前端工作，牵涉市场分析、服务流程等在内的设计则属于后端工作，自己的专长在于前端部分。虽然黄扬在个人网站上均未收录他在 SIMS 时期的标志设计作品，但在回酒店融合东方中式意境的品牌定位与视觉形象设计，腾讯天美艺游工作室充满网络意趣元素的标志等作品中，依然可见他对 VI 设计的持续热爱，及其突显品牌调性的个性化表达。(图27)

当代艺术给黄扬的创作注入了许多灵感，他擅于抽取视觉印象的主体元素，让直观的感受表露得更为纯粹。置身于活跃的当代艺术家群体之中，黄扬在创作中注重融入自己的视觉感受。在"九层塔：空

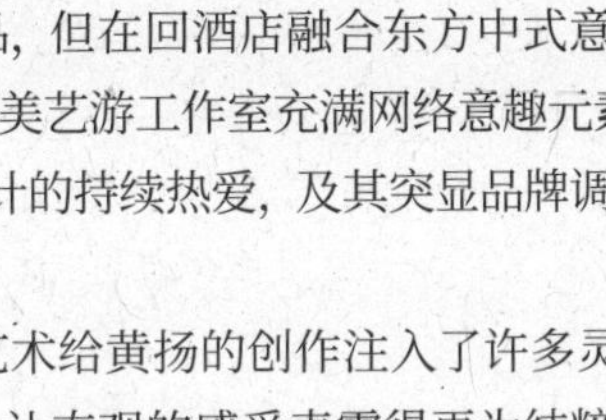

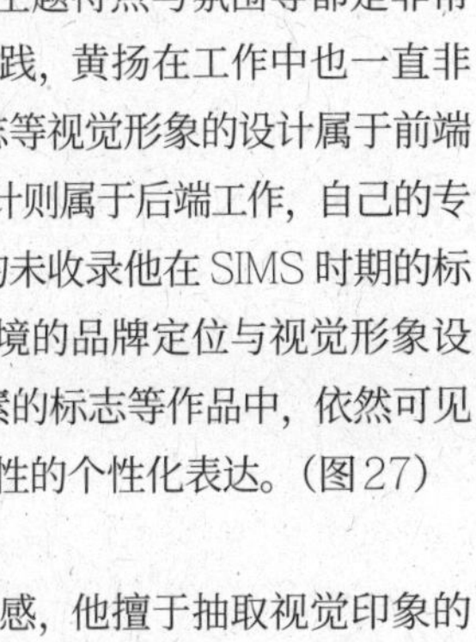

图25
"移花接木：中国当代艺术中的后现代方式"展览视觉设计，2008年

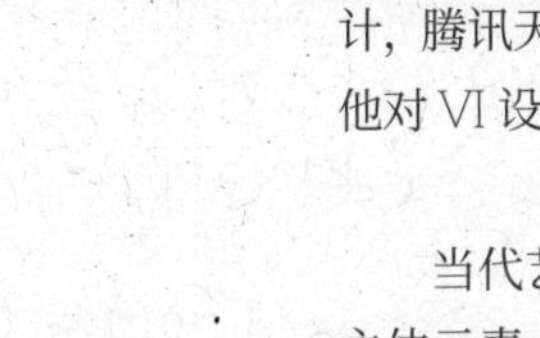

图26
《新生与共振：坪山美术馆年鉴 2019—2020》，坪山美术馆，2022年

图27
（左）回酒店标志与VI设计，2013年

（右）腾讯天美艺游工作室标志形象设计，2013年

间与视觉的魔术"中，全新的混合重组创作本身就带有先锋的展览形式与话题性，他用文字模拟罗塞塔石碑的碑文排布，在编排上力图呈现出一种展览与论坛的超体量与层叠感。而通过意大利当代艺术家恩佐·库奇（Enzo Cucchi）的个展，以及"造像坪山——深圳经济特区建立40周年庆"等带有社会话题的艺术实践的综合性展览，黄扬进一步拓展了深度介入实体创作的设计维度。（图28）相比当代艺术展览的视觉设计，以书籍设计呈现当代木刻艺术介入社会实践项目，对黄扬来说更像是一种个人艺术情怀的回归。《乡村与木刻》是一部用木刻书写的社会图像纪实文献。黄扬用简素灰与黑白的对比色调、如木刻般拙劲朴实的字体在书中展现一种乡野的田园生活实感，以突显版画作品背后无形的力量。（图29）

　　30年时光弹指一挥，对大海的向往令年轻的黄扬来到改革开放的前沿，从初入行的电脑设计技能训练到在万科接受全面的专业实践与提升，再到个人创业的发展，他的实践积累和专业认知都得到了飞跃式的提升，并将艺术的触角延伸到了更广阔的空间领地。在时间的历练下，背靠着深圳这个超大型的设计实验场，黄扬的生活发生着显著的变化，他不仅找到了同行的伴侣，也在与不同城市人群的交集中收获着超预期的设计体验。而今历经裂变与成长的他已能适应多种挑战，习惯在城市的不同角落冷静地思考与观察，根据不同的条件调适自身的反应与发展节奏，用他手中的设计标尺与案例记录下艺术的日常。

　　身为大湾区的平面设计人，黄扬在经历过时代浪潮的新陈代谢后，依然保持着松弛乐观的专业姿态，敞开着工作室以迎接更多崭新的艺术课题（图30），一如明天见组合以虚化个人的面孔面向大众，不改艺术青年的纯真梦想那般，黄扬也始终行进在设计的航道上，期待抵达他梦中那片海的彼岸……

图28
（左、右）"造像坪山——深圳经济特区建立40周年庆"视觉设计，2020年

图29
《乡村与木刻》书籍设计，上海美术出版社，2023年

图30
《艺术深圳欢迎你》，公共艺术装置，明天见组合，2023年

图28

图29

图30

时间 - 2021—2022 年
主题 - "丹尼尔·克诺尔：物化"个展
类别 - 海报设计
场地 - 坪山美术馆

设计 - 艺术家丹尼尔·克诺尔关于"物化"的当代艺术主题研究源于其长期的艺术实践，此海报系列以其典型的艺术创作为主视觉形象，重点呈现其流动性的观念和媒介叠加，反映了丹尼尔·克诺尔在材质、色彩、形式中鲜明的艺术观念与主张，从强化的视觉印象中去探究艺术家在当代艺术历史轨迹中的表达。

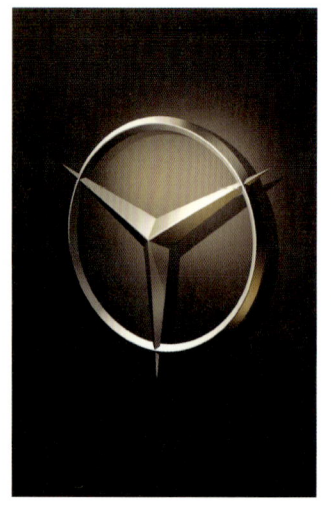

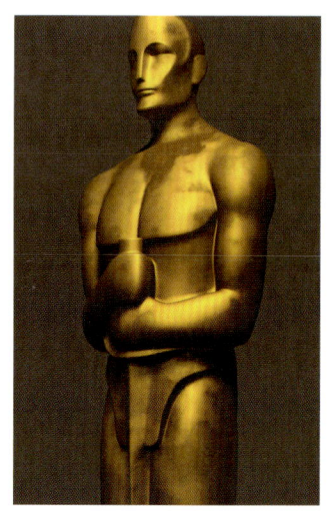

"6×6"计划第一回：大德竹尾纸行特种纸推广海报（黄扬作品 *image* 系列），2004年

时间 - 2005年
主题 - in CHINA——中国平面设计师20人邀请展
类别 - 视觉设计
地点 - 深圳市民中心

设计 - "in CHINA"是"平面设计在中国"05展的平行展,对于此次展览中"in"的主题概念,黄扬强调了设计的主视觉元素——一个红黄相间的"爆炸"符号,以表达他对当下时代、对艺术和设计的独特理解。此系列设计作品嵌入于公共和商业空间中,与观众产生了良好的互动效应。

321

in CHINA，文创设计

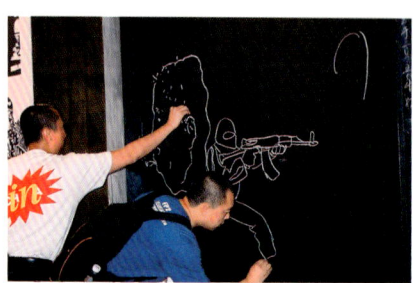

"in CHINA——中国平面设计师20人邀请展"现场与观众互动

蝴蝶效应，展览视觉设计，何香凝美术馆，2010年

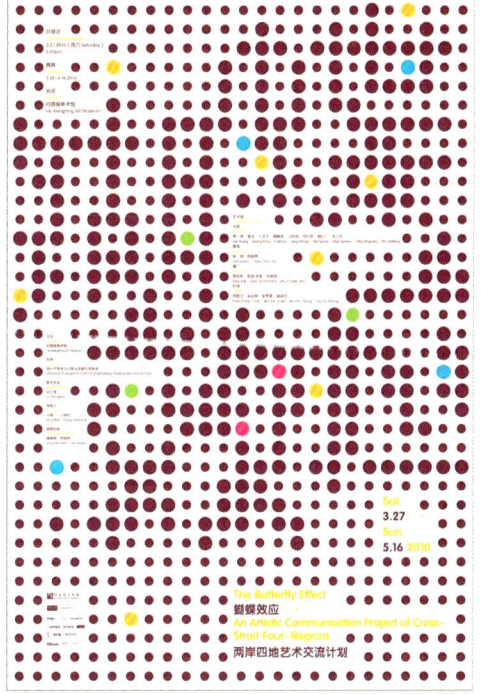

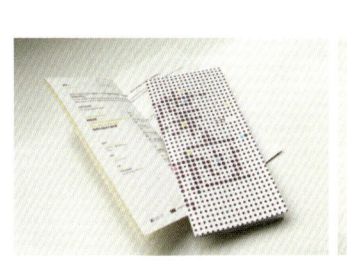

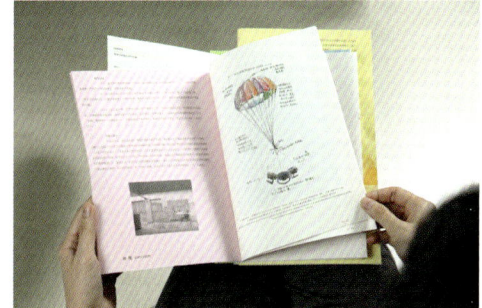

323

时间 - 2013 年
主题 - 腾讯天美艺游工作室（TiMi）
类别 - 标志设计

设计 - 此品牌主力研发精品移动游戏，定位于网络游戏社区的营建，黄扬将 TiMi 标志与云的形态相结合，通过高纯度的蓝白对比、极简的轮廓强化了标志的整体辨识度，使之适用于手机界面，让对象人群能够在熟悉的界面体验中认知品牌。

TiMi 标志在手机的应用界面设计

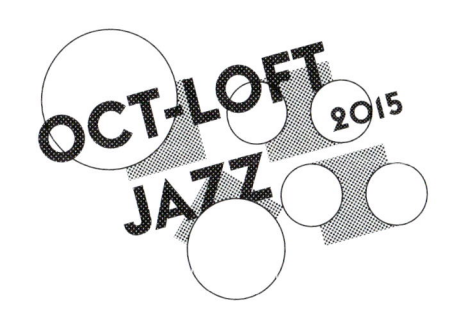

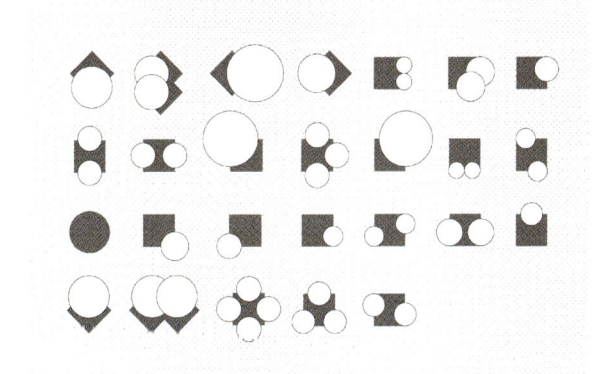

第五届 OCT-LOFT 国际爵士音乐节视觉设计，华侨城创意文化园，2015年

第五届 OCT-LOFT 国际爵士音乐节文化衫设计

第五届 OCT-LOFT 国际爵士音乐节场刊设计

325

亚热带未有的景象——北欧四国（丹麦\芬兰\挪威\瑞典）设计展，视觉设计，何香凝美术馆，2018年

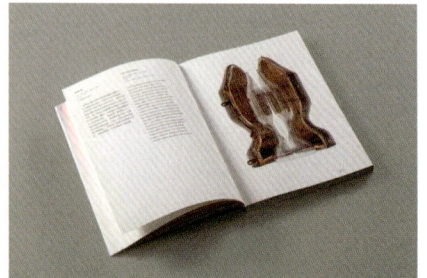

亚热带未有的景象——北欧四国（丹麦\芬兰\挪威\瑞典）设计展画册，2018年

Ahhahahahaha 表情套盘（艺术衍生品设计），
明天见组合×丹尼尔·克诺尔，2018年

深圳市红树林湿地保护基金会（MCF）的标志设计基于深圳红树林湿地的两大标志性物种"黑脸琵鹭"与"银叶树的树叶"的形象创意，巧妙融入了自然保育的设计理念，2020年

蓝绿辅助色系为画面的主色调

次要辅助色在画面中配合使用

浅橙（浅）作为辅助色作为画面背景色的场景

灰蓝（浅）作为辅助色作为画面背景色的场景

灰绿（浅）作为辅助色作为画面背景色的场景

深圳市红树林湿地保护基金会品牌形象 VI 升级设计，深圳市红树林湿地保护基金会

时间 - 2015—2023年
主题 - 深圳市红树林湿地保护基金会
类别 - 品牌形象 VI 升级

设计 - 深圳市红树林湿地保护基金会（MCF）是中国首家由民间发起的环保公募基金会，为了提升品牌形象，黄扬以基金会致力保护湿地及其生物多样性为出发点，通过夸张趣味化的插画形象、装饰兼具功能性的色彩系统设计让公众关注自然保育，借助宣传海报、服装、公众传播等不同载体延伸品牌视觉识别与体验，营造自然和谐的奇趣场景，体现了人与湿地、生物的连接关系。2020年，他在2013年的MCF标志基础上作了升级设计。

九层塔：空间与视觉的魔术，视觉设计，坪山美术馆，2021年

九层塔：空间与视觉的魔术，展览导视与场刊设计

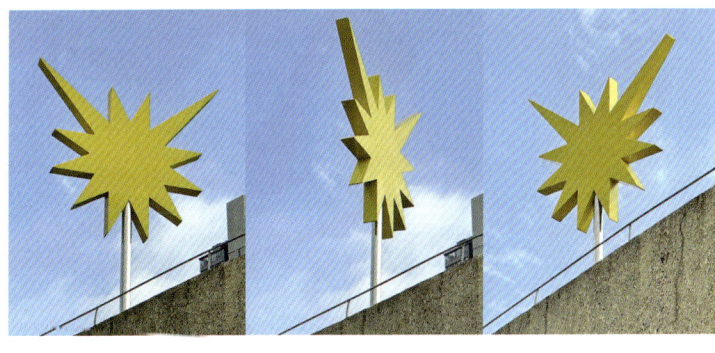

牛星高照，OCT-LOFT 公共艺术展"打开的窗户"，深圳华侨城创意文化园，公共艺术装置，明天见组合，2021 年

牛星高照，艺术胸针（明天见组合 & 东长首饰共同创作）

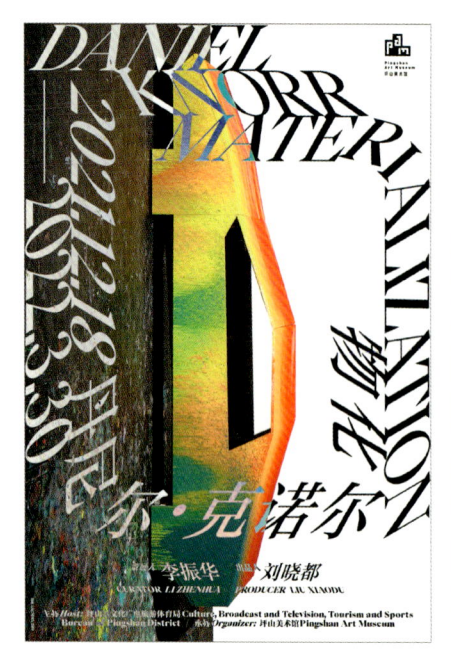

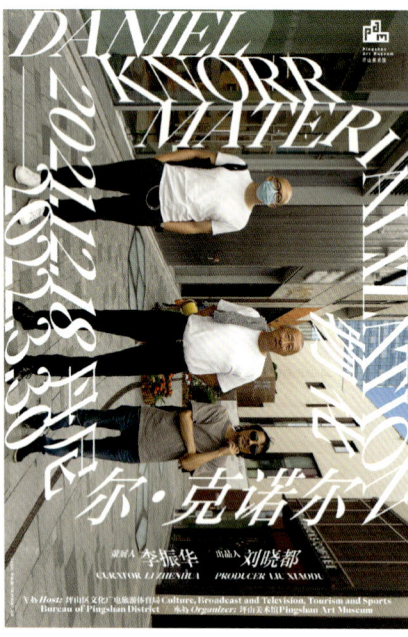

丹尼尔·克诺尔：物化，海报系列设计（4幅），坪山美术馆，出品人／刘晓都

时间 - 2021—2022年
主题 - "丹尼尔·克诺尔：物化"个展
类别 - 海报设计

设计 - 国际艺术家丹尼尔·克诺尔"物化"是由李振华策划的大型个展，对艺术家自20世纪90年代至今的作品进行了精选和回顾。展览以媒介关系、社会议题为核心像涟漪般扩散观念，以物质方面的延展架构了丹尼尔·克诺尔的"物化"概念，并依循了达达主义、观念艺术、新媒体艺术与关系美学的艺术历史线索。黄扬设计的海报系列作品分别为：《洗涤》《书法假发》《大众是谁》和《画布雕塑》，在视觉设计中重点强调了材质、色彩、形式与展览主题、内涵的呼应和连接。

丹尼尔·克诺尔：物化，展览视觉设计，坪山美术馆

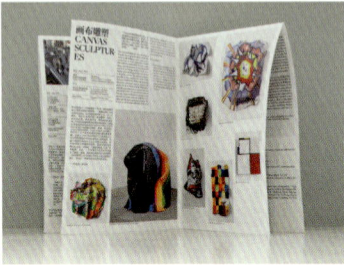

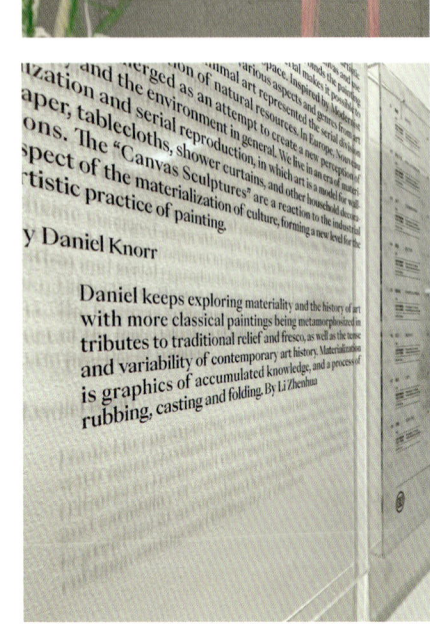

丹尼尔·克诺尔：物化，展览视觉设计，坪山美术馆

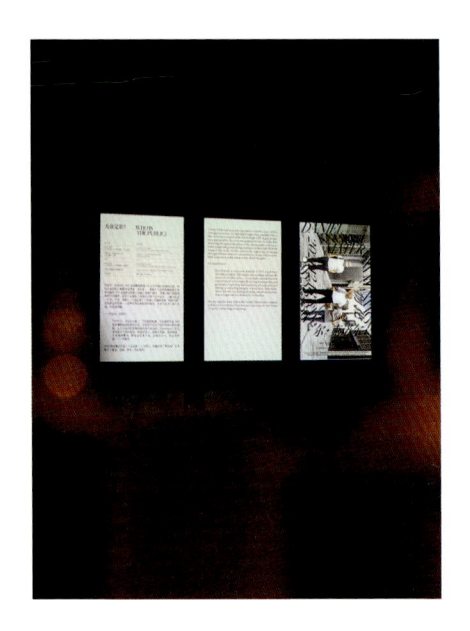

334

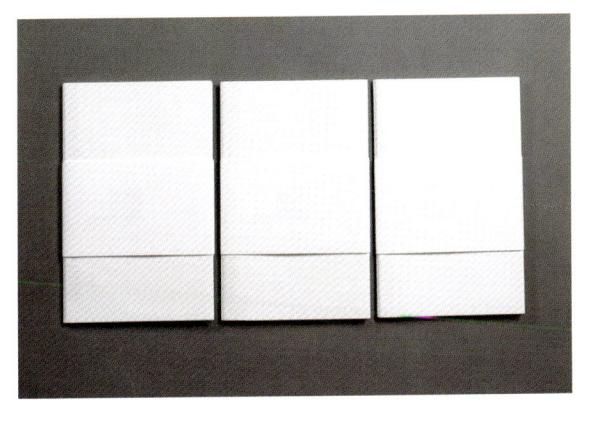

时间 - 2023年
主题 -《恩佐·库奇:卡斯塔尼亚》
类别 - 书籍设计

设计 - 恩佐·库奇是意大利著名画家、雕塑家。其作为意大利超前卫艺术的代表人物,作品具有原始寓意的气息与天真的童趣感。在艺术家的这本画册中,黄扬融入了"脐带"的设计概念,将艺术创作的母体作了形象化的呈现,每幅作品在层层的包裹与折叠中展开,连接书体的"脐带"在特殊纸质的触感中传递出一种特定的仪式感和视觉震撼,能够让人在极致简约的版式与留白中感受到画作延伸的深意。

《恩佐·库奇:卡斯塔尼亚》,展册设计,红树林画廊,2023年

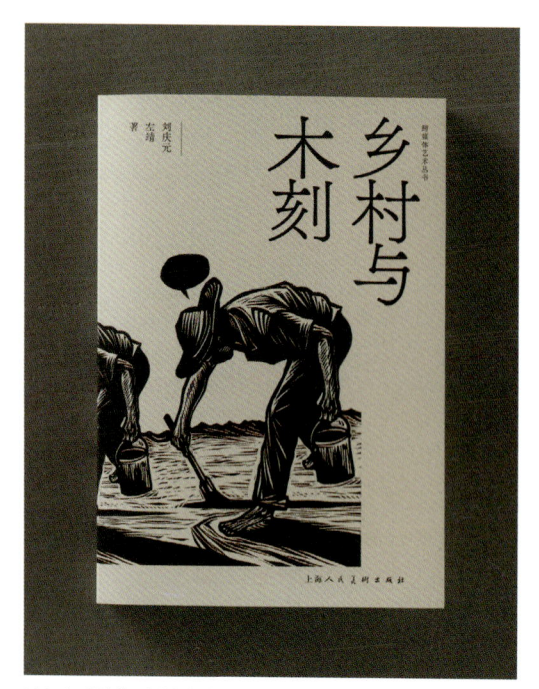

刘庆元、左靖著：《乡村与木刻》，上海人民美术出版社，2022年

时间 - 2022年
主题 -《 乡村与木刻 》
类别 - 书籍设计

设计 - 这是一部用木刻书写的社会图像纪实文献。黄扬在设计中释放了木刻的粗犷与乡村的浪漫，通过充满张力的黑白图像与乡野记录式的文字展现了田园生活的本真素朴，让人感受到肖像、田园风景刻画所承载的无形力量。本书获得了2022年"中国最美的书"。

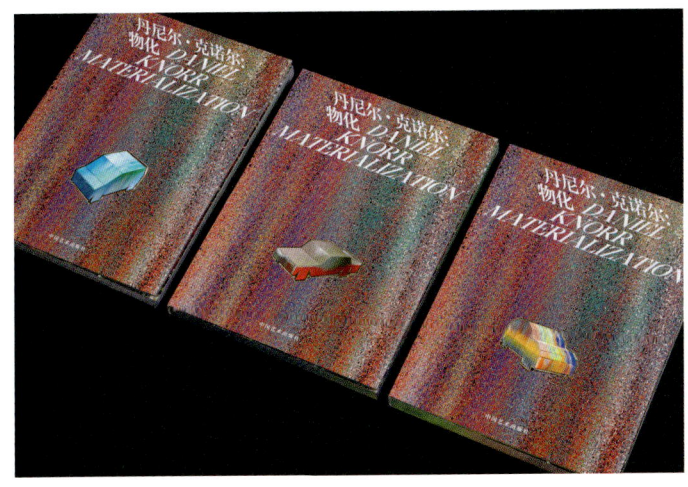

《丹尼尔·克诺尔：物化》，坪山美术馆，中国艺术出版社，2023年

时间 - 2023年
主题 - 《丹尼尔·克诺尔：物化》
类别 - 书籍设计

设计 - 本书是"丹尼尔·克诺尔：物化"展内容的延伸，封面应用了艺术家的喷砂炫色肌理，形成独特鲜明的视觉印象。黄扬以丹尼尔·克诺尔在展览中的代表作品——现代工业化的模具汽车为封面形象开展设计，随书所附的衍生品是汽车的立体折纸模型，精致的工艺与结构增强了阅读的趣味与互动感。封面书名延续了展览中呈对称序列感的主题风格，内页的镜面效果与作品的材质互为映衬，在呈现作品系列的同时穿插了不同的阅读形式，与艺术家富有想象力与材料实验形态的当代艺术表现相契合。

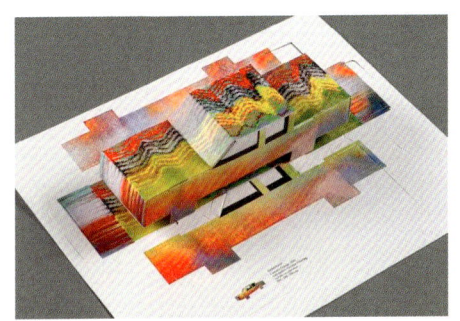

《丹尼尔·克诺尔：物化》立体折纸模型，艺术衍生品

337

深圳当代艺术家系列之六《李燎：老婆去创业了》，特邀摄影创作／明天见组合，展册插画／李天牛，坪山美术馆，2023年

时间 - 2023年
主题 - 李燎：老婆去创业了
类别 - 当代艺术

设计 - 这是一个引入社会话题的当代艺术展项目，也是李燎以个体创业展开的生活观察与记录。在视觉设计上黄扬刻意放大了艺术家用身体记录城市生活的真实体验，通过取自平常的视觉形象与场景产生艺术互动和共鸣，拉近了作品与大众的距离。

艺术深圳欢迎你，明天见组合，第十届艺术深圳公共艺术展，2023年

时间 - 2023年
主题 - 艺术深圳欢迎你
类别 - 公共艺术装置

设计 - 明天见组合一直关注与新媒介艺术的连接，《艺术深圳欢迎你》是明天见组合共同完成的一件公共艺术装置作品。他们在市民广场的公共空间尝试用一种像素化的视觉语言传播艺术的另类表情，图像化的水果表情符号、彩旗系列图案混合成了有趣的视觉动效画面。这种带有新鲜与活力感、融入南方地域特色的新媒体形式，展露出了公共艺术轻松生活化的另一面。

339

访谈·纪事

1. 设计让您感受到快乐吗？有哪些是比较快乐的部分？

黄：设计产生价值，比如达成一次客户委托项目的信息视觉化传播或沟通的良好结果，我就感到开心，这其中更让我开心的部分应该就是设计的创造力和艺术性得到了充分的展现。

2. 您认为设计给予社会的是什么？

黄：好的设计能让好的理念得到更广泛的传播，也能让善意、善行得以更开阔的生长，这对于社会就是一个积极建构的过程。在深圳红树林湿地保护基金会（MCF）成立之初，理事会就意识到一个能够深刻体现基金会理念的 Logo 对于塑造基金会形象至关重要。在多方推荐下，MCF 邀请我为他们设计这一重要标志。在深入了解 MCF 的理念和初衷后，我将深圳红树林湿地的标志性物种"黑脸琵鹭"与"银叶树的树叶"这两大核心元素巧妙地融入设计之中，创造出了一个既寓意深刻又形象鲜明的 Logo。正是这次合作，为基金会未来多年的品牌形象建设奠定了坚实基础。这些年，MCF 对于深圳红树林湿地保育做出的成绩是深圳市民有目共睹的。比如，黑脸琵鹭在 2012 年全球的统计数量仅存 2693 只，10 年后，2023 年全球普查一共录得黑脸琵鹭 6633 只。虽然黑脸琵鹭仍被列为濒危物种，但在世界各地红树林湿地保护组织的共同努力下，黑脸琵鹭的数量这些年逐年增加，也标志着这些地区的生态环境在逐渐好转，现在深圳湾已成为黑脸琵鹭的全球第三大栖息地。我和我们的团队在 MCF 品牌形象的设计过程中，将基金会的形象识别和传播转向了更加轻松可爱的图形插画系统。我们大量应用蒙太奇的设计手法将红树林湿地的自然物种与人物形象夸张有趣地结合起来，构成一种让参与者深入自然环境并与之交融的情景和想象，从而形成一种独特的视觉识别与体验，潜移默化地传播了"人与湿地，生生不息"的品牌理念。我认为此系列设计的社会价值就在于拉近了 MCF 与公众的距离，让环境保护的理念变得更为生活时尚化，帮助 MCF 推广社会化践行的自然保育模式，从而激发更广泛的公众参与。

3. 从过去至今您一直坚持的设计精神或理念（原则／态度）是什么？

黄：我反复提过，从过去至今我一直坚持不变的设计理念就是"Refresh"（不断更新）。我尽量保持一颗敏锐的心去观看这个世界的流变，透过不断更新的设计思维和设计工作，进行自我的不断更新。

4. 设计之外，您还较为关注哪些方面的事物？

黄：除了设计，我关注的事物还挺杂的。最近几年我的关注点主要集中于当代艺术、艺术品收藏方面，观看美术馆和画廊的展览已成为一种日常爱好，更多阅读的也是与艺术相关的书籍或一些艺术展览的评论文章。而生活中我持续更久的业余爱好是听音乐和游泳。

5. 个人经历中在当下您依然还会感怀的片断是哪一时刻？

黄：1997年春夏的一天，我随深圳市平面设计协会的一众设计前辈老师们前往东京田中一光的工作室拜访。我们一到工作室入门处便见到一束精致的小花插在墙上，当时就令我真切地感受到了田中一光先生优雅的待客之礼。当天大家会面交谈的过程我已经淡忘了，但是有一个细节令我至今难忘。我当时带了一部SIMS公司的SONY录像机，并作为我们访问团一行中最小的成员负责用录像机全程记录拍摄此次交流活动。田中一光先生与大家交谈甚欢时突然对着我说了一句日语，大概是"年轻人不要一直忙啦，过来休息一下吧"之类的意思，我这才意识到自己一直投入于拍摄，却完全忘了好好感受在场与田中一光先生交流的真实氛围，田中一光先生这一句善意的提醒把我拉回到一个融入现场和感受当下的氛围。许多年后每逢回忆那段经历，我耳边总会响起田中一光先生对自己说过的那句话。

［以上来自2024年3月19日与黄扬的访谈内容］

1. 腾讯天美艺游工作室标志设计图
2. 《艺术深圳欢迎你》公共艺术装置的旗杆设计图，2023年
3、4. "丹尼尔·克诺尔：物化"展览在坪山美术馆网的报道，2023年
5. 黄扬的设计作品入选TASCHEN出版的《当代平面设计》，2007年
6. 深圳电视台财经生活频道《时尚与设计》对黄扬的专访，2023年

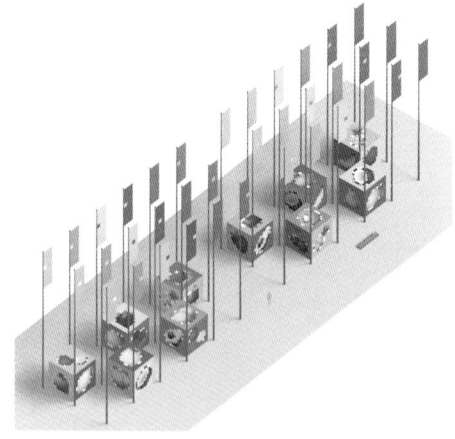

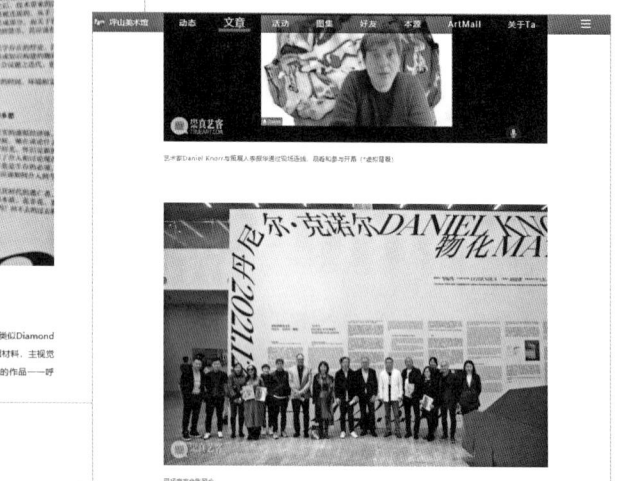

编辑手记
大湾区的设计师 & 他们的时代

文/刘 音

2024年，迎来了粤港澳大湾区的重要节点，深中大道正式通车的喜讯令人振奋——一个在时空上真正拉近粤港澳大湾区距离的标志性事件，让粤港澳大湾区进入了交流与区域融通更为频密的发展之局。在粤港澳大湾区地带，改革开放的前沿发展优势得以集聚各方设计人才资源，设计的产业助力与辐射作用尤为明显，积淀了区域融合交流的文化底蕴与设计力量，而建立粤港澳大湾区设计发展历程的基础档案与资料库，成为亟需推进的一项文化工作。

　　20世纪八九十年代的广州、深圳，吸引了一大批受改革开放大潮感召、抱有创业梦想的设计人，他们受到西方设计文化与审美理念的影响，为了脱离当时工艺美术、装潢的传统理念向艺术设计领域迈进，在时代变革的契机下，一场以"平面设计"为载体、以深圳为策源地发起的"平面设计在中国"展，展现了中国原创设计的多元创新面貌，开启了中国平面设计发展启蒙期的一系列探索与实践。1992年，首届"平面设计在中国"展遵照国际赛事标准的专业评选机制，参赛群体汇集了两岸三地的设计力量，大赛的初次落地与展览成果建立了平面设计赛事的标杆，实现了跨越性的设计观念变革；1996年第二届"平面设计在中国"展规模进一步提升，在不断推广中形成辐射全国的专业影响力。（图1、图2）在两届大赛的促进下，深圳市平面设计协会成为一个凝聚最优秀的设计师的专业平台，由2003年再攀平面设计高峰的深圳设计展到形式和主题更趋国际多元化的GDC设计奖（GDC Award）……沿续至今，以深圳市平面设计协会为平台组织的设计大赛已走过13届，"平面设计在中国"展成为具有先锋开创意义的设计实践样本，为中国平面设计的蓬勃发展积累了可贵的探索与实验，打开了与国际设计交流与沟通的窗口。平面设计在粤港澳大湾区的发展轨迹是书写中国现代设计史的重要一笔，设计的火种在此点燃，经过数十年的深耕与延续，优秀的设计人依托于粤港澳大湾区的行业发展优势，依然发挥着持续的专业影响力，而视觉设

图1
（左）"平面设计在中国"92展的颁奖典礼在深圳高尔夫球场举办，1992年

（右）"平面设计在中国"96展杂志广告评审现场，1996年

图2
"平面设计在中国展"海报，宣告着一个跨越性的设计新时代的到来（海报由陈绍华于1991年设计）

计所记录的时代轨迹与创造的审美形式，有着独特的设计文化出版价值。

　　1993年由岭南美术出版社出版的《广东设计年鉴》，汇集了当时广告、包装、海报、企业形象设计等最具代表性的成果与案例，集合了众多优秀的设计师与原创力量，成为一本有重要借鉴价值的专业年鉴，影响了一大批热爱设计专业的读者。(图3) 1996年应"平面设计在中国"展览之需《平面设计在中国'96展》画册在岭南美术出版社出版，这本书有幸记录和保存了"平面设计在中国"96展的重要档案。(图4) 2022年，我在担任岭南美术出版社设计编辑室主任工作期间，希望能挖掘反映粤港澳大湾区设计发展历程方面的选题，从平面设计、广告、包装及其他设计领域入手，通过设计师访谈来采集第一手资料，结合一些文献和资料文本，以大众阅读的方式来呈现粤港澳大湾区设计师的成长故事与发展状态。在这个想法的激发下，我做了岭南美术出版社重点图书的立项提案，策划的湾·向文化丛书入选了2023年广东省文化繁荣专项资金项目·精品项目。《湾·设计力：平面与视觉印记》作为此套丛书的第一本，从2022年年底规划至第二年四月份着手推进。著名设计理论家、设计教育家王受之先生的研究生、出版策划人黄丽伟女士热心引荐了其师兄深圳职业技术大学的吕晓萌老师，他当时正在做广东设计历程的研究课题，大家基于共同的策划理念来编写《湾·设计力：平面与视觉印记》。按照初步拟定的设计师采访名单，在具体实施中遇到了不少现实问题，不得不多次调整实施的方案。以采访结合资料整理的原创采写方式，2023年10月形成了整体基础稿并确定了内容的基本方向。经过整体编辑与体例优化，为了多立面呈现设计师的个人单元，分为艺术简介、访谈·印象、设计·往事、设计·观点、专访采写文章、设计作品、访谈·纪事、设计稿与媒体报道等内容。2024年春节前后全书稿件得以成形，2024年上半年，编辑将重心集中在与设计师的进一步对接和沟通上，不断细化和完善，补充了大量图片素材进行内容的整体提升。

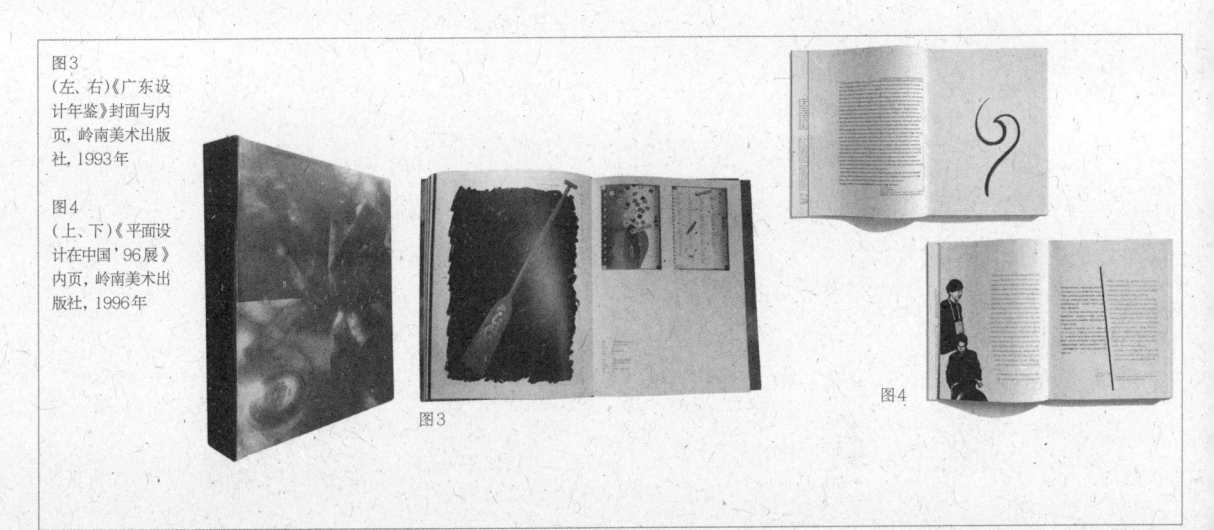

图3
(左、右)《广东设计年鉴》封面与内页，岭南美术出版社，1993年

图4
(上、下)《平面设计在中国'96展》内页，岭南美术出版社，1996年

图3

图4

345

书稿的推进与实施难度着实超出了我们原来的预计：实地采访与原创采写、作者与编辑密集性的对稿、与每位设计师数次沟通稿件、数十次的书稿修改与打样，多次往返广州、深圳两地，十几个不同的稿件版本，从项目启动后面对各个难点的攻克与工作推进……原本计划2023年12月出版，因执行难度大，为了稿件有更好的呈现，一直延期到2024年。（图5）为了增加书的内容可读性，让每位设计师的故事与作品有更充分的呈现，采用了图文并重的方式，全书收录了1000多张图片，并附有尽可能完善的图片信息，以期能为每位设计师建立一个小型的设计档案。吕晓萌老师为了找到更可靠的图片资料，还专程去海南建国酒店等地进行调研与拍摄；为了考证书中的一些史料与文献，他多次联系深圳市平面设计协会以及多位设计师、友人等，竭尽完善书稿内容多处细节。编写过程中，6位设计师的全力配合也令我深受感动：无论是作品、资料的收集和编选，还是图片时间的核查与信息整理，每位设计师都非常重视。记得去年格外寒冷的冬至节那天，王粤飞老师将个人收集的老照片整理出一百多张，都是时间久远且难得一见的照片，并委托我电分扫描后，他重新配上选图的文字并核实准确的年份，对每一稿逐一审读修改，帮助我们理清了当时平面设计发展的主线，他对设计的描述有着一种难得的清醒和个性的激情。靳叔除了设计师的身份，还是一位专业上格外严谨的老编辑，每次看样改稿与审核他都极为认真与投入，细致讲究的手稿批改标记让编辑从中受益良多，也倍感编辑工作的责任与提升艺术素养的重要性。韩家英老师经常是在奔波的间隙时间多次审阅稿件，一如他对设计工作集中而高效的执行风格，他与我们深入交流自己的设计体验，为我们提供了更丰富全面的编写素材和资料。李克克老师对自己的专业定位很清晰，与编辑充分沟通来解决问题，能感受到他对广告行业的一份赤诚与热爱。曾军在他个人收集的资料库里找出了不少有纪念价值的场景照和旧物，可见他对这些设计过往的珍视。黄扬带

图5
与6位设计师的出版采访与交流（从左至右为：王粤飞、靳埭强、韩家英、李克克、曾军、黄扬），是本书内容编写的重要基础

图6

着他特有的职业敏感和经验，注重编辑与设计的细节，他对作品设计理念的讲述都会给我们一些新的启发……由于篇幅所限，这些汇集在编辑手中的资料因篇幅所限无法完整收录于书中，今后将会再进行完善和整理。全书内容尽可能地尊重受访设计师本人的意见，通过大家的共同努力才最终实现了这本书的成果。

整本书的内容并没有取"大"——宏大的主题架构，而是着眼点于"小"——放大一个个设计师鲜活的个性与多元的艺术轨迹，牵引出时代进程下因设计联接的叙事主线，以呈现立足于粤港澳大湾区设计群体的不同面向。在城市的角落、生活日常中，设计与我们时有交汇，无形中在影响着我们对视觉审美与生活品牌的认知。这6位设计师中既有设计界的前辈、设计创业者，也有企业管理者、设计教育者、工作室设计师……我们通过交流访谈抓住不同的切入点来采写，希望放大每个人物角色更多的立面，用慢写镜头的叙事方式，让人看到他们在时代机遇中的选择、艺术上的自我主见与闪烁着灵光的才思感悟。1996年，那时自己还在中央工艺美术学院的工艺美术学系读本科，中国设计史是我们的必修课程，对中国现代设计史的了解多来自书籍中的理论阐述。在艺术出版编辑行业实践二十多年后，我终于有机会近距离地听到这些经历了中国设计启蒙发展时期的设计师们的讲述，跟随他们感怀当年的设计往事，走进那个充满热血、为设计理想打拼的年代。这部以设计师为个体串联的故事读本，想要打造一个真实而鲜活的平面与视觉印象，对于设计从业者、学院的学生，也许更能让他们真实体验到设计师成长与时代共振的责任感，从设计师的实践探索路径中获得启发，在当下设计潮流中思考设计与时代的关联性。(图6)

全书的编写完成有赖于每一位参与者背后的支持，包括6位设计师、吕晓萌老师与他的研究同行、《包装与设计》杂志的黄励主编（图7）、

图6
在深圳市海上世界文化艺术中心举办的"GDC设计奖2023"（GDC Award 2023）获奖作品展，汇集了最前沿的设计力量，2023年

图7
《包装与设计》杂志前主编黄励老师接受出版采访，2023年

347

负责本书风格把控的设计师刘钊、深圳市平面设计协会主席张涛、汕头大学长江艺术设计学院张翼老师、文澜纸业吴林先生的专业配合……他们得知这个出版项目都是第一时间响应，给予力所能及的支持，为我们提供联络人与线索、作品档案资料，其间还有广州美术学院设计专业老师的一些协助等，这本书与每个参与者的联结对我来说都是学习和吸收的过程。在编写中，岭南美术出版社的领导刘子如社长、谢海宁副社长、刘向上副总编都给予了我充分的信任与支持，包括设计编辑室团队的全力配合，让此书项目能够在反复打磨中慢慢孵化成形并最终完成。本书的配图中编选了一部分对当时设计师影响较大的设计类图书，以真实反映不同设计师的专业成长与思维变化，对设计师观点的阐述摘选了一些报纸、杂志等媒体的报道与采访，所参考的资料均标注了信息出处和资料来源，感谢各方给予的支持。

两年多来这本书的编辑工作一直在连轴运转中，对细节的打磨从未懈怠，而纷沓至来的其他干扰让推进总比设定的预期要慢许多。每每在下班路上背负着沉重的书稿远望夜幕中广州东塔瑰丽炫变的灯光，都让我感受到文化为城市赋能的一种力量。对于粤港澳大湾区设计的发展脉络与整理，这本书所承载的内容仅仅是一个开端，所要做的工作还远远不够，我们一直在忐忑中摸索，希望付诸的努力能让它成为引发更多人关注的课题。今年8月正好是自己从大学本科毕业走上美术出版社编辑岗位的第24个年头，这本书可说是我从事编辑工作以来的一项专业课题，纳入了个人对艺术出版编辑的职业体验与感悟。由于个人心力和能力上的不足，本书难免有不足之处和需进一步修正打磨的地方，期待业界的讨论，以收集更好的意见。希望读者们能轻松地读下来每一位设计师背后的故事，感受到创意作品所传递的设计力量，在设计师的视觉记录中重溯粤港澳大湾区设计风景线的时代印记！

2024年8月